स्टीफेन हॉकिंग

अनन्त-यात्री

स्टीफेन हॉकिंग
अनन्त-यात्री

चन्द्रमणि सिंह

लोकभारती प्रकाशन

लोकभारती प्रकाशन
पहली मंजिल, दरबारी बिल्डिंग, महात्मा गांधी मार्ग
प्रयागराज-211 001
वेबसाइट : www.lokbhartiprakashan.com
ईमेल : info@lokbhartiprakashan.com
शाखाएँ : 1-बी, नेताजी सुभाष मार्ग, दरियागंज
नई दिल्ली-110 002
अशोक राजपथ, साइंस कॉलेज के सामने
पटना-800 006

पहला संस्करण : 2022
दूसरा संस्करण : 2023

मूल्य : ₹ 695

मुद्रक : **बी.के. ऑफसेट**
नवीन शाहदरा, दिल्ली-110 032

STEPHEN HAWKING : ANANT-YATRI
by Chandra Mani Singh

ISBN : 978-93-90625-05-5

प्रिय

एलिना

कार्तिकेय

राजवर्द्धन

आंजनेय

नन्हीं रेया

को सस्नेह!

अनुक्रम

पुरोवाक्

14 मार्च 2018 की सुबह, 76 वर्ष की अवस्था में कैम्ब्रिज स्थित अपने घर में स्टीफेन हॉकिंग ने अन्तिम साँस ली। उनके दिवंगत होने की ख़बर से सम्पूर्ण विश्व में शोक की एक लहर फैल गयी। लोग विश्वास ही नहीं कर पा रहे थे कि जन-जन में प्रिय उनका हीरो उन्हें छोड़कर ब्रह्माण्ड की अनन्त यात्रा पर निकल चुका है।

स्टीफेन हॉकिंग भौतिकी के एक अत्यन्त प्रतिभावान सिद्धान्तविद थे जिनकी गणना विश्व के महानतम चिन्तकों एवं विचारकों में की जाती है। कैम्ब्रिज विश्वविद्यालय की अति प्रतिष्ठित लूकासियन पीठ पर गणित के प्रोफेसर के रूप में वे 30 वर्षों तक काम किये जिस पर कभी सर आइजक न्यूटन एवं डिराक जैसे महान वैज्ञानिक बैठ चुके थे।

2012 में ट्रैवेलर-पार्टी के अवसर पर

हॉकिंग ने प्रायोगिक गणित एवं सैद्धान्तिक भौतिकी में पी-एच.डी. की उपाधि मार्च, 1966 में प्राप्त किया तथा व्यापक आपेक्षिकता एवं ब्रह्माण्डिकी में विशेष योग्यता अर्जित की। उनके शोध निबन्ध 'एकत्व एवं दिक्-काल की ज्यामिति' ने उन्हें काफी ख्याति दिलायी और कैम्ब्रिज के ही दूसरे महान वैज्ञानिक रोजर पेनरोज के साथ उन्हें उस वर्ष का अति प्रतिष्ठित पुरस्कार 'एडम्स प्राइज' मिला।

वर्ष 1966 से 1975 तक के कार्यों ने हॉकिंग को प्रसिद्धि के शिखर पर बैठा दिया। पेनरोज के साथ कार्य करते हुए हॉकिंग ने प्रस्तावित किया कि ब्रह्माण्ड की शुरूआत एक परम घनत्ववाले परम सूक्ष्म एवं परम तप्त एकत्व जिसे विज्ञान में सिंगुलेरिटी कहा गया है, से हुई है। उनका संयुक्त रूप से लिखा लेख ग्रेविटी रिसर्च फाउण्डेशन स्पर्द्धा में दूसरे स्थान पर आया। 1970 में हॉकिंग ने कृष्ण-विवर गतिकी के दूसरे नियम को प्रतिपादित किया जिसके अनुसार कृष्ण-विवर का घटना-क्षितिज कभी छोटा नहीं हो सकता। उष्मागतिकी के नियमों की तर्ज पर बारडीन एवं ब्रैण्डन कार्टर के साथ मिलकर हॉकिंग ने कृष्ण-विवर यान्त्रिकी के चार नियम प्रतिपादित किये।

हॉकिंग की लोकप्रियता बढ़ती गयी और एक के बाद एक सम्मान एवं पुरस्कारों की झड़ी लग गयी। 1981 में अमरीकन मैकसिन मेडल और 1982 में उन्हें ब्रिटिश साम्राज्य का कमाण्डर ऑफ दि आर्डर *CBE* नियुक्त किया गया। 1988 में 'काल का संक्षिप्त इतिहास' पुस्तक प्रकाशित हुई जो विश्व की सर्वाधिक विक्रित होनेवाली पुस्तकों की श्रेणी में आ गयी जिसने हॉकिंग को यश, कीर्ति एवं धन सभी कुछ उपलब्ध कराया। हॉकिंग जन मानस के हीरो बन चुके थे। 'न्यूज वीक' पत्रिका ने उन्हें—'मास्टर ऑफ दि यूनिवर्स' कहा। पुरस्कार एवं सम्मान उन्हें मिलते रहे। 1985 में रॉयल ऐस्ट्रोनामिकल सोसाइटी का स्वर्ण पदक, 1987 में डिराक पदक, 1988 में पेनरोज के साथ संयुक्ततः वुल्फ प्राइज एवं 1989 में उन्हें कम्पैनियन ऑफ ऑनर, *CH*, प्रदान किया गया।

हॉकिंग विज्ञान को जन-जन तक पहुँचाना चाहते थे। ऐसा उन्होंने पुस्तकों, फिल्मों, टेलीविजन कार्यक्रमों, गोष्ठियों, सेमीनारों आदि के माध्यम से ताजीवन किया। इस प्रयास में उन्होंने 2001 में 'यूनिवर्स इन अ

नटशेल', 2005 में—'अ ब्रीफर हिस्ट्री ऑफ टाइम' एवं 2006 में 'गाड क्रियेटेड दि इण्टीजर्स' प्रकाशित कराया।

सर्न *(CERN)* के थामस हर्टाग एवं जिम हर्टिल के साथ मिलकर हॉकिंग ने टाप-डाउन कास्मोलॉजी का सिद्धान्त विकसित किया जिसके अनुसार ब्रह्माण्ड की कोई विशिष्ट आदि दशा नही है, बल्कि कई विभिन्न दशाएँ हैं इसलिए यह समीचीन नहीं है कि कोई सिद्धान्त उन तमाम दशाओं में से किसी एक को लेकर विकसित किया जाये जो वर्तमान ब्रह्माण्ड की समुचित व्याख्या कर सके। इस सिद्धान्त के अनुसार वर्तमान अपने अतीत का निर्धारण उन तमाम सम्भावनाओं में से सर्वाधिक सम्भावनावाले अतीत को चुनकर स्वयं करेगा। ऐसा क्रान्तिकारी विचार पहले कभी किसी ने भी नहीं व्यक्त किया था। हॉकिंग अनेक क्रान्तिकारी विचारों एवं विरोधाभासों के लिए जाने जाते हैं। कृष्ण-विवरों में सूचनाओं के विलुप्त होने का विरोधाभास आज भी पूरी तरह स्पष्ट नहीं किया जा सका है।

हॉकिंग अपनी शारीरिक अक्षमता एवं अपने हर दैनिक कार्यों के लिए पराश्रित रहने के बावजूद विश्व भ्रमण करते रहे। उन्होंने चाइल, ईस्टर द्वीप, दक्षिणी अफ्रीका, स्पेन (जहाँ 2008 में उन्हें फानसेका पुरस्कार दिया गया) के अतिरिक्त कनाडा एवं अमरीका की यात्राएँ कीं। अधिकांशतः उनकी यात्राएँ वैज्ञानिक गोष्ठियों, सेमिनारों एवं सम्मेलनों में भाग लेने के लिए की गयीं थीं।

वर्ष 2007 में उनकी पुत्री लूसी ने 'जार्जेज सिक्रेट की टू दी यूनिवर्स' प्रकाशित कराया जो एक बाल-पुस्तक के रूप में प्रस्तुत की गयी थी जिसमें भौतिकी के सिद्धान्त बहुत ही सरल ढंग से प्रस्तुत किये गये थे ताकि बच्चों को आसानी से समझ में आ सके। इसी तरह की अन्य पुस्तकें भी 2009, 2011, 2014 एवं 2016 में प्रकाशित हुईं।

हॉकिंग की लोकप्रियता की झलक इस बात से भी मिलती है कि बी.बी.सी. द्वारा किये गये 2002 के एक सर्वेक्षण में हॉकिंग ब्रिटेन की 100 विभूतियों में 25वें क्रम पर आँके गये थे। 2006 में उन्हें रॉयल सोसाइटी ने 'काप्ले पदक' देकर सम्मानित किया। 2009 में अमरीका का सर्वोच्च नागरिक सम्मान 'राष्ट्रपति स्वाधीनता पदक' प्रदान किया गया। रूस का 'नोबेल पुरस्कार' कहा जानेवाला अति प्रतिष्ठित पुरस्कार 'स्पेशल फण्डामेन्टल फिजिक्स प्राइज' उन्हें 2013 में दिया गया। यही

पुरस्कार भारत के सूत्रिका-सिद्धान्त के भौतिकविद अशोक सेन को भी प्रदान किया गया है।

उनकी लोकप्रियता का आलम यह था कि कई भवन उनके नाम से जाने जाते हैं जिनमें सैन सालवेडोर, अल सालवेडोर का स्टीफेन डब्ल्यू हॉकिंग साइन्स म्यूजियम, कैम्ब्रिज की स्टीफेन हॉकिंग बिल्डिंग, कनाडा के पेरिमीटर इन्स्टीट्यूट का स्टीफेन हॉकिंग सेण्टर सम्मिलित है।

समय के साथ हॉकिंग के गहरे एवं अटूट सम्बन्धों को उजागर करती कारपस क्रिस्टी कॉलेज, कैम्ब्रिज की अभियान्त्रिक घड़ी 'क्रोनोफेज' अर्थात समय का भक्षण करनेवाली काल-भक्षक कारपस-घड़ी का अनावरण भी हॉकिंग ने 19 सितम्बर, 2008 को किया। यही घड़ी हिन्दी फिल्म- 'पा' में दिखी है।

अपने शैक्षिक कार्यक्रम में हॉकिंग ने 39 पी-एच.डी. छात्रों को सफल पर्यवेक्षण प्रदान किया। शोध कार्यों पर पर्याप्त बजट न उपलब्ध कराये जाने के कारण हॉकिंग खिन्न रहते थे और कहते हैं कि इसी कारण उन्होंने ब्रिटिश सरकार द्वारा दिया जानेवाला अति प्रतिष्ठित 'नाइटहुड' सम्मान लेने से मना कर दिया था। लोगों को भय था कि कहीं इस कारण वे ब्रिटेन छोड़कर बाहर न चले जायँ परन्तु उन्होंने ऐसा नहीं किया बल्कि कैम्ब्रिज विश्वविद्यालय के अप्लाइड मैथमैटिक्स एवं सैद्धान्तिक भौतिकी में शोध निदेशक के रूप में कार्य करते रहे।

जुलाई 20, 2015 को हॉकिंग ने ब्रेकथ्रू इनिशियेटिव आरम्भ करने में पहल की जो परग्रही जीवन की तलाश की एक महती परियोजना है। 'टुमारोज वर्ल्ड' के 2017 के एपिसोड के लिए हॉकिंग ने दिक में बस्तियाँ बसाने के उद्देश्य की पूर्ति हेतु एक वृत्त चित्र (डाकूमेण्ट्री) *स्टीफेन हॉकिंग: एक्सपेडीशन न्यू अर्थ* बनाया। जुलाई, 2017 में उन्हें दि इम्पीरियल कॉलेज, लन्दन ने डॉक्टरेट की मानद उपाधि से विभूषित किया।

वर्ष 2006 में हॉकिंग ने इण्टरनेट पर एक खुला प्रश्न पूछा, "एक ऐसी दुनिया जहाँ राजनैतिक, सामाजिक एवं पर्यावरणीय उथल-पुथल मची हो, मानव जाति अगले 100 वर्षों तक कैसे बची रह सकती है?" बाद में स्पष्ट भी करते हैं कि "मुझे इसका उत्तर नहीं पता है, इसलिए

मैंने यह प्रश्न पूछा ताकि लोग इस बारे में सोचें और उन खतरों के प्रति जागरूक हों, जो हम झेल रहे हैं।"

हॉकिंग ने चिन्ता व्यक्त की कि धरती पर जीवन संकट में है क्योंकि उसे नाभिकीय युद्ध, कृत्रिम रूप से आनुवंशिक-परिवर्तन से विकसित किये गये वायरसों, वैश्विक तापमान वृद्धि, और कई ऐसे हालात जिनके बारे में अभी नहीं सोचा जा रहा है, से भी खतरा है। ये ऐसे खतरे हैं जिनसे मानव प्रजाति का इस धरती पर से सफाया हो सकता है। इन खतरों से आगाह करते हुए अन्य ग्रहों पर बस्तियाँ बसाने व अन्तरिक्ष यात्राओं को और अधिक सुगम बनाने के लिए आवश्यक तकनीक के विकास पर वे सदैव बल देते रहे।

परग्रहियों के अस्तित्व की सम्भावनाओं को वे नकारते नहीं हैं बल्कि कहते थे कि यदि वे धरती पर आते हैं तो उनका उद्देश्य कुछ ऐसा होगा जो मानव जाति के लिए सुखमय नहीं होगा। इसी तरह वे कहते थे कि कृत्रिम बौद्धिकता मनुष्य के भावी जीवन को बदल देगी। यह वरदान भी है और अभिशाप भी-बस इन्सान इसे अपने ऊपर हाबी न होने दे।

विज्ञान एवं दर्शन पर हॉकिंग के विचार काफी स्पष्ट थे। 2011 में 'युग चेतना' पर विमर्श हेतु आयोजित गूगल के जाइट्गायिस्ट सम्मेलन *(Google's Zeitgeist Conference)* में हॉकिंग ने कहा कि दर्शन मृत हो चुका है। दार्शनिक, विज्ञान के बढ़ते कदम के साथ नहीं चल पाये और वैज्ञानिक, ज्ञान-तलाश में खोजों और अन्वेषणों का रास्ता दिखा रहे हैं। उन्होंने कहा कि दार्शनिक प्रश्नों के उत्तर अब विज्ञान देने लगा है खासकर नये वैज्ञानिक सिद्धान्त हमारे ब्रह्माण्ड एवं उसमें हमारे वजूद की नयी तस्वीर प्रस्तुत करते नजर आ रहे हैं।

हॉकिंग नास्तिक थे और इसमें विश्वास रखते थे कि ब्रह्माण्ड को चलानेवाले नियम वैज्ञानिक हैं। वे कहते कि धर्म एवं विज्ञान में एक मौलिक अन्तर है। धर्म को उपदेश देने व उसका पालन कराने का अधिकार प्राप्त होता है जबकि विज्ञान का आधार प्रेक्षण, प्रयोग एवं तर्क है। 2008 में हॉकिंग ने कहा कि हो सकता है कि ईश्वर ने नियम बनाये हों किन्तु ईश्वर उसमें हस्तक्षेप नहीं करता और न ही उन्हें तोड़ने का प्रयत्न करता है। वे और स्पष्ट रूप से कहते हैं कि मेरे विचार से कोई ईश्वर नहीं

है। किसी ने ब्रह्माण्ड को नहीं बनाया और न ही हमारे भाग्य का निर्धारक कोई है। वे कहते हैं कि इससे मुझे एक प्रबल अनुभूति होती है कि न तो कोई स्वर्ग है और न ही कोई पुनर्जन्म का चक्र। हमें इस एक ही जीवन में ब्रह्माण्ड की अनुपम सृष्टि एवं उसके अलौकिक सौन्दर्य का दर्शन करना है और मैं इसके लिए बहुत ही आभारी हूँ।

सितम्बर, 2014 में स्टारमस महोत्सव में मुख्य वक्ता के रूप में उन्होंने कहा कि मैं एक नास्तिक हूँ। एल मुण्डो *(EL Mundo)* के साथ एक साक्षात्कार में उन्होंने कहा कि ब्रह्माण्ड को ईश्वर ने बनाया परन्तु विज्ञान के पास अधिक तर्कपूर्ण स्पष्टीकरण हैं।

हॉकिंग के मरणोपरान्त उनके परिवारजनों ने उनके मित्रों एवं सहयोगियों के सहयोग से उनकी एक पुस्तक प्रकाशित की 'बड़े सवालों के संक्षिप्त उत्तर'(ब्रीफ आन्सर्स टू दि बिग क्वेश्चन्स) जिसमें मुख्य रूप से दस बड़े सवाल उठाये गये हैं जिसका उत्तर हॉकिंग ने अपनी शैली में निर्भीकता से दिया है जो उनके व्यक्तित्व की दृढता एवं स्पष्टवादिता का परिचायक है।—**क्या ईश्वर है?, यह सब-कुछ कैसे हुआ?, क्या हम भविष्य जान सकते हैं?, कृष्ण-विवर के भीतर क्या है?, ब्रह्माण्ड में क्या कोई और भी है जो बुद्धिमान है?, कृत्रिम बौद्धिकता क्या हम पर हावी हो जायेगी?, हम भविष्य को कैसे सँवारेंगे?, धरती पर क्या हम जीवित बचेंगे?, क्या हमें अन्तरिक्ष में बस्तियाँ बसानी चाहिए?**—और अन्त में—**क्या काल-प्रयाण सम्भव है?**—ये दस बड़े सवाल उक्त पुस्तक में उठाये गये हैं जो लोग अक्सर उनसे पूछा करते जिन्हें हॉकिंग ने एक-एक करके उत्तरित करने का प्रयास किया है। हॉकिंग सोचते हैं कि ये प्रश्न केवल उन्हीं के लिए नहीं हैं वरन सम्पूर्ण मानवता के लिए हैं जिनका समुचित उत्तर उसे स्वयं ढूँढ़ना है क्योंकि अन्ततः इनसे उसका अस्तित्व एवं भविष्य जुड़ा है। हॉकिंग कहते हैं कि भविष्य हम पूर्णतः जान तो नहीं सकते परन्तु उसका पूर्वानुमान तो लगा ही सकते हैं।

हॉकिंग जब 21 वर्ष के थे तभी ए.एल.एस (एमियोट्राफिक लैटरल स्क्लेरोसिस) नामक एक मोटर न्यूरान बीमारी से वे ग्रस्त हो गये जिसका कोई इलाज नहीं है। इसमें शरीर की मांसपेशियाँ निष्क्रिय होने लगती हैं और दो या तीन वर्ष में मरीज दम तोड़ देता है। उनके चिकित्सकों ने भी यही कहा था किन्तु वह एक दिव्य चमत्कार ही था कि सम्पूर्ण शरीर के

निष्क्रिय हो जाने के बाद भी उनकी आँखें एवं चेहरे की कुछ मांसपेशियाँ सक्रिय बनी रहीं जिनकी मदद से उनकी व्हील चेयर में लगे कम्प्यूटर उनके विचारों को पढ़ पाते और ध्वनि संश्लेषक उपकरणों के माध्यम से उनको व्यक्त करते। इस बीमारी के बावजूद हॉकिंग के मस्तिष्क की प्रखरता कम नहीं हुई और यह भी एक चमत्कार ही था कि इस बीमारी का पता चलने के बाद भी 55-56 वर्षों तक वे जीवित रहे और विज्ञान को अपने शोधों, सिद्धान्तों एवं विचारों से सम्बर्द्धित करते रहे।

हॉकिंग का सम्पूर्ण जीवन ब्रह्माण्ड के रहस्यों को समझने, बूझने एवं उसे सरल भाषा में जन-जन तक पहुँचाने में बीता। 1974 में हॉकिंग ने एक चौंकानेवाली भविष्यवाणी की जिसमें कहा गया कि कृष्ण-विवर वाष्पित होकर दिक्काल में पूर्णतयः विलुप्त हो सकते हैं। तब तक की समझ के प्रतिकूल उनके ये विचार वैज्ञानिक जगत में किसी भूचाल से कम नहीं थे। हॉकिंग के सिद्धान्त के अनुसार कृष्ण-विवर पूरी तरह कृष्ण नहीं होते बल्कि वे तप्त कृष्ण-पिण्डों की तरह ऊर्जा निःसरित करते रहते हैं और उनके घटना-क्षितिज की क्वाण्टम परिस्थितियों में कण युग्म बनते रहते हैं, जिसमें एक कण अथवा प्रतिकण कृष्ण-विवर में सोख लिया जाता है और दूसरा अनन्त दिक में विलीन हो जाता है जिससे बाह्य जगत के प्रेक्षक को लगता है कि कण कृष्ण-विवर से उत्सर्जित हो रहे हैं। सोखा गया कण ऋणात्मक ऊर्जा धारण करता है जिसके कारण कृष्ण-विवर का द्रव्यमान घटता जाता है, कृष्ण-विवर का ताप बढ़ता जाता है फलतः स्फुरण-दर बढ़ने लगती है। यह प्रक्रिया चलती रहती है और अन्ततः कृष्ण-विवर छोटा होता-होता एक भयंकर विस्फोट के साथ अपार ऊर्जा स्फुरित करते हुए दिक्काल में विलीन हो जाता है। इस प्रक्रिया में लगनेवाला समय बहुत अधिक है अर्थात 10^{66} वर्ष जिसकी पुष्टि कर पाना असम्भव प्रतीत होता है।

जून 10, 2019 को मेरेडिम फोर ने *लाइवसाइन्स.काम (livescience.com)* में लिखा कि हॉकिंग-विकिरण अत्यन्त मद्धिम होते हैं जिन्हें उपलब्ध उपकरणों से दिक से ग्रहण कर पाना सम्भव नहीं है अतएव ब्रह्माण्ड के कुछ परम ठण्डे एवं विचित्र द्रव्य एवं ध्वनि तरंगों का उपयोग करते हुए कृष्ण-विवर के घटना-क्षितिज का अनुरूपण प्रयोगशाला में तैयार कर उक्त परिघटना की पुष्टि करने का प्रयास किया गया है।

भौतिकविद *जेफ स्टीनआवर (Jeff Steinhour)* एवं उनके सहयोगी शोधकर्त्ताओं ने हैफा के टेक्नीऑन इजराइल इन्स्टीट्यूट ऑफ टेक्नोलॉजी में अपने प्रयोग के ढाँचे में एक परम प्रशीतित गैस जिसकी अवस्था को बोस-आइन्स्टीन कण्डेण्सेट कहते हैं, कृष्ण-विवर के घटना-क्षितिज के अनुरूपण के रूप में लिया। इस गैस के प्रवाह-पथ में एक रुकावट डाली गयी जिससे एक गैस-प्रपात का निर्माण हुआ। जब गैस इस प्रपात के शीर्ष से नीचे आयी तो इसकी स्थितिज ऊर्जा का पर्याप्त भाग गतिज ऊर्जा में बदल गया जिससे इसकी गति ध्वनि वेग से अधिक हो गयी। पदार्थ कणों एवं प्रतिकणों के स्थान पर शोधकर्त्ताओं ने फोनान कण युग्मों का प्रयोग किया है जो क्वाण्टम ध्वनि तरंगे हैं। फोनान गैस, प्रपात के मन्द गतिवाले भाग में गैस प्रवाह के विपरीत दिशा में गतिमान हो सकते हैं। यह ठीक वैसा ही है जैसे कोई धारा के विरुद्ध तैर रहा हो तब तैराक को लगेगा कि वह आगे बढ़ रहा है जबकि वास्तव में वह पीछे जा रहा है। ऐसा ही कृष्ण-विवर के फोटान के साथ होता है जब फोटान बाहर निकलना चाहता है परन्तु कृष्ण-विवर का प्रबल गुरुत्व क्षेत्र उसे ऐसा करने नहीं देता, बल्कि उसे वापस खींच लेता है।

हॉकिंग ने सैद्धान्तिक रूप से भविष्यवाणी की थी कि निःसरित कणों का विकिरण सभी तरंग दैर्ध्यों एवं ऊर्जा के निरन्तरतायुक्त वर्णक्रम में होगा और उसे एक तापमान से ही प्रदर्शित किया जा सकता है, जो केवल वस्तु के द्रव्यमान पर आधारित होगा।

हाल के उक्त प्रयोग में हॉकिंग की दोनों भविष्यवाणियों को सही पाया गया किन्तु रेनाड पेरेण्टानी जो एक सैद्धान्तिक भौतिकविद हैं ने कहा है कि इस अध्ययन से यह नहीं स्पष्ट होता कि फोनान युग्म क्वाण्टम स्तर पर सःसम्बन्धित हैं जो हॉकिंग की भविष्यवाणियों का एक दूसरा पहलू भी है।

प्रिन्स्टन के एडवान्स अध्ययन संस्थान के ख्याति प्राप्त सैद्धान्तिक भौतिकविद एडवर्ड विटेन ने कहा कि हॉकिंग की खोजों को अच्छी तरह से समझने के लिए चालीस वर्ष बाद भी एक नयी सोच एवं विचारशीलता की आवश्यकता है और कदाचित आज भी पूर्ण रूप से उन्हें समझना कठिन है। आज भी उनके विचार नये हैं।

हॉकिंग एक ऐसे व्यक्ति थे जिन्होंने अपनी शारीरिक एवं व्यावसायिक सीमाओं के साथ बौद्धिक सीमाओं का भी अतिक्रमण कर दिया था।

उन्होंने सम्पूर्ण विश्व का भ्रमण किया, वैज्ञानिक विचार-गोष्ठियों में भाग लिया, सर्वाधिक बिकनेवाली किताबें लिखीं, दो बार विवाह किया, तीन बच्चे पैदा किये, सभी महाद्वीपों में गये—यहाँ तक कि अण्टार्कटिका में भी और कई टीवी कार्यक्रमों एवं फिल्मों में भाग लिया जैसे—दि सिम्पसन्स, स्टार ट्रेक : दि नेक्स्ट जनरेशन; बिग-बैंग थ्योरी।

उन्होंने अपनी 60वीं जन्मतिथि एक गुब्बारे में आकाश की सैर करते हुए मनायी और कैम्ब्रिज में उसी सप्ताह अपनी विद्युत चालित कुर्सी को तेज़ गति से चलाते हुए एक कोने से टकराकर अपना पैर भी तोड़ लिया। अप्रैल, 2007 में, 65वीं जन्मतिथि के कुछ माह बाद उन्होंने शून्य गुरुत्व में भारहीनता का अनुभव करानेवाले विशेष रूप से सज्ज बोइंग-727 वायुयान में उड़ान भरी और भारहीनता का अनुभव किया। यह पूछे जाने पर कि वह इतना जोखिम क्यों उठाते हैं तो पूर्ण जीवन्तता के साथ उन्होंने कहा, "मैं लोगों को यह दिखाना चाहता हूँ कि शारीरिक अक्षमता उनके उत्साह को कम नहीं कर सकती जब तक कि उनकी आत्मा स्वयं कमजोर नहीं पड़ जाती।" उनकी आत्मा की ताकत ने सम्पूर्ण विश्व को हतप्रभ कर रखा था।

"उनका जीवन कितना सफल था", इंग्लैण्ड के शाही ज्योतिर्विद एवं कैब्रिज विश्वविद्यालय के खगोलविद तथा हॉकिंग के आजीवन साथी मार्टिन रीस कहा करते, "उनका नाम विज्ञान के इतिहास में सदैव सम्मान के साथ लिया जाता रहेगा, लाखों-करोड़ों जनों के खगोलीय ज्ञान का विस्तार उनकी सर्वाधिक बिकनेवाली पुस्तकों के माध्यम से हुआ और इससे भी अधिक तो यह कि दुनिया भर के लोग समस्त प्रतिकूलताओं के होते हुए भी उनकी महान उपलब्धियों के परिणामों एवं निष्कर्षों से प्रेरणा प्राप्त करते रहे—जो उनकी विलक्षण इच्छाशक्ति एवं दृढ़ संकल्पमय निश्चय का प्रकटीकरण था।"

क्वाण्टम गुरुत्व की दिशा में हॉकिंग की पहल तथा कृष्ण-विवरों से उत्सर्जित होनेवाले हॉकिंग रेडिएशन की अवधारणा से वैज्ञानिकों में यह आशा बँधने लगी है कि आइन्स्टीन के व्यापक आपेक्षिकता के सिद्धान्त एवं क्वाण्टम यान्त्रिकी के नियमों के बीच अवश्य कोई अदृश्य कड़ी जुड़ी है जो अभी तक उनकी पकड़ से बाहर है, पर वह है अवश्य। इसी के साथ यह भी उम्मीद जगने लगी है कि भौतिकी में 'सब मर्जों की एक दवा'

अर्थात 'थ्योरी ऑफ एवरीथिंग' की तलाश अब समाप्त होगी जिसके लिए कृष्ण-विवरों के सम्बन्ध में हॉकिंग द्वारा की गयी खोजें जिन्हें सर्वमत से 'मील का पत्थर' कहा गया है, आपेक्षिकता के सिद्धान्तों एवं क्वाण्टम यान्त्रिकी नियमों के समागम में एक सेतु का कार्य करेंगी। आइन्स्टीन एवं हॉकिंग अपने जीवन भर उस एकमेव सिद्धान्त की तलाश करते रहे, पर वे सफल न हो सके।

टी.वी. एवं फिल्मों में भी हॉकिंग एक राक-स्टार वैज्ञानिक के रूप में खूब दिखे हैं। अतिथि भूमिका में वे–'दि सिम्पसन्स, स्टार ट्रेक : दि नेक्स्ट जनरेशन' में दिखायी दिये। हास्य अभिनेता जिम कैरी के साथ मजाकिया अन्दाज में हॉकिंग 'लेट नाइट विद कोनन दि ब्रायन' में नजर आये। 'पिंक क्लाउड' के गाने–'कीप टाकिंग' में उनकी पार्श्व आवाज (वाइस ओवर) सुनने को मिली। 1992 में हॉकिंग के जीवन एवं कार्यों पर आधारित आस्कर पुरस्कार प्राप्त एशेल मारिस का वृत्तचित्र–'ए ब्रीफ हिस्ट्री ऑफ टाइम' काफी लोकप्रिय हुआ।

2012 में अमरीकन टेलीविजन पर प्रसारित **'बिग-बैंग थ्योरी'** में हॉकिंग एक अतिथि की भूमिका में दिखे जिसमें उनका विनोदी पक्ष भी लोगों ने देखा। इस प्रहसन में हॉकिंग युवा नीरस वैज्ञानिकों के एक समूह के बीच में सैद्धान्तिक भौतिकविद शेल्डन कूपर (जिम पारसन्स) को अपने कार्य में हुई किसी त्रुटि के कारण वापस धरती पर बुलाते हैं। शेल्डन कूपर पी-एच.डी. एक काल्पनिक पात्र हैं और उनका व्यक्तित्व एस्पर्जर सिण्ड्रोम एवं आवसेसिव कम्पल्सिव डिसआर्डर से ग्रसित दिखता है। इस हास्य प्रहसन ने हॉकिंग को मनोरंजन की दुनिया में भी शीर्ष पर बैठा दिया जहाँ उनके विनोदी स्वभाव की खूब प्रशंसा हुई। शेल्डन कूपर पात्र के नाम की परिकल्पना अभिनेता-प्रोड्यूसर शेल्डन लियोनार्ड एवं नोबेल पुरस्कार विजेता लियान कूपर के नामों को मिलाकर की गयी है।

नवम्बर, 2014 में हॉकिंग एवं उनकी पहली पत्नी जेन बाइल्ड के जीवन पर आधारित एक फिल्म **'दि थ्योरी ऑफ एवरीथिंग'** प्रसारित हुई जिसमें हॉकिंग की भूमिका एडी रेडमायने ने की। इसमें उनके प्रारम्भिक जीवन, बाइल्ड के साथ विवाह, बीमारी का बढ़ना तथा उनकी वैज्ञानिक उपलब्धियों को दिखाया गया है।

मई, 2016 में हॉकिंग ने एक छः भागवाली टेलीविजन सिरीज '**जीनियस**' की मेजबानी की और एक नरेटर की भूमिका में वे दिखे। इसका उद्‌देश्य उन प्रतिभावान स्वयंसेवियों की सूची तैयार करना था जो उन वैज्ञानिक प्रश्नों का उत्तर दे सकें जो इतिहास में कभी भी पूछे गये हों। एक वक्तव्य में उन्होंने कहा कि जीनियस एक ऐसा प्रोजेक्ट है जिसने विज्ञान को जनसामान्य तक पहुँचाने में मेरे जीवन के एक अहम उद्‌देश्य की पूर्ति में सहायक बना। उन्होंने कहा कि, "यह एक आनन्ददायक प्रस्तुति है जिसमें यह जानने का प्रयास किया गया है कि क्या सामान्य जन भी उन महान प्रतिभासम्पन्न मनुष्यों की तरह ही सोचते हैं, जो कभी इस धरती पर रहे थे। एक आशावादी होने के नाते मैं समझता हूँ कि वे अवश्य ऐसा करते होंगे।"

हॉकिंग का विनोदी स्वभाव उनके व्यक्तित्व का एक खास हिस्सा था जिसकी झलक हमें उनके पूरे जीवनकाल में समय-समय पर मिलती रही। सेमिनारों एवं गोष्ठियों में उनकी उपस्थिति देखकर सभी के मन में उत्सुकता रहती कि आज हॉकिंग कौन-सा धमाका करनेवाले हैं। ध्वनि संश्लेषक यन्त्रों की मदद से अमरीकी अन्दाज में जब उनकी आवाज़ उभरती तो लोग अपना दिल थाम लेते और विज्ञान के गहनतम एवं गूढ़ रहस्यों पर से परदा उठने का इन्तजार करते।

उनके दावों अथवा सिद्धान्तों पर कोई शंका व्यक्त करता तो हल्के से मुस्कुराकर वे कह उठते 'शर्त लगाओगे' और शर्त लग जाती और दुनियाभर के वैज्ञानिक बेसब्री से उनके परिणामों पर अपनी नजर रखते।

उनकी मृत्यु के ठीक बाद 15 मार्च, 2018 को 'टाइम' को जान प्रेस्किल ने लिखा कि स्टीफेन से हमारी एक बहुत ही विख्यात शर्त लगी थी कि क्या कृष्ण-विवर में गिरनेवाली सभी सूचनाओं का लोप हो जाता है? डबलिन, आयरलैण्ड में आयोजित वर्ष 2004 के एक समारोह में उन्होंने 700 वैज्ञानिकों एवं पचासों प्रिण्ट एवं इलेक्ट्रॉनिक मीडियावालों के समक्ष घोषणा की कि वे शर्त हार गये हैं। शर्त के अनुसार उन्होंने मुझे '**टोटल बेसबाल : दि अल्टिमेट बेसबाल इन्साइक्लोपीडिया**' दिया। यह आयरलैण्ड में नहीं मिलती अतएव स्टीफेन के एक सहयोगी ने उसे रातोरात (इंगलैण्ड से) मँगाकर समय से समारोह में उपलब्ध करा दिया। मैं समझ नहीं पाया कि मैं क्या करूँ तभी मैंने किताब अपने सिर पर रख

लिया और मुझे लगा जैसे मैंने विम्वलडन का फाइनल जीत लिया हो, तभी लाखों फ्लैश-बल्व चमकने लगे (मुझे तो ऐसा ही लगा जैसे लाखों हों)। उनमें से एक तस्वीर 'टाइम' में छपी।

हिग्स बोसान के सम्बन्ध में भी उनकी धारणा थी कि वे कभी नहीं मिलेंगे। 1964 में पीटर हिग्स ने हिग्स फील्ड सिद्धान्त के अन्तर्गत हिग्स कणों के होने की बात कही थी। हिग्स और हॉकिंग के बीच इसको लेकर काफी मतभेद रहे और कभी-कभी तो वह सार्वजनिक भी हो जाता। वर्ष 2002 से 2008 तक माहौल काफी गरम रहा और तल्ख एवं अप्रिय टिप्पणियाँ भी लोगों को सुनने को मिलीं। हिग्स कहते कि हॉकिंग की लोकप्रियता के कारण उन्हें अतिविशिष्ट व्यक्ति का दर्जा मिला हुआ था जिससे उनकी बातों पर सभी तत्काल विश्वास कर लेते। विवाद का मुख्य बिन्दु हिग्स कण भी सम्पूर्ण विश्व में विख्यात हो गया था। लोग तो उसे '**ओह माई गाड पार्टिकल**' कहने लगे थे और अन्ततः सैद्धान्तिक रूप से पूर्वानुमानित हिग्स कण सर्न *(CERN)* में प्रतिस्थापित लार्ज हेड्रान कोलायडर *(LHC)* में 2012 की जुलाई माह में खोज ही लिया गया। हॉकिंग ने तत्काल अपनी हार मान ली और कहा कि हिग्स को नोबेल पुरस्कार मिलना चाहिए, जो उन्हें उनकी भविष्यवाणी के 49 वर्षों के बाद वर्ष 2013 में प्रदान किया गया। आह्लाद के उन क्षणों में हिग्स ने हॉकिंग के व्यक्तित्व के सकारात्मक पहलू की भी सराहना की।

वर्ष 2008 में प्रकाशित अपनी पुस्तक *दि ब्लैकहोल वॉर* में सैद्धान्तिक भौतिकविद लियोनार्ड सस्काइन्ड ने कहा है—"हॉकिंग की गणनाएँ, जो दर्शाती हैं कि किस तरह कृष्ण-विवर वाष्पित होते हैं, एक विलक्षण चमत्कार *(tour de force)* है। मैं विश्वास करता हूँ कि जब भविष्य में उसके परिणामों एवं निष्कर्षों को लोग पूरी तरह समझ पायेंगे तब वे महसूस करेंगे कि यह एक बहुत बड़ी वैचारिक क्रान्ति की पहल है।"

हॉकिंग को वेस्ट मिनिस्टर ऐवे के नैव *(Nave)* स्थित न्यूटन एवं डार्विन की समाधियों के बीच में दफनाया गया तथा 15 वर्ष पूर्व व्यक्त की गयी उनकी इच्छा का समादार करते हुए उनकी समाधि पर विख्यात बेकेस्टीन-हॉकिंग-समीकरण—$S = \pi Akc^3/2hG$ अंकित कर दिया गया।

रूस के दो खगोलविदों ने हॉकिंग की मृत्यु के दो दिन बाद 16 मार्च

2018 को एक नवजात कृष्ण-विवर *GRB-180316* की खोज की, जिसे उन्होंने स्टीफेन हॉकिंग के सम्मान में उन्हें समर्पित कर दिया।

अभिनेता एडी रेडमायने *(Eddei Redmayne)* जिन्होंने फिल्म '**दि थ्योरी ऑफ एवरीथिंग**' में हॉकिंग की भूमिका निभायी थी ने हॉकिंग की अन्तिम पुस्तक ***बड़े सवालों के छोटे जवाब*** के पुरोवाक् में लिखा है कि जब मैं प्रथम बार उनसे मिला तो मैं उनकी अदम्य शक्ति एवं अति संवेदनशीलता को देखकर हतप्रभ रह गया।...हमने वास्तव में एक सुन्दर दिमागवाले अति विनोदी स्वभाव के, अचम्भित कर देनेवाले वैज्ञानिक को, जिनके जैसा मुझे कोई दूसरा नहीं मिला, खो दिया है। लेकिन जैसा कि उनके परिजनों ने कहा है कि उनके अवसान के बाद भी, उनके कृत्य एवं कीर्तियश को दुनिया सदैव याद रखेगी।...संयुक्त राज्य अमरीका के भूतपूर्व राष्ट्रपति बराक ओबामा ने कहा कि मुझे विश्वास है कि स्टीफेन वहाँ सितारों में खुश होंगे।

'**स्टीफेन हॉकिंग : अनन्त-यात्री**' महान वैज्ञानिक स्टीफेन हॉकिंग का वैज्ञानिक जीवनवृत्त है जिसमें उनकी वैज्ञानिक उपलब्धियों के साथ-साथ उनके जीवन के छुए-अनछुए पहलुओं की चर्चा की गयी है। अपने परिजनों एवं समाज के प्रति उनकी संवेदनशीलता एवं सम्पूर्ण मानवता की रक्षा के लिए दिये गये उनके सुझावों की संजीदगी उन्हें अन्य से पृथक कर महानतम बना देती है और ऐसे लोग कभी-कभी इस धरती पर जन्म लेते हैं।

—**चन्द्रमणि सिंह**

स्टीफेन हॉकिंग : अनन्त-यात्री

यह एक संयोग ही है कि विश्व जब महान वैज्ञानिक गैलिलियो की तीन सौंवी पुण्यतिथि पर उन्हें याद कर रहा था तभी उसी दिन स्टीफेन हॉकिंग का जन्म 08 जनवरी, 1942 को हुआ था और मृत्यु बीसवीं सदी के महान भौतिकविद आइन्स्टीन के जन्मदिवस मार्च, 14 को वर्ष 2018 में हुई।

विश्वविख्यात खगोलविद एवं खूब बिकनेवाली पुस्तक 'समय का संक्षिप्त इतिहास' के लेखक स्टीफेन हॉकिंग को आइन्स्टीन के बाद के महानतम वैज्ञानिक के रूप में लोग मानते हैं। वह न केवल ब्रह्माण्डिकी एवं भौतिकी के मौलिक सिद्धान्तों को उजागर करने में अग्रणी हैं, बल्कि अपने विनोदी प्रकृति एवं व्यवहार के लिए भी प्रसिद्ध हैं। उन्होंने करोड़ों जनों को ब्रह्माण्ड की उत्पत्ति, उसके विकास एवं उसमें रहनेवाली सत्ताओं जैसे कृष्ण-विवर आदि के जटिल एवं गूढ़ रहस्यों से परिचय

जेन वाइल के साथ विवाह के अवसर पर—1965

कराया और उनके लिए प्रेरणा के स्रोत बने। उन्हें बीस वर्ष की अवस्था में ही जानलेवा बीमारी ए.एल.एस. से जूझना पड़ा, जिसमें उन्हें चिकित्सकों की ओर से बताया गया कि उनके जीवन में केवल दो वर्ष का समय शेष रह गया है। इस बीमारी ने उनके शरीर को लकवाग्रस्त कर दिया, परन्तु यह एक ईश्वरीय करिश्मा ही था कि उनका मस्तिष्क इससे अछूता रहा और हाथ की कुछ अँगुलियाँ एवं चेहरे की कुछ मांसपेशियाँ सक्रिय रहीं। इन्हीं के सहारे वे आजीवन अपने विचार ध्वनि संश्लेषक यन्त्र के माध्यम से सम्मेलनों, गोष्ठियों एवं मीडिया के जरिये जनसामान्य तक पहुँचाते रहे। यह भी एक करिश्मा ही था कि बीमारी की जानकारी होने के बाद भी 56 वर्षों तक वह न केवल जीवित रहे वरन ब्रह्माण्डिकी एवं भौतिकी के गूढ़तम रहस्यों पर से परदा उठाने का कार्य अत्यन्त सक्रियता के साथ करते रहे। उनकी अन्तिम पुस्तक 'बड़े सवालों के छोटे जबाब' उनके मरणोपरान्त उनकी बेटी लूसी व उनके कुछ वैज्ञानिक मित्रों एवं सहयोगियों के सहयोग से प्रकाशित हुई।

हॉकिंग ने अपनी पुस्तक में कहा है कि ईश्वर मरा नहीं है बल्कि वह कभी था ही नहीं; ब्रह्माण्ड को कोई नहीं संचालित करता। उनकी यह धारणा अपनी ही बीमारी लाऊ गेहरिग या ऐमियोट्राफिक लैटरल स्क्लिरोसिस *(ALS)* को लेकर बनी। उन्होंने कहा, "सदियों तक यह सोचा जाता रहा है कि मेरे जैसे अपंग लोग ईश्वर की मर्जी से शापित होकर यातना भुगतते हैं, पर मैं यह सोचता हूँ कि प्रत्येक ऐसी चीज को दूसरी तरह से भी देखा जा सकता है जिसमें कहा जा सकता है कि ऐसा प्रकृति के नियमों के अधीन होता है।"

हाकिंग की मृत्यु 14 मार्च, 2018 को 76 वर्ष की अवस्था में हुई। उनकी बेटी लूसी ने अमरीकी न्यूज चैनल *CNN* को बताया कि तमाम सवालों के जबाव लोग उनसे जानना चाह रहे थे। इसलिए अपनी पुस्तक में हॉकिंग ने परग्रहियों के विषय में भी कहा है कि ब्रह्माण्ड में अन्यत्र बुद्धिमान प्राणी हैं। काल यात्रा के सन्दर्भ में भी विचार व्यक्त किये गये हैं, जिसमें अतीत में जाने की सम्भावनाओं को नकारा नहीं गया है। उन्होंने यह सम्भावना भी व्यक्त की है कि 100 वर्षों के अन्दर ही हम सौरमण्डल के किसी भी हिस्से में यात्रा कर पाने में समर्थ होंगे और धरती से इतर अन्य ग्रहों पर अपनी बस्तियाँ बसायेंगे।

पुस्तक में दस बड़े सवाल जो उठाये गये हैं और जिनका उत्तर हॉकिंग ने दिया है वे क्रमशः इस प्रकार हैं—

- क्या ईश्वर है?
- यह सब कुछ कैसे हुआ?
- क्या हम भविष्य बता सकते हैं?
- ब्लैक होल के भीतर क्या है?
- क्या ब्रह्माण्ड में अन्य बुद्धिमान प्राणी भी हैं?
- क्या कृत्रिम बौद्धिकता हम पर हावी हो जायेगी?
- हम भविष्य को कैसे सँवारेंगे?
- क्या हम धरती पर जीवित बचे रहेंगे?
- क्या हमें दिक में बस्तियाँ बसाना चाहिए?
- क्या काल-प्रयाण सम्भव है ?

विज्ञान की सक्षमता में हॉकिंग को गहन विश्वास था और उनका मानना था कि विज्ञान में मानवता के समक्ष उपस्थित होनेवाली किसी भी तरह की समस्या का समाधान ढूँढ़ने की असीमित क्षमता है। बड़े सवालों के जबाब में हॉकिंग का वह विश्वास झलकता है जिसमें उनकी दृढ़ मान्यता थी कि प्रकृति मनमाना व्यवहार नहीं करती और उसके सभी रहस्यों को जानने की क्षमता मनुष्य में है। पुस्तक के प्रत्येक पृष्ठ पर उनके इसी विश्वास की झलक मिलती चलती है।

भौतिकी में सब मर्जों की एक दवा अर्थात एकमेव सिद्धान्त *(Theory of Everything)* की तलाश हॉकिंग पूरे जीवन-भर करते रहे जिसमें उनका प्रयास था कि प्रकृति के चारों बलों को एक ही क्षत्र के नीचे लाकर एक ऐसे सिद्धान्त अथवा गणितीय समीकरण की खोज की जाय जो चारों बलों को व्यक्त कर पाने में पूर्णतः सक्षम एवं समर्थ हो। 1980 के दशक में उन्होंने आशा व्यक्त की कि ऐसा कदाचित अगले बीस वर्षों में सम्भव हो जाय, परन्तु ऐसा न हो सका, यद्यपि उस दिशा में काफी कुछ किया गया है, अतएव उन्होंने कहा कि शायद उतना ही समय और लगे। "भौतिकी का पवित्र प्याला क्या हमारी पहुँच से सदैव परे रहेगा?" वे अक्सर कहा करते थे। उन्हें विश्वास था कि प्रकृति में परम सममितता एवं सहजतायुक्त कोई-न-कोई तर्कसंगत अन्तर्निष्ठ सम्बन्धों का ढाँचा

अवश्य निहित होना चाहिए जिसकी परख यदि प्रायोगिक तौर पर सम्भव न हो तो भी गणितीय सौन्दर्य एवं सुगढ़ भौतिकी के सिद्धान्तों की नजर से उसे देखा व समझा जा सकेगा। प्रकृति की परम वास्तविकता का स्वरूप तब केवल मानव मस्तिष्क के प्रज्ञा-चक्षु से ही देखा जा सकेगा जिसको प्रायोगिक धरातल पर परख पाना असम्भव होगा। हॉकिंग यह भी मानते थे कि सम्भव है कि उनकी बातें अधिकांश विज्ञानियों को अटपटी लगें और कदाचित वे उससे सहमत भी न हों।

यद्यपि हॉकिंग ब्रह्माण्ड के उद्भव व उसके विकास एवं उसकी नियति के साथ-साथ कृष्ण-विवर की भौतिकी की बात करते हुए अपने मन पसन्दीदा विषयों को छेड़ते हैं, परन्तु उनकी प्रमुख चिन्ता मानवता एवं उसके भविष्य को लेकर यत्र-तत्र परिलक्षित होती दिखती है। अपने ग्रह के भविष्य, अन्य ग्रहों पर बस्तियाँ बसाने तथा कृत्रिम बुद्धि की बातें करते-करते उनकी चिन्ता अपनों से अपनी रक्षा कैसे की जाय को लेकर अधिक दिखती है।

वे कहते हैं कि हम स्वयमेव सन्तापकारी असफलताओं के भँवरचक्र में गिरने की ओर अग्रसर हैं। विश्वव्यापी जनसंख्या वृद्धि को देखते हुए ऊर्जा एवं भोज्यपदार्थों की खपत में वृद्धि होगी, जिससे कभी भूखमरी की स्थिति आ सकती है। इसके अतिरिक्त प्राकृतिक आवासों में हमारी घुसपैठ, भारी मात्रा में हो रहे वायु प्रदूषण, आर्थिक बिषमता, सांस्कृतिक कट्टरता आदि मिलकर ऐसी परिस्थितियों को जन्म देंगी, जिससे मानवता का विनाश निश्चित है। स्थिति और अधिक भयावह हो सकती है जब इन विनाशकारकों में नाभिकीय हथियारों में वृद्धि, रोबोटिक एवं मशीनी बुद्धि का विकसित होना भी शामिल कर लिया जाय।

हॉकिंग का कहना है कि केवल विज्ञान ही हमें हमारी गलतियों से होनेवाले खतरों से बचा सकता है। हम कार्बन-पृथकीकरण को और अधिक उचित ढंग से सुनिश्चित करने के लिए और अधिक उन्नत तकनीक विकसित कर सकते हैं, ऊर्जा के पुनर्नवीनीकरण की दिशा में तकनीक विकसित कर व्ययभार को कम कर सकते हैं, आनुवंशिक यान्त्रिकी का उपयोग खाद्यपदार्थों एवं फल-फूल तथा सब्जियों की लागत में कमी करने तथा उनकी पौष्टिकता में वृद्धि करने के लिए कर सकते

हैं, चिकित्सा विज्ञान को विकसित कर अन्यान्य बीमारियों से लड़ने में कामयाब हो सकते हैं, परन्तु वे इस मत के भी हैं कि इन सबके बावजूद हमें इस धरती से परे दूसरे ग्रहों पर अपनी बस्तियाँ बसानी होंगी। वह दिन दूर नहीं जब हम चाँद पर अपना आधार कैम्प स्थापित कर मंगल आदि ग्रहों की यात्राओं को मूर्त रूप दे सकेंगे और रहने योग्य कृत्रिम वातावरण निर्मित कर आवासीय बस्तियाँ बसायेंगे। इसमें हमें चुनौती तकनीकी तौर पर मिल रही है न कि मौलिक तौर पर अर्थात यदि सही तरीके से हम अन्तक्षित यात्राओं की निरापद तकनीक विकसित कर लें और अन्य ग्रहों पर निवासयोग्य वातावरण सृजित कर लें तब यह सम्भव हो सकेगा। हॉकिंग का कहना है कि धरती से परे दिक में हमें निवास करने में कोई कठिनाई नहीं प्रतीत होती क्योंकि अब ऐसा करना हमारी पहुँच में है। ऐसा करने के लिए उनका कहना था कि हमें सम्पूर्ण मानवता के अस्तित्व को सर्वोपरि रखते हुए आपसी वैमनस्य त्यागकर अपने व्यर्थ व्ययों पर नियन्त्रण करते हुए तथा अपने संसाधनों को सुदृढ़ करते हुए, एकजुट होकर सम्पूर्ण विश्व को एक मानव परिवार मानते हुए पहल करनी होगी।

अन्त में वे कहते हैं—

"...तो याद रखो कि तुम्हें सितारों की ओर न कि अपने पैरों की ओर देखना है; जो तुम देखते हो उसके मर्म को समझने का प्रयास करो और सोचो कि वह क्या है जिससे ब्रह्माण्ड का अस्तित्व कायम है। जिज्ञासु बनो। और जीवन कितना ही दुरूह क्यों न लगे, सदैव कुछ ऐसा होगा जिसे करके तुम सफलता प्राप्त करोगे। जो महत्त्वपूर्ण है वह यह कि कभी हार मत मानना। अपनी कल्पनाओं को अवमुक्त करो। भविष्य को सँवारो।"

जीवन वृत्त : हॉकिंग का वैज्ञानिक सफर

स्टीफेन हॉकिंग का बचपन हाईगेट, लन्दन के एक ऊँचे सँकरे विक्टोरियन शैली में निर्मित घर में गुजरा जिसे उनके माता-पिता ने द्वितीय विश्वयुद्ध के दौरान बहुत ही सस्ती दर पर खरीदा था क्योंकि उस समय लोगों को

जेन व स्टीफेन हॉकिंग—1974

लग रहा था कि लन्दन नेस्तनाबूद होनेवाला है और लोग अपनी स्थायी सम्पत्तियों को किसी भी दाम पर बेचकर भाग रहे थे। वास्तव में उनके घर के पास ही एक बीटू राकेट फटा भी था किन्तु सौभाग्य से उनके घर का कोई भी हताहत नहीं हुआ। वर्षों तक हॉकिंग अपने बचपन के मित्र हाबर्ड के साथ सड़कों के किनारे बममारी से बने उन तंग गड्ढों में खेला करते और विस्फोट के परिणामों को समझने का प्रयास करते। उनकी यह जिज्ञासा पूरे जीवनभर उनकी मार्गदर्शक बनी रही और उसने उन्हें कभी थकने नहीं दिया।

1950 में हॉकिंग के पिता को लन्दन के उत्तरी छोर पर मिलहिल में नवनिर्मित राष्ट्रीय चिकित्सालय शोध संस्थान में काम मिल गया जिसके फलस्वरूप उसके पास में स्थित सेण्ट आलवन्स के कैथेड्रल सिटी में उनका परिवार आकर रहने लगा। हॉकिंग को पहले महिला हाईस्कूल में भेजा गया जहाँ दस वर्ष तक के लड़कों को भी पढ़ने की अनुमति थी। बाद में उनका दाखिला सेण्ट आलवन्स स्कूल में कराया गया जहाँ पढ़ाई का स्तर काफी ऊँचा था। हॉकिंग के सहपाठी उन्हें आइन्स्टीन कहते थे। जब वे बारह वर्ष के थे तो उनके एक मित्र ने दूसरे से मिठाइयों की शर्त रखी कि वे कुछ नहीं बन सकते। सेंण्ट आलवन्स में हॉकिंग के छह या सात बहुत करीबी दोस्त थे जिनसे वे गहनतापूर्वक विचार-विमर्श किया करते थे, जिसमें एक बड़ा प्रश्न यह भी था कि ब्रह्माण्ड का उद्भव कैसे हुआ और क्या उसको सृजित करने व चलानेवाली कोई ईश्वर जैसी सत्ता है?

अक्टूबर, 1962 में हॉकिंग बीस वर्ष के थे जब वे कैम्ब्रिज विश्वविद्यालय के अप्लाइड मैथेमिक्स एवं थ्योरेटिकल फिजिक्स विभाग में दाखिला लिये। उन्होंने उस समय के खगोल विज्ञान के जाने-माने वैज्ञानिक फ्रेड हायल के निर्देशन में कार्य करने के लिए आवेदन दिया था परन्तु उनके पास पहले से ही पूरे छात्र थे, इसलिए उन्हें डेनिस स्कियामा के निर्देशन में कार्य करने का अवसर दिया गया जिन्हें वे जानते भी नहीं थे। यह एक तरह से अच्छा ही हुआ क्योंकि फ्रेड हायल की स्टीडी-स्टेट-थ्यौरी का बचाव उन्हें टीम में कार्य करने के नाते करना पड़ता, जबकि नियति कुछ और ही थी।

हॉकिंग जब ऑक्सफोर्ड में थे तभी उन्हें महसूस हुआ कि उनकी चाल-ढाल एक विचित्र ढंग से असुविधाजनक और बेढंगी हो रही थी।

डॉक्टरों ने उन्हें बीयर न पीने की सलाह दी। जब वे कैम्ब्रिज आये तब सर्दियाँ काफी बढ़ गयी थीं और जब उन्हीं सर्दियों में अपने परिवार से मिलने सेण्ट आल्वन्स गये तब झील के ऊपर बर्फ जम चुकी थी। माँ की सलाह पर जब वे झील की बर्फ पर स्केटिंग करने गये तब वे गिर गये और उठने में उन्हें काफी परेशानी हुई। उन्हें लगा कि कुछ तो गड़बड़ है। लन्दन के सेण्ट बार्थोलोम्यू के अस्पताल में कई सप्ताह रहने के बाद उन्हें पता चला कि उन्हें एमियोट्राफिक लैटरल स्क्लिरोसिस *(ALS)* हो गया है जो एक तरह की मोटर न्यूरान बीमारी है जिसमें रीढ़ एवं मस्तिष्क की नर्व कोशिकाएँ क्षीण होते-होते कठोर होने लगती हैं। शरीर के अंग शिथिल पड़ने लगते हैं और अन्ततः काम करना बन्द कर देते हैं। ऐसी बीमारी की जानकारी होने पर स्वभावतः हॉकिंग घोर निराशा में डूब गये और उन्हें

जेन व स्टीफेन हॉकिंग—1974

लगा कि वे अपनी पी-एच.डी. पूरी नहीं कर पायेंगे। प्रारम्भ में बीमारी ने अपना प्रभाव तेजी से दिखाया पर बाद में उसमें थोड़ी कमी दिखी। इससे हॉकिंग में एक नये ढंग से उत्साह का संचार हुआ। हॉकिंग लिखते हैं कि, "जब मैं अपने जीवन से पूर्णतः निराश हो चुका था तो मेरे लिये एक नया दिन भी एक वरदान से कम नहीं था और मैं वह सब कर रहा था जिससे मुझे खुशी मिलती थी। जीवन है तो आशा भी है।"—तभी एक समारोह में उनकी मुलाकात जेन से हुई जो 1965 में उनकी जीवनसंगिनी बनी और साथ मिलकर हॉकिंग की परिस्थितियों से जूझने का निश्चय किया। जेन के साथ ने हॉकिंग में अदम्य उत्साह भर दिया और वे पी-एच. डी. पर कार्य करने के साथ-साथ जीविकोपार्जन हेतु भी कुछ काम करने की सोचने लगे। उन्होंने गानबिले कौइस कॉलेज में शोध छात्रवृत्ति के लिए आवेदन किया जिसमें उन्हें कौइस कॉलेज की छात्रवृत्ति मिल गयी। हॉकिंग कहते हैं कि उस छात्रवृत्ति ने उनका जीवन बदल दिया। अब वे शारीरिक अक्षमता के बावजूद अपना शोध कार्य जारी रख सकते थे और वैवाहिक जीवन सरलता से बिता सकते थे। उनका प्रथम पुत्र रॉबर्ट उनके विवाह के दो वर्ष बाद पैदा हुआ। उसके तीन वर्ष बाद उनकी बेटी लूसी पैदा हुई तथा उनके बेटे टिमोथी का जन्म 1979 में हुआ। हॉकिंग कहते थे कि "एक पिता के रूप में उन्होंने अपने बच्चों को यही सिखाया कि सदैव प्रश्न पूछते रहने का क्या महत्त्व है?" उन्होंने कहा कि नये विचारों अथवा नयी अवधारणाओं को व्यक्त करते समय कभी हिचकिचाना नहीं चाहिए।

1960 के दशक के प्रारम्भिक दिनों में ब्रह्माण्डिकी में सबसे बड़ा प्रश्न यह था कि ब्रह्माण्ड की उत्पत्ति कब और कैसे हुई या ब्रह्माण्ड सदैव से क्या ऐसे ही है? हॉकिंग के पी-एच.डी. का विषय यही था।

इस बीच हॉकिंग रोजर पेनरोज के कार्यों का अध्ययन कर रहे थे जिसमें उन्होंने कहा था कि यदि आइन्स्टीन का सामान्य आपेक्षिकता का सिद्धान्त सही है तो ब्लैक-होल अथवा कृष्ण-विवर के क्रोड में एक एकत्व अथवा सिंगुलैरिटी होनी चाहिए जहाँ दिक्-काल समाप्त हो जाते हैं और यदि काल की दिशा परिवर्तित कर दी जाये तो ब्रह्माण्ड के अस्तित्व में आने की परिस्थितियाँ विद्यमान हो जायेंगी। स्कियामा के नेतृत्व में कार्य करते हुए हॉकिंग ने सिद्ध किया कि ब्रह्माण्ड की शुरूआत एक निश्चित समय पर आपेक्षिकता के सिद्धान्तों के अनुरूप एकत्व से हुई और तभी

काल एवं दिक एक साथ अस्तित्व में आये। हॉकिंग यह भी जान चुके थे कि अत्यन्त सूक्ष्म स्तर पर क्वाण्टम यान्त्रिकीय अनिश्चितता के कारण आपेक्षिकता के सिद्धान्त दिक एवं काल की सटीक व्याख्या कर पाने में सक्षम नहीं हैं, बल्कि वहाँ एक ऐसे एकमेव सिद्धान्त की आवश्यकता थी जो सपाट ब्रह्माण्ड के साथ-साथ परम वक्रित ब्रह्माण्ड की भी व्याख्या सफलतापूर्वक कर सके। पिछले पचास वर्षों से वैज्ञानिक ऐसे किसी एक सिद्धान्त की तलाश जी-जान से कर रहे हैं। कृष्ण-विवर का एकत्त्व एवं आदि ब्रह्माण्ड का एकत्व हॉकिंग एवं पेनरोज की दृष्टि में एक ही तरह की दिक एवं काल की परिस्थितियाँ उत्पन्न करते प्रतीत होते हैं जिससे अन्ततः क्वाण्टम गुरुत्व की प्रकृति एवं प्रवृत्ति को समझा जा सकेगा। हायल एवं उनके स्टीडी-स्टेट सिद्धान्त के माननेवाले इससे असहमत थे और एक अवसर पर हायल ने उपहासपूर्वक इसे बिग-बैंग कहा था जो बाद में चलकर ब्रह्माण्ड की उत्पत्ति के एक सर्वमान्य सिद्धान्त के रूप में प्रचलित हुआ। कृष्ण-विवरों पर शोध कार्य गत शताब्दी के सत्तर के दशक से काफी तेज़ी पकड़ने लगा यद्यपि सामान्य आपेक्षिकता के समीकरणों की व्याख्या करते हुए इसके अस्तित्व की सैद्धान्तिक भविष्यवाणी जर्मन भौतिकविद कार्ल श्वार्जचाइल्ड ने 1915 में ही कर दी थी जहाँ अधिकांश वैज्ञानिक कृष्ण-विवरों के अस्तित्व के प्रति सशंकित थे और इसे गणितीय असंगतता का परिणाम मानते थे, वहीं उसके अपरिमित गुरुत्व से उपजे कई विरोधाभास वैज्ञानिकों के लिए सरदर्द बनने लगे थे। एक ऐसा ही विरोधाभास सूचनाओं का लोपन था, जो उष्मा-गतिकी के सिद्धान्तों की अवहेलना करता प्रतीत हो रहा था।

उष्मा-गतिकी के दूसरे नियम में यह अवधारित है कि किसी भी तन्त्र की एनट्रापी जो उस तन्त्र की विश्रृंखलता अथवा अव्यवस्था की सूचक है, सदैव बढ़ती है। हर वह वस्तु जो कृष्ण-विवरों में गिरती हैं, की अपनी एक एनट्रापी होती है, जो उस वस्तु के साथ ही क्या कृष्ण-विवर में गिरकर सदैव के लिए विलीन हो जाती है? यदि ऐसा है, तो सम्पूर्ण ब्रह्माण्ड की एनट्रापी घटती जायेगी और ऐसा होने पर उष्मा-गतिकी के द्वितीय नियम की अवहेलना होगी। हॉकिंग ने ज्ञात किया था कि कृष्ण-विवर के घटना-क्षितिज का क्षेत्रफल समय के साथ कभी घटता नहीं। जब कोई वस्तु कृष्ण-विवर में गिरती है तब उसके

घटना-क्षितिज का क्षेत्रफल बढ़ जाता है। प्रिन्स्टन विश्वविद्यालय के एक स्नातक-छात्र जैकब बेकेन्स्टीन की मुलाकात हॉकिंग से 1972 की गरमियों में लेस हाउशेज फ्रांस के फ्रांसीसी स्की रिजोर्ट में भौतिकी-ग्रीष्म विद्यालय के संचालन के दौरान हुई। बेकेन्स्टीन ने एक सुझाव दिया कि कृष्ण-विवर में जब भी कोई वस्तु गिरती है तो लगता है कि उसकी एनट्रापी लुप्त हो गयी परन्तु साथ ही उसके घटना-क्षितिज का क्षेत्रफल बढ़ जाता है अतएव उष्मा-गतिकी के दूसरे नियम को संरक्षित रखने के लिए क्या एनट्रापी एवं घटना-क्षितिज के क्षेत्रफल में कोई अन्तर्निहित सम्बन्ध होना चाहिए? हॉकिंग इस सुझाव से खिन्न हो गये। सत्र अवकाश के मध्य हॉकिंग ने अपने सहयोगी मित्र ब्रैण्डन कार्टर जो उनके साथ स्कियामा के पर्यवेक्षण में ही कार्य कर रहे थे और वाशिंगटन विश्वविद्यालय के जेम्स बारडीन से वेकेन्स्टीन के सुझावों पर चर्चा की और वेकेन्स्टीन को बताया कि उसका सुझाव ग्रहण करने योग्य नहीं है। वेकेन्स्टीन निराश हो गये क्योंकि वे समझते थे कि उन्होंने तो अभी अपनी पी-एच.डी. की है जबकि हॉकिंग एवं अन्य दो वैज्ञानिक ब्रैण्डन कार्टर एवं बारडीन उनसे वरिष्ठ हैं। कैम्ब्रिज वापस लौटने के बाद हॉकिंग ने वेकेन्स्टीन के सुझावों पर गम्भीरता से विचार किया और उनके हर्ष की कोई सीमा नहीं रही जब वस्तुत: उन्होंने कृष्ण-विवरों की एनट्रापी एवं उनके घटना-क्षितिज के क्षेत्रफल के बीच एक गणितीय सम्बन्ध खोज लिया। उन्होंने ज्ञात किया कि कृष्ण-विवरों की भी अपनी एनट्रापी होती है जो उसके घटना-क्षितिज के क्षेत्रफल के समानुपाती होती है। गणितीय सम्बन्ध को वेकेन्स्टीन-हॉकिंग-समीकरण कहते हैं। हॉकिंग की कब्र पर एनट्रापी का यही समीकरण उत्कीर्ण है।

हॉकिंग ने तर्क दिया कि कोई भी चीज जिसकी कोई एनट्रापी होगी, उसका एक तापमान भी होगा और यदि तापमान है तो वह विकिरण भी उत्सर्जित करेगी। हॉकिंग की प्रारम्भिक सोच यह थी कि सामान्य आपेक्षिकता के सिद्धान्त के अन्तर्गत कृष्ण-विवर का गुरुत्व इतना अधिक होता है कि उसकी जकड़ से न तो उष्मा और न ही कोई पदार्थ या ऊर्जा और यहाँ तक कि प्रकाश भी बाहर नहीं जा सकता परन्तु जब क्वाण्टम यान्त्रिकी के सिद्धान्त उस पर लागू किये जायेंगे तो स्थिति बदल जायेगी। क्वाण्टम यान्त्रिकी के सिद्धान्तों के अनुसार रिक्त-दिक में भी क्वाण्टम

हलचल होती रहती है जिनसे पदार्थ एवं प्रतिपदार्थ सूक्ष्म कण उत्पन्न होते हैं, वे मिलते हैं और एक-दूसरे को विनष्ट कर देते हैं, परन्तु किसी कृष्ण-विवर के घटना-क्षितिज के पास के दिक्-काल में क्वाण्टम हलचलों से जब कण एवं प्रतिकण निर्मित होंगे तो इस बात की सम्भावना हो सकती है कि उनमें से एक कृष्ण-विवर में गिर जाय और दूसरा कण व्योम में चला जाय। दूर किसी प्रेक्षक को प्रतीत होगा कि ये कण कृष्ण-विवर से उत्सर्जित हो रहे हैं।

रोजर पेनरोज ने यह दर्शाया था कि एक तारा संकुचित होते-होते एक क्रान्तिक सीमा से नीचे चला जाता है तो उसकी अन्तिम परिणति एक बिन्दुनुमा एकत्व जिसे वैज्ञानिक भाषा में सिंग्यूलैरिटी कहते हैं, में हो जाती है जहाँ दिक एवं काल का अन्त हो जाता है। तब तक यह भी ज्ञात हो चुका था कि एक विशाल द्रव्यमानयुक्त तारा जब अपने गुरुत्व से सिकुड़ना प्रारम्भ कर देता है और विकिरण- दाव उसके आकार को जब कायम रखने में असमर्थ हो जाता है तब उसे सिन्ग्यूलैरिटी की दशा तक पहुँचने से कोई नहीं रोक सकता। हॉकिंग ने यही तर्क ब्रह्माण्ड के विषय में भी रखा। उनका कहना था कि यदि व्यापक आपेक्षिकता के सिद्धान्त सही हैं और ऊर्जा घनत्व सकारात्मक है तो कृष्ण-विवर के घटना-क्षितिज के क्षेत्रफल की प्रवृत्ति बढ़ने की होगी यदि उसमें अतिरिक्त द्रव्यमान (पदार्थ) अथवा विकिरण गिरता है। उन्होंने गणितीय तौर पर सिद्ध किया कि यदि दो कृष्ण-विवर टकराते हैं और मिलकर एक कृष्ण-विवर का निर्माण करते हैं तो परिणामी कृष्ण-विवर के घटना-क्षितिज का क्षेत्रफल पृथक्-पृथक कृष्ण-विवरों के घटना-क्षितिजों के क्षेत्रफलों के योग से भी अधिक होगा। हॉकिंग ने 1973 में जार्ज एलिस के साथ मिलकर अपनी पुस्तक **'दिक्काल की विराट संरचना'** प्रकाशित की। 1960 के दशक के अन्त एवं 1970 के दशक की शुरूआत की अवधि को हॉकिंग ने कृष्ण-विवरों के इतिहास का स्वर्णिम युग कहा है जिसमें उससे सम्बन्धित तमाम बड़ी समस्याओं का सैद्धान्तिक समाधान ढूँढ़ा गया जबकि उस समय उनके प्रेक्षण साक्ष्य भी उपलब्ध नहीं थे। हॉकिंग ने पेनरोज के साथ मिलकर यह सिद्ध किया कि एकत्व की अवस्था में व्यापक आपेक्षिकता के सिद्धान्त विखण्डित हो जाते हैं। इसलिए निश्चित रूप से कुछ नहीं कहा जा सकता कि उस समय क्या होता है?

हॉकिंग का अथक प्रयास व्यापक आपेक्षिकता के सिद्धान्तों एवं क्वाण्टम यान्त्रिकी के सिद्धान्तों को एक साथ लेकर एकत्व को समझना एवं परखना था। उनके अध्ययन में गुरुत्व एवं उष्मा-गतिकी के बीच तब तक अबूझ रहे गूढ़ एवं गहरे सम्बन्ध उजागर होते दिखे जिससे यह ज्ञात हो सका कि कृष्ण-विवर का निर्माण किससे हुआ । हॉकिंग ने ज्ञात किया कि सूचनाओं का लोपन नहीं होता किन्तु उन्हें वापस उसी रूप में नहीं पाया जा सकता। उन्हें यह देखकर आश्चर्य हुआ कि कृष्ण-विवर से भी विकिरण का उत्सर्जन हो रहा था। पहले तो उन्हें अपनी गणनाओं पर ही सन्देह हुआ किन्तु उन्हें जिस बात से सन्तुष्टि हुई वह यह थी कि विकिरण उत्सर्जन की मात्रा ठीक उतनी ही थी जिससे कृष्ण-विवर की एन्ट्रापी की सहायता से कृष्ण-विवर के घटना-क्षितिज का क्षेत्रफल दर्शाया जा सके। उन्होंने एक समीकरण प्रस्तुत किया जिसमें कृष्ण-विवर के तन्त्र की अव्यवस्थाओं की मापक एन्ट्रापी-S कृष्ण-विवर के घटना-क्षितिज के क्षेत्रफल-A की समानुपाती होती है। इस सम्बन्ध को निम्न प्रकार दर्शित किया जा सकता है—

$S = \pi Akc^3/2hG$ जिसमें k बोल्टसमैन नियंतांक, c प्रकाश गति, G न्यूटन का गुरुत्व नियतांक एवं h प्लैंक नियतांक है।

इस विकिरण उत्सरण को हॉकिंग विकिरण कहते हैं।

'सब मर्जों की एक दवा' अर्थात **'थ्योरी ऑफ एवरीथिंग'** कदाचित कृष्ण-विवर की भौतिकी से ही सम्भव है। हॉकिंग की सोच थी कि कृष्ण-विवर ही अन्ततः वह सेतु बनेंगे जहाँ आइन्स्टीन का आपेक्षिकता का सिद्धान्त एवं क्वाण्टम यान्त्रिकी के नियमों का संगम सम्भव है ताकि तदनुसार 'एकत्व' के भौतिक स्वरूप को परिभाषित किया जा सके। कृष्ण-विवर एन्ट्रापी की समस्या हल करने में तो हॉकिंग सफल रहे किन्तु कृष्ण-विवर यदि कोई विकिरण उत्सर्जित करेंगे तो अन्ततः उनका द्रव्यमान कम होने लगेगा और चूँकि घटना-क्षितिज का क्षेत्रफल कृष्ण-विवर के सीधे अनुपात में होता है और तापमान के प्रतिलोमी अनुपात में होता है अतएव कृष्ण-विवर के घटना-क्षितिज का क्षेत्रफल कम होता जायगा और फलतः उनका तापमान बढ़ने लगेगा जिससे विकरण उत्सर्जन की दर बढ़ती जायेगी तथा अन्ततः वाष्पित होकर दिक्-काल में कृष्ण-विवर विलीन हो जायेंगे और साथ ही जो भी सूचना उसमें समाहित

रही होगी वह भी विलुप्त हो जायेगी। जहाँ सूचना लोपन से क्वाण्टम यान्त्रिकी के सूचना संरक्षण सिद्धान्त का हनन होता है, वहीं हॉकिंग रेडिएशन से आपेक्षिकता के गुरुत्व सिद्धान्त की अवहेलना होती है। कृष्ण-विवर सूचना लोपन विरोधाभास आधुनिक भौतिकी के समक्ष सबसे बड़ी समस्या के रूप में उभरकर आया है जिसका हल ढूँढ़ने का दावा स्वयं हॉकिंग ने अपने एक 2016 में प्रकाशित शोध-पत्र में किया है। हॉकिंग ने 1976 में अपना एक अन्य महत्त्वपूर्ण शोध-पत्र 'फिजिकल रिव्यू' जर्मन में प्रकाशित कराया जिसका शीर्षक था—**गुरुत्वीय निपात में पूर्वानुमेय की विफलता** *(Breakdown of Predictability in Gravitational Collapse)*।

पक्ष एवं विपक्ष में वैज्ञानिकों के मत व्यक्त किये जाने लगे जिसका सिलसिला आज भी जारी है। हॉकिंग का कहना था कि कृष्ण-विवर जब वाष्पित होता है तब उसके अन्दर समाहित सभी सूचनाएँ भी वाष्पित हो जाती हैं, जिन्हें वापस नहीं लाया जा सकता। क्वाण्टम यान्त्रिकी के सिद्धान्त इसके विपरीत दावा करते हैं कि सूचनाओं का लोपन कभी नहीं होता। 1990 के दशक में सूत्रिका सिद्धान्त के आने पर वैज्ञानिकों की राय धीरे-धीरे इस बात पर कायम होने लगी कि सूचना का विलोपन नहीं होता और 2004 तक तो हॉकिंग स्वयं मानने लगे थे कि कृष्ण-विवरों से सूचना का विलोपन नहीं हो सकता।

वर्ष 2012 में कैलीफोर्निया विश्वविद्यालय, सान्ता बारबरा के चार भौतिकविद अहमद अलगहीरी, डोनाल्ड मैरोल्फ, जोसेफ पोलचिन्स्की एवं जेम्स सली जिन्हें सामूहिक रूप से *AMPS* भौतिकविदों के रूप में जाना जाता है, ने भौतिकी-समुदाय को अपने वैचारिक प्रगोग के निष्कर्षों से अचम्भित कर दिया। उन्होंने कहा कि कृष्ण-विवर के घटना-क्षितिज के निकट जब कणों एवं प्रतिकणों के युग्म उत्पन्न होते हैं तो प्रत्येक युग्म के कण एवं प्रतिकण कवांटम अन्तर्गुम्फन से जुड़े होते हैं। इनमें से एक कण जब कृष्ण-विवर में गिरता है और दूसरा व्योम में विकरित हो जाता है, तो बिलगाव के बाद भी सह सम्बन्धी होने के कारण किसी भी तरह की सूचना को दोनों साझा करते रहते हैं। *AMPS* ने अनुमान लगाया कि कृष्ण-विवर के घटना-क्षितिज के भीतर एवं बाहर के प्रेक्षकों को कैसा महसूस होगा?

घटना-क्षितिज के बाहर के प्रेक्षक को हॉकिंग विकिरण के रुप में उत्सर्जित कणों द्वारा समस्त सूचनाएँ क्वाटम अन्तर्गुम्फन प्रक्रिया द्वारा बाहर जाती हुई दिखेंगी, परन्तु कृष्ण-विवर के घटना-क्षितिज के भीतर जानेवाले प्रेक्षक को क्या अनुभूति होगी? व्यापक आपेक्षिकता के सिद्धान्त के अनुसार मुक्त पतनशील प्रेक्षक के लिए गुरुत्व की अनुभूति नहीं होगी जिसके कारण उसे घटना-क्षितिज नहीं दिखेगा और प्रश्नगत कण अपने प्रतिकण साथी से क्वाण्टम अन्तर्गुम्फित रहेगा परन्तु, चूँकि कोई घटना-क्षितिज उनको विलग करनेवाला नहीं होगा इसलिए कोई कण कृष्ण-विवर के बाहर जाता हुआ नहीं दिखेगा वरन वह कृष्ण-विवर में ही समा जायगा और इस तरह सूचना का लोप हो जायगा अतएव इससे एक प्रकार का विरोधाभास जन्म लेगा।

अतः दोनों प्रेक्षकों के अनुभवों में किसका अनुभव सही है? यदि बाहर का प्रेक्षक सही है तो कृष्ण-विवर के भीतरवाले प्रेक्षक को घटना-क्षितिज के रिक्त दिक का कोई एहसास नहीं होगा क्योंकि वह हॉकिंग विकिरण से जलकर एक अग्निपुंज बन जायगा। और यदि कृष्ण-विवर में प्रवेश करनेवाला सही है तो सूचनाओं का लोपन हो जायगा जिससे क्वाण्टम यान्त्रिकी के मौलिक सिद्धान्तों का ही हनन होगा। गुरुत्व को क्वाण्टीकृत करने की दिशा में हॉकिंग का विरोधाभास ही सबसे बड़ा अवरोधक साबित हो रहा है।

क्वाण्टम गुरुत्व की दिशा में हॉकिंग की पहल तथा कृष्ण-विवरों से उत्सर्जित होनेवाले हॉकिंग रेडिएशन की अवधारणा से यह आशा बँधने लगी कि आइन्स्टीन के व्यापक आपेक्षिकता के सिद्धान्त एवं क्वाण्टम यान्त्रिकी के बीच अवश्य कोई कड़ी है, जो अभी तक वैज्ञानिकों के लिए अनजान है, पर वह है अवश्य। 1960 एवं 1970 के दशक में लाऊ गेहरिग जैसी बीमारी के बावजूद हॉकिंग द्वारा कृष्ण-विवरों पर किये गये कार्यों ने आधुनिक भौतिकी में आपेक्षिकता एवं क्वाण्टम यान्त्रिकीय सम्भावनाओं के बीच सम्बन्ध स्थापित करके ब्रह्माण्डीय वास्तविकताओं की नयी तसवीर प्रस्तुत करने का कार्य किया है। कृष्ण-विवर पूर्णतया कृष्ण नहीं हैं, उनसे विकिरण उत्सर्जित होते हैं और अन्तिम नियति उनकी भी वाष्पित होकर एक प्रचण्ड स्फुरण के साथ दिककाल में विलुप्त हो जाने की है सदा-सदा के लिए और साथ ही विलुप्त हो जायेंगी वे समस्त

सूचनाएँ जो उसमें समाहित हैं। कृष्ण-विवर-सूचना-विलोपन विरोधाभास एक ऐसा विरोधाभास है जिसका हल अभी पूर्णतया नहीं मिल पाया है। क्वाण्टम यान्त्रिकी के सिद्धान्तों की मौलिक अवधारणाओं में यह निहित है कि सूचनाएँ विनष्ट नहीं हो सकतीं। अतएव कृष्ण-विवर में समाहित सूचनाओं के पुनर्ग्रहण की कोई-न-कोई क्रियाविधि अवश्य होनी चाहिए जिसे हम अभी नहीं जानते। हॉकिंग ने 1978 में स्वयं यह कहा था कि वे कभी नहीं जानते थे कि उनकी गणनाओं से ऐसी स्थिति उभरकर आ सकती है जिसमें कृष्ण-विवर से कण उत्सर्जित होंगे और अन्ततः उसके वाष्पित होकर समाप्त हो जाने की स्थिति आ जायेगी। उन्होंने अपनी खिन्नता कई अवसरों पर प्रकट की है। यद्यपि '**ब्लैक होल एक्सप्लोजन**' (कृष्ण-विवर विस्फोट) नामक शीर्षक के अन्तर्गत शोध पत्रिका नेचर में 1974 में प्रकाशित उनकी गणनाओं ने सम्पूर्ण वैज्ञानिक जगत में तहलका मचा दिया था और वैज्ञानिक समुदाय ने उसे मील का पत्थर कहते हुए यह आशा व्यक्त की थी कि वर्षों से प्रतीक्षित **एकमेव सिद्धान्त** *(Theory of Everything)* की ओर बढ़ने के लिए यह एक महत्त्वपूर्ण चरण साबित होगा, परन्तु इससे अनेक विरोधाभासों के जन्म होने से समस्याएँ भी बढ़ गयीं।

1978 में हॉकिंग ने कहा था कि आप यदि यह पूछें कि कोई व्यक्ति यदि कृष्ण-विवर में कूदे तो उसकी नियति क्या होगी। तो मैं यही कहूँगा कि मैं नहीं समझता कि वह बचेगा। बल्कि न तो वह और न ही वे परमाणु जिनसे मिलकर वह बना है, कृष्ण-विवर से वापस आ पायेंगे किन्तु उसकी द्रव्यमान-ऊर्जा वापस आ जायेगी। कदाचित यह अवधारणा सम्पूर्ण ब्रह्माण्ड के लिए भी लागू होगी। डेनिस स्क्यिामा जो कैम्ब्रिज विश्वविद्यालय के खगोलविद थे एवं हॉकिंग की पी-एच.डी. थीसिस के पर्यवेक्षक थे ने हॉकिंग के नेचर में प्रकाशित उस शोध-पत्र को 'भौतिकी के इतिहास का सर्वाधिक खूबसूरत शोध-पत्र' कहा था। प्रिन्सटन के एडवान्स अध्ययन संस्थान के ख्यातिप्राप्त सैद्धान्तिक भौतिकविद एडवर्ड विटेन, ने कहा कि हॉकिंग की खोजों को अच्छी तरह से समझने के लिए 40 वर्ष बाद भी एक नयी सोच एवं विचारशीलता की आवश्यकता है और कदाचित आज भी पूर्ण रूप से उन्हें समझना कठिन है। आज भी उनके विचार नये हैं।

वर्ष 1974 में उनकी उत्कृष्ट उपलब्धियों के लिए उन्हें फेलो ऑफ रॉयल सोसाइटी *(FRS)* निर्वाचित किया गया। इसके तीन वर्ष बाद उन्हें प्रोफेसर बना दिया गया। इन गौरवशाली उपलब्धियों के बीच कम उम्र में ही उनकी ख्याति चोटी के वैज्ञानिकों में होने लगी। उन्हें स्वयं यह विश्वास हो चला था कि कृष्ण-विवरों पर उनके कार्य से 'सब मर्जों की एक दवा' अर्थात 'थ्योरी आफ एवरीथिंग' प्राप्त करने में मदद मिलेगी। उसी वर्ष अपने वैज्ञानिक मित्र किप थार्न के आमंत्रण पर अपने परिवार व कुछ शोध छात्रों के साथ हॉकिंग कैलीफोर्निया तकनीकी संस्थान *(Caltech)* गये जहाँ संस्थान के परिसर के पास ही उन्हें ठहराया गया। अमरीका के खुले वातावरण में रहने के एक वर्ष बाद जब 1975 में हॉकिंग इंग्लैण्ड वापस गये तो प्रारम्भ में उन्हें थोड़ा अटपटा लगा क्योंकि यहाँ उन्हें वह आजादी महसूस नहीं हो रही थी जो उन्हें कैलटेक में मिली थी। 1979 में हॉकिंग को ल्यूकासियन पीठ पर गणित के प्रोफेसर के पद हेतु निर्वाचित किया गया जिसे कभी सर आइजक न्यूटन एवं पाल डिराक जैसे वैज्ञानिक सुशोभित कर चुके थे। हॉकिंग के लिए यह बहुत ही गरिमामयी उपलब्धि थी।

हॉकिंग यद्यपि 1970 के दशक में कृष्ण-विवरों की भौतिकी को समझने का प्रयास कर रहे थे और इसके रहस्यों पर से परदा उठा रहे थे किन्तु इसका अर्थ यह कदापि नहीं था कि ब्रह्माण्ड की उत्पत्ति, विकास एवं उसकी नियति से उनका ध्यान हट गया था। ब्रह्माण्ड की उत्पत्ति के साथ ही उसमें होनेवाले महाविस्तार के सन्दर्भ में अभी स्थिति अधिक स्पष्ट नहीं हो पायी थी। जिम हार्टिल के साथ उन्होंने ब्रह्माण्ड की उत्पत्ति के सम्बन्ध में असीमता *(No boundary)* का सिद्धान्त प्रस्तुत किया।

बीसवीं सदी के सत्तर के दशक में हॉकिंग ने कृष्ण-विवरों के सम्बन्ध में एक के बाद एक हैरतंगेज खोजें की, जैसे कि वे वाष्पित हो सकते हैं, उनमें भयंकर एवं प्रलयंकारी विस्फोट हो सकता है और उनमें जो भी सूचनाएँ पदार्थ एवं ऊर्जा के रूप में गिरी हैं, वे हमेशा के लिए लुप्त हो जायेंगी। यही सबसे बड़ा विरोधाभास सूचनाओं के लोपन को लेकर था क्योंकि क्वाण्टम यान्त्रिकी के सिद्धान्तों के अनुसार सूचनाएँ लुप्त नहीं होतीं बल्कि सूचनाएँ किसी-न-किसी रूप में सदैव विद्यमान रहती हैं। सृष्टि प्रलय के उपरान्त भी वे विद्यमान रहती हैं। वे अमर हैं। अनश्वर हैं। विज्ञान इसे सूचना-लोपन का विरोधाभास कहता है। उसके बाद चार

दशकों तक विश्व भर के वैज्ञानिक इससे जुड़ी समस्याओं पर विचार-मन्थन करते रहे।

वर्ष 2015 में स्टीफेन हॉकिंग ने स्टाकहोम में हो रही एक वैज्ञानिक विचार-गोष्ठी में अपने विचार रखते हुए आश्वस्त किया था कि इस विरोधाभास का हल शीघ्र ही ढूँढ़ लिया जायगा। जनवरी, 2016 में कैम्ब्रिज विवश्विद्यालय के भौतिकविद मैलकाम जे. पेरी और हारवर्ड विश्वविद्यालय के भौतिकविद एण्डू स्ट्रोमिंगर के साथ स्टीफेन हॉकिंग ने अपना एक शोधपत्र फिजिक्स रिव्यू जर्नल में प्रकाशनार्थ भेजा जिसमें सूचना विरोधाभास विषयक समस्या का पूर्ण समाधान ढूँढ़ने का दावा किया गया था। शोध पत्र का शीर्षक था- कृष्ण-विवरों पर कोमल बाल *(Soft Hair on Black Holes)*।

एण्डू स्ट्रोमिंगर ने साइन्टिफिक अमरीकन विज्ञान पत्रिका के वरिष्ठ सम्पादक सेन्य फ्लेचर से बातचीत करते समय व्यक्त किया कि कृष्ण-विवरों द्वारा सूचनाओं का लोपन करने का अर्थ है कि ब्रह्माण्ड निर्धार्य नहीं है अर्थात वर्तमान भविष्य की भविष्यवाणी नहीं कर पायेगा और न ही सटीकता से अतीत के सम्बन्ध में ही कुछ निश्चयपूर्वक कह पायेगा। वर्तमान में भौतिक नियमों का सार कुछ ऐसा ही है। क्लासिकल भौतिकी का आधार निर्धार्यता थी किन्तु सूक्ष्म स्तर पर उसके नियम पदार्थ एवं ऊर्जा के कणों की व्याख्या कर पाने में पूर्णतः सक्षम नहीं पाये गये। तदुपरान्त बीसवीं सदी के दूसरे एवं तीसरे दशक में एक अन्य प्रकार की यांत्रिकी का विकास किया गया जो निर्धार्यता पर आधारित न होकर प्राययिकता *(Probability)* अथवा सभ्भावनाओं पर निर्भर करती है। सूक्ष्म जगत का यही सच है, और अब तो यह माना जाने लगा है कि ब्रह्माण्ड का सृजन सूक्ष्म क्वाण्टम हलचलों की अनन्त सम्भावनाओं में से किसी एक का परिणाम है। इसका एक निष्कर्ष यह भी है कि हमारे ब्रह्माण्ड की ही तरह उन क्वाण्टम हलचलों के परिणामस्वरूप अन्य ब्रह्माण्ड भी अस्तित्व में हो सकते हैं और चूँकि उनके मूल नियतांक हमसे भिन्न होंगे, अतएव उनसे सम्पर्क का कोई साधन न होने से उन्हें हम देख अथवा महसूस नहीं कर सकते। हमारे लिये वे अदृश्य होंगे पर प्रकृति के चार मौलिक बलों में गुरुत्व ही ऐसा बल होगा जो एक सम्पर्क-सेतु की भूमिका निभायेगा, क्योंकि गुरुत्व कोई बल न होकर दिक्काल की वक्रता का परिणाम है। बहु

ब्रह्माण्डीय परिकल्पना अभी सैद्धान्तिक स्तर पर ही व्यक्त की गयी है।

यह सब हमारी पूर्व मान्यताओं से मेल नहीं खाता पर यह भी सत्य है कि नये अन्वेषणों एवं खोजों के फलस्वरूप पूर्व मान्यताओं को हमें त्यागना भी पड़ा है। यह तथ्य कि ब्रह्माण्ड की केई निश्चित शुरूआत है, बुनियादी तौर पर निर्धार्यता की अवधारणाओं के विपरीत प्रतीत होता है, क्योंकि पहले कुछ नहीं था और अब कुछ है, यह निर्धारण योग्य नहीं है। इसलिए पहले जब हॉकिंग ने कहा कि कृष्ण-विवर सब-कुछ आत्मसात कर लेता है और सूचनाओं का लोप हो जाता है तब यह लोगों को इतना तर्कसंगत लगा कि लोगों ने इसे स्वीकार भी कर लिया और निर्धार्यता की अवधारणा धवस्त हो गयी। लेकिन इसका अर्थ यह भी नहीं था कि लोग हाथ-पर-हाथ रखकर बैठे रहे, वरन हॉकिंग एवं अन्य प्राययिकता अथवा सम्भावनाओं के बीच इससे उत्पन्न समस्याओं का हल ढूँढ़ते रहे। कुछ सिद्धान्त भी प्रस्तुत किये गये, पर अन्तर्विरोधी प्रकृति के होने के कारण उन्हें त्यागना पड़ा।

दूसरी चीज यह थी कि प्रायोगिक तौर पर यह सिद्ध कर पाना कठिन था कि निर्धार्यता बड़े कृष्ण-विवरों के सन्दर्भ में ही विखण्डित होती है क्योंकि क्वाण्टम यान्त्रिकी एवं क्वाण्टम अनिश्न्तिता के सिद्धान्तों से इस बात की सम्भावना सदैव बनी रहती है कि छोटे एवं लघु कृष्ण-विवर क्वाण्टम निर्वात में बुदबुदों के सदृश उगें और डूब जायँ। कहने का तात्पर्य यह है कि निर्धार्यता को सुनिश्चित करनेवाले प्रयोगों को सम्पन्न कर पाना व्यावहारिक रूप से सम्भव नहीं है।

सममिति *(Symmetry)* में संरक्षण के नियमों का पालन होना अनिवार्य है, जिसके लिए निर्धार्यता का होना भी आवश्यक है। अन्यथा सममितियों में निहित संरक्षण नियमों के मान औसत होंगे। इस प्रकार कणों पर विद्युत आवेश का संरक्षण औसतन ही सम्भव होगा। अथवा ऊर्जा का संरक्षण भी औसत ही होगा। ऊर्जा के संरक्षण की प्रयोगात्मक सीमाएँ सामान्य नहीं होतीं। भौतिकी के नियमों में जिससे निर्धार्यता के नियमों का पालन नहीं होता, कुछ ऐसे पद *(Coefficients)* जोड़ने पड़ते हैं, जिनका मान अत्यन्त सूक्ष्म होता है, जैसे खरबों-खरबों में एक तो इस तरह कृष्ण-विवर विरोधाभास सैद्धान्तिक एवं प्रायोगिक दोनों ही तरह से एक जटिल समस्या है।

तीसरी चीज सूत्रिका-सिद्धान्त है। 1990 के दशक तक वैज्ञानिक कृष्ण-विवर विरोधाभास को लेकर दुविधा में थे। कोई निश्चित रूप से नहीं कह पा रहा था कि वस्तुतः सही स्थिति क्या है? तभी कमरून वफा एवं एण्डू स्ट्रोमिंगर ने दर्शाया कि कुछ सूत्रिका-सिद्धान्तवाले कृष्ण-विवरों में सूचनाएँ संरक्षित की जा सकती थीं और उनमें कुछ तरीकों से वह भीतर या बाहर सम्प्रेषित हो सकती हैं। वस्तुतः पिछले 25-30 वर्षों से वैज्ञानिक वैकेन्स्टाइन हॉकिंग क्षेत्र-एन्ट्रापी नियमों के अधीन प्रारम्भिक सिद्धान्तों से ही कृष्ण-विवरों में संरक्षित सूचनाओं के पुनर्ग्रहण का प्रयास कर रहे थे किन्तु उनमें किसी को भी सफलता नहीं मिल सकी, किन्तु वफा एवं स्ट्रो मिंगर को इसमें यथार्थतः सफलता मिली। निश्चित तौर पर यह एक बड़ी कामयाबी थी। इससे समस्त विश्व में सूत्रिका-सिद्धान्त की सार्थकता एवं उपादेयता पर उठनेवाले सवाल ठण्डे पड़ने लगे और हॉकिंग को भी लगने लगा कि ब्रह्माण्ड की वास्तविकता का राज कदाचित सूत्रिका सिद्धान्त में ही छिपा है और कृष्ण-विवर सूचना विरोधाभास की गुत्थी सुलझाने में यही सिद्धान्त कारगर होगा।

कृष्ण-विवर-सूचना विरोधाभास की गुत्थी सुलझाने में अल्प ऊर्जावान अवरक्त प्रकाश किरणों की संरचना वाली परिस्थितियों में जिसे अवरक्त संरचना *(Infrared structure)* कहते हैं, पदार्थ एवं ऊर्जा कणों का व्यवहार परखने की आवश्यकता होती है। प्रकाश की अत्यन्त दीर्घ तरंगोंवाली संरचना में न केवल क्वाण्टम गुरुत्व बल्कि क्वाण्टम एलेक्ट्रो गतिकी (इलेक्ट्रो डायनामिक्स) के क्षेत्र में चौंकानेवाले तथ्यों की जानकारी मिली है। इन तथ्यों का सम्बन्ध सूचना-विरोधाभास के सन्दर्भ में आवश्यक माना जा रहा है। अतएव कुछ ऐसी मान्यताएँ अथवा अवधारणाएँ जिस पर सूचना लोप के निष्कर्ष पर पहुँचने के पहले पहुँचा गया था, अवरक्त संरचना के सन्दर्भ में गलत साबित हुई हैं। सर्वप्रथम निर्वात के सम्बन्ध में चर्चा करना प्रासंगिक होगा, जिसकी ऊर्जा न्यूनतम होती है। सदैव यह माना जाता है कि क्वाण्टम गुरुत्व या क्वाण्टम इलेक्ट्रोडायनामिक्स के सन्दर्भ में निर्वात की अवस्था एक विशिष्ट प्रकार की होती है, अर्थात केवल एक ही अवस्था शून्य ऊर्जा की होती है। स्ट्रोमिंगर ने अपने शोधों में पाया है कि उक्त अवधारणा गलत है बल्कि वस्तुतः शून्य ऊर्जा की अनन्त अवस्थायें विद्यमान होती हैं। एक तरह से, जो उन्होंने दर्शाया वह

वस्तुतः भौतिक संरचनाओं में अन्तर्निर्हित होती है। ऐसा दो विभिन्न तन्त्रों में कार्य की समतुल्यता दर्शाते हुए प्रतीत हुआ जो वस्तुतः 1960 के दशक में स्टीवेन वीनवर्ग (1933-) एवं हरमैन बाण्डी (1919-2010), डान वानेडर बुर्ग, मेण्ट्जनर एवं मेण्डेल सैक्स (1927-2012) के शोधों में भी परिलक्षित हुआ था। स्ट्रोमिंगर के पूर्ववर्ती शोघों में यह पाया गया कि कृष्ण-विवर सूचना लोपन विरोधाभास में स्टीफेन हॉकिंग द्वारा अपनाई गयी पूर्व मान्यताओं में कम-से-कम एक मान्यता गलत थी, जिसकी कमी को दूर करने का प्रयास किया गया, जिससे स्टीफेन हॉकिंग सहमत थे।

अनुरक्षण के नये नियमों के अनुसार कृष्ण-विवरों में पहचान सूचक नर्म बालों *(Soft Hair)* के होने की सम्भावनाएँ प्रबल हो गयीं, परन्तु कैसे उसे गणितीय समीकरणों में पिरोया जाय, एक बड़ी समस्या थी। नर्म बाल या साफ्ट हेयर का तात्पर्य नर्म फोटानों एवं ग्रेविट्रानों से है, यहाँ नर्म या साफ्ट से तात्पर्य अत्यन्त अल्प ऊर्जा अलावा शून्य ऊर्जा से है। इस नामकरण का चलन 1960 के दशक से ही है। निर्वात में यदि E ऊर्जा के फोटान को भेजा जाय तो ऊर्जा की एक नयी दशा *(State)* अथवा अवस्था निर्मित होगी, जिसकी ऊर्जा E होगी और चूँकि फोटान में स्पिन होती है, इसलिए उस अवस्था का कोणीय संवेग *(Angular Momentum)* भी होगा। अब कल्पना करें कि यदि फोटान ऊर्जा शून्य हो तो निर्वात में शून्य ऊर्जावाले फोटान का जाना निर्वात की ऊर्जा में कोई वृद्धि नहीं करेगा, परन्तु उसकी दशा *(State)* में परिवर्तन अवश्य कर लेगा, क्योंकि उसकी ऊर्जा तो शून्य होगी किन्तु उसका कोणीय संवेग परिवर्तित होगा। वह एक तरह से नयी दशाएँ होंगी। इस तरह की कई दशाएँ हो सकती हैं जो एक सममिति *(Symmetry)* से जुड़ी हो सकती हैं और इस तरह की सममिति से सम्बद्ध अनुरक्षण के नियम भी होंगे। यहीं से नर्म कण अथवा साफ्ट पार्टिकिल की अवधारणा का जन्म होता है। ये ऐसे कण हैं जिनकी ऊर्जा शून्य होगी और चूँकि किसी कण की ऊर्जा उसके तरंग की आवृत्तियों की समानुपाती एवं तरंग दैर्ध्यों के प्रतिलोमी अनुपात में होती है, इसलिए शून्य ऊर्जावाले कण की सव्याप्तता सम्पूर्ण ब्रह्माण्ड में होगी। इस प्रकार नर्म फोटान या नर्म ग्रेविटान को जिनकी ऊर्जा शून्य होगी, किसी निर्वात में जोड़ देने से अनन्त निर्वातों की दशाएँ निर्मित हो सकती हैं। सिद्धान्ततः यह कृष्ण-विवरों के लिए भी सत्य है। इसीलिए वैज्ञानिक कहने लगे हैं

कि कृष्ण-विवरों के भी बाल होते हैं। बाल होने का तात्पर्य इस बात से है कि उनके घटना-क्षितिज, जो फोटानों से निर्मित होता है, पर विभिन्न साफ्ट फोटान और साफ्ट ग्रेविटान हो सकते हैं, और यह अवस्था एक कृष्ण-विवर को दूसरे से पृथक कर सकती है।

कृष्ण-विवर का क्षितिज एक गोला है जो बाहर की ओर प्रकाश गति से फैलता है, जिसकी सतह के प्रत्येक बिन्दु पर प्रकाश की एक किरण होती है। इस प्रकार यह प्रकाश किरणों से निर्मित होता है, परन्तु यह बहुत बड़ा नहीं हो पाता क्योंकि कृष्ण-विवर का गुरुत्वाकर्षण इसे आगे बढ़ने से रोक देता है। प्रकाश किरणों की बाहर जाने की प्रवृत्ति एवं गुरुत्वाकर्षण बल का उसके विपरीत कार्य करने की स्थिति के फलस्वरूप प्रकाश किरणों का एक खोल जैसा आवरण बन जाता है जो कृष्ण-विवर के केन्द्र अथवा उसके '**एकत्व**' *(Singularity)* को सदैव आवृत्त किये रहता है। इसे घटना-क्षितिज कहते हैं। कृष्ण-विवर की इस सुघड़ सममिति *(Symmetry)* के बारे में हम सभी जानते हैं जिसमें प्रकाश किरणों के सहारे समय के साथ आगे या पीछे जाया जा सकता है। स्ट्रोमिंगर ने एक-दूसरे तरह की सममिति का उल्लेख किया है जिसमें समूह से पृथक एक अकेली प्रकाश किरण की स्थिति में परिवर्तन ऊपर-नीचे कराया जा सकता है। एकल किरणें आपस में सम्बद्ध नहीं हो सकतीं किन्तु उन्हें एक-दूसरे के सापेक्ष ऊपर-नीचे सरकाया अवश्य जा सकता है। इसी सरकाव को सुपर ट्रान्सलेशन कहते हैं। एक साफ्ट ग्रेविटान जब जोड़ा जाता है तो उसे सुपर ट्रान्सलेशन कह सकते हैं, क्योंकि इस प्रकिया में कुछ प्रकाश किरणें सापेक्षतः आगे-पीछे होती हैं। यही कृष्ण-विवर पर होनेवाला सुपर ट्रान्सलेशन है। यद्यपि सुपर ट्रान्सलेशन की चर्चा 1960 के दशक में ही होनी प्रारम्भ हो गयी थी पर वह कृष्ण-विवरों के सन्दर्भ में नहीं बल्कि ब्रह्माण्ड के अनन्त विस्तार वाले क्षितिज के सन्दर्भ में होती थी।

कृष्ण-विवर का क्षितिज त्रि-आयामी होता है। किसी गोले के चारों ओर घेरा बनाते हुए दो कोणीय दिशाएँ होती हैं। इसके साथ ही एक समय *(Time)* की दिशा होती है, जो वस्तुतः प्रकाशस्वरूप होती है, क्योंकि क्षितिज प्रकाश की गति से गतिमान रहता है और इस प्रकाशस्वरूप दिशा की एक सीमा होती है। उन प्रकाश किरणों के अन्त तक कोई जाय तो उसे वह सीमा दिखेगी और वहीं होलोग्राम होता है। इस तरह नये फोटान

या ग्रेविटान जो कृष्ण-विवर में होते हैं, वे उन्हीं सीमाओं पर पड़े रहते हैं। हॉकिंग एवं अन्य ने यह दर्शाया कि कृष्ण-विवर में जब कोई आवेशित कण गिरता है, तब वह कृष्ण-विवर में एक नर्म फोटान *(Soft Photon)* जोड़ता है, जिसके लिए तकनीकी भाषा में कहते हैं कि कृष्ण-विवर में एक बाल जुड़ गया। सामान्य तौर पर सभी कणों में द्रव्यमान होता है। अतएव जब वे कृष्ण-विवर में गिरते हैं तो अनिवार्यतः नर्म ग्रेविटान *(Soft Graviton)* जोड़ते हैं। इस प्रकार वह एक रिकार्डिंग उपकरण की तरह कार्य करने लगता है। ये नर्म फोटान एवं नर्म ग्रेविटान इस प्रकार जो कुछ भी कृष्ण-विवर में जाता है उससे सम्बन्धित सूचनाएँ संरक्षित *(Record)* करते रहते हैं। क्या सभी सूचनाएँ संरक्षित होती रहती हैं? इस पर अभी मतैक्य नहीं है।

कृष्ण-विवर जब बनना प्रारम्भ करते हैं तब भी क्या प्रारम्भिक क्षणों की सूचनाएँ इसी तरह संरक्षित हो पाती हैं?—एक ऐसा प्रश्न जो वैज्ञानिकों के लिए उतना ही प्रासंगिक एवं महत्त्वपूर्ण है, जितना उसके बनने के बाद होनेवाले द्रव्य-ऊर्जा अवशोषण से जुड़ी सूचनाओं का संरक्षित होना, क्योंकि चन्द्रशेखर सीमा से अधिक द्रव्यमानयुक्त तारे की कृष्ण-विवर में परिवर्तित होनेवाली प्रक्रिया में भले ही अत्यन्त अल्प किन्तु कुछ तो समय लगता ही होगा। उस समय क्या होता है? पदार्थ के मूल घटकों में परिवर्तित हो जाने के बाद इलेक्ट्रॉन एवं प्रोटॉन न्यूट्रॉनों में बदल जाते हैं जिन पर कोई आवेश नहीं होता अतएव कृष्ण-विवरों के केन्द्र में या तो न्यूट्रान होंगे या ऊर्जा जिनकी क्वाण्टम अवस्थाओं के बारे में अभी बहुत-कुछ जानकारी नहीं है, क्योंकि क्वाण्टम दिक्काल एवं क्वाण्टम पदार्थ एवं ऊर्जा की दशाओं को वर्तमान भौतिकी के नियम स्पष्ट कर पाने में सक्षम नहीं हैं। 1990 के दशक के उपरान्त सूत्रिका-सिद्धान्तों एवं मुख्य रूप से एम-सिद्धान्त की सफलताओं से वैज्ञानिकों में एकत्व के स्वरूप एवं प्रकृति को समझ पाने की दिशा में कुछ उम्मीद जगी है, परन्तु अभी स्थिति स्पष्ट नहीं है।

इसी से जुड़ा दूसरा महत्त्वपूर्ण प्रश्न यह भी है कि कृष्ण-विवर जब वाष्पित होते हैं तब क्या होता है? हॉकिंग आदि की नयी शोधों में अब यह स्पष्ट हो चुका है कि कृष्ण-विवरों में जुड़नेवाले कणों से उनकी पहचान बदल जाती है, अतएव जब वे हॉकिंग रेडिएशन के फलस्वरूप ऊर्जा का

त्याग करेंगे तो उनके द्रव्यमानों में कमी आयेगी और अन्ततः वे प्रस्फुरित होकर आकाश काल में विलीन हो जायेंगे और उनका भौतिक अस्तित्व समाप्त हो जायगा। प्रस्फुरण की प्रक्रिया में कृष्ण-विवरों द्वारा निर्गत सूचनाएँ भिन्न-भिन्न होंगी क्योंकि उनके घटना-क्षितिज पर संगृहीत नर्म बाल एक जैसे नहीं होंगे।

उष्मा-गतिकी के दूसरे नियम के अनुसार कृष्ण-विवर की एन्ट्रापी शून्य होनी चाहिए, क्योंकि यदि ऐसा नहीं होगा तो दूसरे नियम की अवहेलना होगी। क्वाण्टम यान्त्रिकी के अनिश्चितता के सिद्धान्त के अनुसार तन्त्र की एन्ट्रापी शून्य नहीं हो सकती। 1973 में जैकब वेकेन्स्टाइन ने सुझाया कि कृष्ण-विवर की एन्ट्रापी उसके घटना-क्षितिज के क्षेत्रफल की समानुपाती होती है। 1974 में स्टीफेन हॉकिंग ने बताया कि कृष्ण-विवरों का अपना एक अन्तर्निहित तापमान होता है और वे ऊर्जा विकरित करते हैं। इसी विकिरण को हॉकिंग रेडिएशन कहते हैं और इसी के फलस्वरूप कृष्ण-विवर कालान्तर में प्रस्फुरित होकर दिक्काल में विलीन हो जाते हैं। ऊर्जा, तापमान एवं एन्ट्रापी के उष्मा-गतिकी के सम्बन्धों के आधार पर हॉकिंग ने कृष्ण-विवर की एन्ट्रापी S_{BH} एवं उसके घटना-क्षितिज के क्षेत्रफल के सम्बन्ध में एक फार्मूला दिया जिसे वेकेन्स्टाइन-हॉकिंग फार्मूले के रूप में जाना जाता है जिसे गणितीय तौर पर $S_{BH} = (kA)/(4–lp^2)$ के रूप में व्यक्त किया जाता है, जिसमें A घटना-क्षितिज का क्षेत्रफल है, k बोल्ट्समैन नियतांक तथा $lp = \sqrt{Gh/c^3}$ प्लैंक लम्बाई है। इस एन्ट्रापी-क्षेत्रफल नियम, जिसे 40 वर्ष पूर्व वेकेन्स्टाइन एवं हॉकिंग ने स्थापित किया था, से होलोग्राफिक पिक्सेल की संख्याएँ ज्ञात की जा सकती हैं, यदि क्वाण्टम ब्लैक होल डायनामिक्स से सम्बन्धित सभी राशियाँ ज्ञात हो जायें। गदि ऐसा हो सकेगा तो निश्चित रूप से संगृहीत सूचनाओं का पुनः प्रस्तुत किया जाना सम्भव हो सकेगा। अभी ऐसी कोई भौतिक क्रिया हमें ज्ञात नहीं है, जिसे उनको पुनः प्रस्तुत करने के लिए उत्प्रेरित किया जा सके।

हॉकिंग एवं रोजर पेनरोज ने 1965 में गणितीय तौर पर सिद्ध किया कि काल एवं पदार्थ की शुरूआत एक अत्यन्त सूक्ष्म एवं अपरिमित सघन, तप्त **'एकत्व'** से हुई थी। उनकी पुस्तक **'ए ब्रीफ हिस्टरी ऑफ टाइम'** 1988 में प्रकाशित हुई तभी से वह सर्वाधिक बिक्री होनेवाली पुस्तकों की श्रेणी में आ गयी जिसकी अब तक 2 करोड़ से भी अधिक प्रतियाँ

बिक चुकी हैं तथा 40 से अधिक भाषाओं में उसका अनुवाद हो चुका है। जनसामान्य हेतु विज्ञान को सुलभ कराने में इसकी भूमिका अद्वितीय रही है और जनसाधारण में ब्रह्माण्ड एवं उससे सम्बन्धित विषयों में और, अधिक जानने की उत्सुकता बढ़ने लगी। हॉकिंग की अन्तिम पुस्तक **'बड़े सवालों के छोटे जवाब'** उनके जीवन की अन्तिम प्रस्तुति है, जिसमें ब्रह्माण्ड, परग्रहियों एवं उनकी बुद्धि, परामानव, ईश्वर, पुनर्जन्म आदि पर चर्चाएँ की गयी हैं। यह पुस्तक उनके मरणोपरान्त 16 अक्टूबर, 2018 को उनकी बेटी लूसी एवं उनके अन्य परिवारजनों, वैज्ञानिक मित्रों आदि के अथक प्रयासों से प्रकाशित हुई। स्टीफेन हॉकिंग को उनकी प्रथम प्रस्तुति ने वैज्ञानिकों के समुदाय में भी, उन्हें एक अतिविशिष्ट व्यक्ति बना दिया और उनकी बीमारी ने तो उन्हें ख्याति के शिखर पर स्थापित कर दिया। वे घर-घर में जाने-पहचाने पात्र की तरह नजर आने लगे। वे लिखते हैं कि दृश्य ब्रह्माण्ड बिना किसी कारण के अस्तित्व में आया जिसकी सकल ऊर्जा का मान शून्य है। यदि ब्रह्माण्ड में जोड़ने पर ऊर्जा शून्य ही रहती है तो उसे निर्मित करने के लिए किसी ईश्वर की आवश्यकता नहीं है। विनोदी भाव से वे कहते हैं कि ब्रह्माण्ड के क्रिया-कलाप मुफ्त के खाने जैसे हैं। हमारी सबसे बड़ी भूल मानव मशीनों को केवल विज्ञान शाखाओं तक ही सीमित रखकर सोचते रहने में होगी। हमारा भविष्य तकनीकी ताकत एवं मानवी बुद्धि में एक स्पर्द्धायुक्त दौड़ जैसी स्थिति का साक्षी होगा, पर हॉकिंग सचेत भी करते हैं कि हमें यह प्रयास करना होगा कि बुद्धि एवं विवेक की ही विजय हो। वे कहते हैं कि युद्ध एवं उसमें नयी तकनीक का प्रयोग, कृत्रिम बुद्धि, नाभिकीय अस्त्र, जैव यान्त्रिकी, वैश्विक तापमान वृद्धि सम्पूर्ण मानव जाति को तबाह कर देंगे और साथ ही इस ग्रह की अन्य जैव प्रजातियाँ भी नष्ट हो जायेंगी। उनका मानना है कि और अधिक अन्तरिक्ष यात्राएँ मानव को करनी चाहिए। अगर अगले 10 लाख वर्षों तक मानवों को जिन्दा रहना है तो जहाँ पहले कोई नहीं गया है, वहाँ हमें साहसपूर्ण अभियानों के जरिये जाना होगा।

यह वे प्रश्न हैं जो विज्ञान-गोष्ठियों में, जन-सभाओं में, राजनीतिक गलियारों में हर कहीं भी लोग पूछते रहे हैं और उसके उत्तर के लिए स्टीफेन हॉकिंग की ओर देखते रहे हैं। कुछ के उत्तर मिले पर कुछ के नहीं मिले। हॉकिंग अपने अन्तिम क्षणों तक उनके उत्तर की तलाश करते रहे,

पर अन्ततः उन्हें कहना पड़ा कि खगोल विज्ञान एवं ब्रह्माण्डिकी में हमने भले ही बहुत-कुछ ज्ञान प्राप्त कर लिया है, परन्तु अभी हम यह नहीं जान पाये हैं कि ब्रह्माण्ड आखिर ऐसा क्यों है जैसा हमें दिखता है तथा 'सभी मर्जों की दवा' (थ्योरी ऑफ एवरीथिंग) क्या है- ऐसे ही कुछ प्रश्न अभी उतने ही सजीव एवं प्रासंगिक हैं जितना 1980 के दशक में थे। उन्होंने फिर भी आशा व्यक्त की कि अगले 50 वर्षों में हम जान जायेंगे कि वस्तुतः महा विस्फोट के शून्यकाल में क्या हुआ था? हमें पता चल जायगा कि धरती पर जीवन का उद्‌भव एवं विकास कैसे हुआ? हम कदाचित यह भी जान लेंगे कि धरती के अतिरिक्त ब्रह्माण्ड में जीवन और कहाँ-कहाँ है? कई अवसरों पर उन्होंने कहा है कि वे आशावादी हैं, निराशावादी नहीं। वे कहते थे कि एक क्षण उन्हें लगा कि भौतिकी अपने अन्तिम पड़ाव पर पहुँच रही है, किन्तु उन्हें लगने लगा था कि नये अन्वेषणों की चमक-धमक उनके जाने के बाद भी बहुत समय तक कायम रहेगी।

स्टीफेन हॉकिंग की अन्तिम पुस्तक **'बड़े सवालों के छोटे जबाब'** जो उनके मरणोपरान्त प्रकाशित हुई थी की भूमिका कैलटेक के प्रो. किप एस. थार्न ने लिखी है, जिन्हें गुरुत्व तरंगों की खोज के लिए नोबेल पुरस्कार भी मिल चुका है। किप एस. थार्न की मुलाकात स्टीफेन हॉकिंग से 1965 के जुलाई माह में लन्दन में हुई थी, जब वे एक सम्मेलन में भाग लेने के लिए इंग्लैण्ड आये थे। हॉकिंग तब अपनी पी-एच.डी. पर कार्य कर रहे थे और किप थार्न ने अपनी पी-एच.डी. प्रिन्स्टन, विश्वविद्यालय से पूरी कर ली थी। सम्मेलन का विषय था- व्यापक आपेक्षिकता एवं गुरुत्व। सम्मेलन में इस बात की सुगबुगाहट थी कि स्टीफेन हॉकिंग ने अपनी शोधों में यह निष्कर्ष निकाला है कि ब्रह्माण्ड का उद्गग अतीत में किसी नियत समय पर हुआ है न कि वह सदैव से, ऐसा ही रहा है। मोटर न्यूरान बीमारी का असर उन पर दिखने लगा था जिसका पता लगभग दो वर्ष पूर्व उन्हें चला था। लगभग 400 की क्षमतावाले सम्मेलन कक्ष में 100 की संख्या में लोग बैठे थे, जिसमें किप थार्न भी थे। थार्न लिखते हैं कि वे एक छड़ी लेकर आये और उनकी आवाज बहुत अधिक स्पष्ट नहीं थी। रोजर पेनरोज द्वारा हाल ही में विकसित एक नयी गणितीय तकनीक का सहारा लेकर हॉकिंग ने निष्कर्ष निकाला कि ब्रह्माण्ड की उत्पत्ति एक नियत समय पर एक 'एकत्व' से हुई है न कि सदैव से वह ऐसा ही था।

बीमारी के बावजूद हॉकिंग के चेहरे पर अत्मविश्वास की एक अनूठी चमक थी और उन्होंने बिना किसी हिचक के कहा कि उसी 'एकत्व' अथवा सिंगुलैरिटी से ब्रह्माण्ड वजूद में आया और तभी से काल भी अस्तित्व में आया। किप थार्न तभी से उनके मुरीद हो गये और इन दोनों की दोस्ती आजीवन बनी रही।

सितम्बर, 1973 में किप थार्न हॉकिंग एवं उनकी पत्नी जेन को मास्को, रूस ले गये जहाँ वे 1968 से ही अपने शोधों के सम्बन्ध में प्रत्येक वर्ष एक या दो महीनों के लिए जाने लगे थे। वहाँ वे सोवियत परमाणु बम के पिता कहे जानेवाले वैज्ञानिक याकूब वारिसोविच जेलडोविच, जो तत्समय चोटी के खगोल विज्ञानियों में से एक थे, के शोध दल के साथ अपने मास्को प्रवास के दौरान काम करते थे। जेलडोविच हॉकिंग की ख्याति से परिचित थे, किन्तु उनका सोवियत रूस से बाहर जाना सुरक्षा कारणों से सम्भव नहीं था, इसलिए उनसे मिलने के लिए हॉकिंग रूस गये। वहाँ उन्होंने अपने विचारों से जेलडोविच एवं अन्य वैज्ञानिकों को अवगत कराया और बदले में जेलडोविच एवं उनके पी-एच.डी. शिष्य एलेक्जैण्डर स्टारोविन्सकी ने कृष्ण-विवर के प्रकरण एवं उससे जुड़े परिणामों की ओर हॉकिंग का ध्यान आकर्षित किया। जेलडोविच एवं स्टारोविन्सकी की हॉकिंग से ये मुलाकातें, कृष्ण-विवर भौतिकी के इतिहास में एक रहस्यमय भूमिका अदा करनेवाली थीं। कृष्ण-विवरों के प्रचक्रण के लिए ऊर्जा की आवश्यकता होती है। जेलडोविच एवं स्टारोविन्सकी का तर्क था कि कृष्ण-विवर अपने प्रचक्रण ऊर्जा का उपयोग पदार्थ कणों के सृजन में कर सकते हैं और सृजित कण प्रचक्रण-ऊर्जा के कुछ भाग को लेकर व्योम में विलीन हो सकते हैं। यह विचार नया और चौकानेवाला था। यदि कोई वस्तु गतिज-ऊर्जा रखती है तो प्रकृति कई तरह से उस ऊर्जा का उपयोग कर सकती है।

हॉकिंग ने इन विचारों को जब अपनी तरह से विश्लेषित किया और परिष्कृत गणित का प्रयोग करते हुए गणनाएँ कीं तो उन्हें यह देखकर आश्चर्य हुआ कि न केवल प्रचक्रण शील कृष्ण-विवर बल्कि अप्रचक्रणशील कृष्ण-विवर भी ऊर्जा विकरित करेंगे। यह विकिरण उसी तरह का था जो एक गर्म पिण्ड निःसरित करता है। इस तरह उष्मा-गतिकी के दूसरे नियम (एन्ट्रापी) की अवहेलना नहीं होगी। कृष्ण-विवर का

तापमान उसके द्रव्यमान पर निर्भर करता है, जो उसके प्रतिलोमी अनुपात में होता है। एक सूर्य-द्रव्यमान के कृष्ण-विवर का तापमान 0.00000006 केल्विन होगा। कृष्ण-विवर के तापमान को आगणित करनेवाला फार्मूला हॉकिंग की कब्र के शीर्ष पर उत्कीर्ण है जो लन्दन के वेस्ट मिनिस्टर ऐबी में महान वैज्ञानिक न्यूटन एवं चार्ल्स डार्विन की कब्रों के बीच में स्थित है।

'हॉकिंग-तापमान' एवं 'हॉकिंग-विकिरण' की खोजें वास्तव में कृष्ण-विवरों के इतिहास में बीसवीं सदी के उत्तरार्द्ध की महानतम खोजों में शुमार की जाती हैं, जिससे हमें व्यापक आपेक्षिकता, उष्मा-गतिकी एवं क्वाण्टम भौतिकी के अन्तर्निहित सम्बन्धों के बारे में जानकारी मिलती है। इससे हमें यह पता चला कि कृष्ण-विवरों की एन्ट्रापी होती है, जिसका तात्पर्य यह है कि कृष्ण-विवरों के भीतर या उसके इर्द-गिर्द व्यापक अव्यवस्था है। हॉकिंग ने ज्ञात किया कि कृष्ण-विवर की एन्ट्रापी का मान (कृष्ण-विवर की अव्यवस्था की मात्रा का लागारिथम) कृष्ण-विवर के पृष्ठ क्षेत्रफल के अनुपात में होता है। एन्ट्रापी का यह फार्मूला कैम्ब्रिज के गानविले एवं कायस कॉलेज *(Gonville & Cais College)* जहाँ हॉकिंग कार्य करते थे, के उनके स्मारक प्रस्तर पर उनकी यादें एवं सम्मान के प्रतीक के रूप में उत्कीर्ण है।

पिछले 45 वर्षों से स्टीफेन हॉकिंग एवं अन्यान्य वैज्ञानिकों के लिए यह जानना एक बड़ी चुनौती रही है कि कृष्ण-विवरों की अव्यवस्था का वास्तविक स्वरूप क्या है, और उनका प्रयास रहा है कि किस तरह व्यापक आपेक्षिकता एवं क्वाण्टम यान्त्रिकी के सिद्धान्तों का मेल कराया जाय जिससे क्वाण्टम गुरुत्व के वास्तविक स्वरूप के दर्शन हो सकें।

वर्ष 1974 के पतझड़ में हॉकिंग अपनी पत्नी जेन एवं अपने दो बच्चों रॉबर्ट एवं लूसी के साथ किप थार्न के पास एक वर्ष के लिए पसाडेना, कैलिफोर्निया गये। साथ में उनके पी-एच.डी. छात्र भी थे जो किप थार्न के छात्रों के साथ मिलकर हॉकिंग एवं किप थार्न के निर्देशन में कृष्ण-विवरों पर शोध कार्य किये। किप थार्न हॉकिंग के कैलीफोर्निया प्रवास तथा उसके दौरान किये गये शोधकार्यों को याद करते हुए उस अवधि को कृष्ण-विवरों पर होनेवाले शोधों का स्वर्णिम युग कहते हैं। उसी अवधि में किप थार्न ने गुरुत्व तरंगों पर भी कार्य किया जो उन्हें बाद में चलकर नोबेल पुरस्कार

दिलानेवाला था। किप थार्न कृष्ण-विवरों एवं उससे जुड़े अनेक रहस्यों को समझने तथा गुरुत्व तरंगों पर अपने कार्यों के लिए स्टीफेन हॉकिंग को ही श्रेय देते हैं।

प्रकृति में दो तरह की तरंगें ब्रह्माण्ड में अनन्त दूरियों तक जा सकती हैं और वही अपने साथ दूर ब्रह्माण्ड से जानकारी भी ला सकती हैं। एक तो विद्युत्-चुम्बकीय तरंगें हैं जिसमें प्रकाश, एक्स किरणें, गामा-किरणें, अवरक्त किरणें आदि हैं तथा दूसरी गुरुत्वीय तरंगें। विद्युत चुम्बकीय तरंगे विद्युतीय एवं चुम्बकीय बलों के स्पन्दन से बनती हैं और वे प्रकाश की गति से चलती हैं। जब वे किसी आवेशयुक्त वस्तु पर पड़ती हैं जैसे रेडियो या टीवी के एण्टिना के इलेक्ट्रॉनों पर तो वे कणों को स्पन्दित कर देती हैं और इस प्रक्रिया के दौरान जो सूचनाएँ उनमें निहित होती हैं, कणों पर छोड़ देती हैं जिसे एम्पलीफायर के माध्यम से सुनने या देखने योग्य बना दिया जाता है।

गुरुत्वीय तरंगें, आइन्स्टाइन के अनुसार जिन्हें दिक्काल की हलचल कह सकते हैं, दिक के फैलने, सिकुड़ने अथवा किसी तरह वक्रित दिक के स्पन्दनयुक्त ज्यामितीय परिवर्तनों के कारण उत्पन्न होती हैं जो दिक्काल में अनन्त दूरियों तक प्रकाशगति से गतिमान होती हैं। इन तरंगों की तीव्रता का मापन करने से उन घटनाओं की जानकारी हो सकती है जिसके फलस्वरूप उन तरंगों का जन्म हुआ। किन्तु गुरुत्व तरंगों का मापन अत्यन्त कठिन है। अथक प्रयासों के फलस्वरूप 14 सितम्बर, 2015 को लीगो *(LIGO)* गुरुत्वीय तरंग संसूचक, जो किप थार्न, राय वाइस *(Rai Weiss)* एवं रोनाल्ड ड्रेवर द्वारा संयुक्ततः स्थापित किया गया था और वैरी बैरिस द्वारा नियोजित एवं संचालित किया गया, ने सर्वप्रथम गुरुत्व तरंगों की उपस्थिति को दर्ज किया। तरंग विन्यास तथा कम्प्यूटर अभिरूपण द्वारा की गयी भविष्यवाणी को देखते हुए किप थार्न एवं उनके दल ने निष्कर्ष निकाला कि वे तरंगे धरती से 1.3 अरब प्रकाश वर्ष दूर दो विशालकाय कृष्ण-विवरों की आपसी टक्कर का परिणाम हैं। यह अब तक के वैज्ञानिक इतिहास की सर्वोत्तम उपलब्धि मानी जायेगी, जिससे आइन्स्टाइन के व्यापक आपेक्षिकता के सिद्धान्त द्वारा 100 वर्ष पूर्व की गयी भविष्यवाणी की ब्रह्माण्डीय स्तर पर न केवल पुष्टि हो गयी, वरन कृष्ण-विवरों के अस्तित्व के सम्बन्ध में व्याप्त भ्रान्तियों एवं अटकलों पर

भी विराम लग गया। किप थार्न को विश्वास है कि गुरुत्व तरंगों के विषय में प्राप्त जनकारियाँ भावी भौतिकविदों के काम आयेंगी और इससे स्टीफेन हॉकिंग के ब्रह्माण्ड एवं कृष्ण-विवरों से सम्बन्धित अन्य भविष्यवाणियों की पुष्टि भी हो सकेगी।

किप थार्न लिखते हैं कि 1974-75 में जब वे गुरुत्वीय तरंगों में डूबे हुए थे तब स्टीफेन हॉकिंग संयुक्त दल का नेतृत्व कृष्ण-विवरों के विषय में हो रहे शोधकार्य में करते रहे। उन्होंने एक अवधारणा प्रस्तुत की जिसके तर्क एवं गणितीय निष्कर्षों में कहीं कोई दोष नज़र नहीं आता था। उन्होंने कहा कि कृष्ण-विवर जब बनते हैं तब उनका कोई तापमान होता है और वे कृष्ण पिण्डों की तरह ऊर्जा विकरित करते हैं और जब कोई पिण्ड ऊर्जा विकरित करता है तब उसके द्रव्यमान में कमी आती है और उसका तापमान बढ़ता जाता है जिसके कारण ऊर्जा विकरित करने की दर में वृद्धि होती जाती है और अन्ततः एक भयंकर ऊर्जा स्फुरण के साथ उसका अस्तित्व समाप्त हो जाता है। जो सूचनाएँ कृष्ण-विवर से बनते समय अथवा बाद में द्रव्य अवशोषण प्रक्रिया के तहत कृष्ण-विवर में समा जाती हैं, वे ऊर्जा विकिरण के दौरान बाहर निर्गत हो जाती हैं जो कभी लौटकर वापस कृष्ण-विवर में नहीं आ सकतीं। कृष्ण-विवर के वाष्पित होने पर तो सब-कुछ व्योम में विलीन हो जाता है जिसको दुबारा पाया नहीं जा सकता। यह अवधारणा कृष्ण-विवर सूचना विरोधाभास के रूप में जानी जाती है क्योंकि इसमें क्वाण्टम यान्त्रिकी के उस सिद्धान्त की अवहेलना होती दिखती है, जिसमें कहा गया है कि सूचनाओं का लोपन कभी नहीं होता। फिर ऐसा कैसे सम्भव है क्योंकि कृष्ण-विवर के वाष्पीकरण की अवधारणा व्यापक आपेक्षिकता एवं क्वाण्टम यान्त्रिकी के सिद्धान्तों के संयुक्त मिलन के परिणामस्वरूप व्यक्त की गयी है।

स्टीफेन हॉकिंग के ये निष्कर्ष सैद्धान्तिक भौतिकी के अधिकांश वैज्ञानिकों के गले नहीं उतर पाये और 45 वर्षों तक सूचना विरोधाभास का हल ढूँढ़ा नहीं जा सका। अन्ततः हॉकिंग ने स्वयं ही वर्ष 2015 में स्टाक होम में हो रहे एक वैज्ञानिक-सम्मेलन में घोषणा की थी कि सूचना विरोधाभास का हल शीघ्र ढूंढ लिया जायगा। अन्ततः जनवरी, 2016 में मैलकाम जे पेरी एवं एण्डू स्ट्रोमिंगर के साथ मिलकर हॉकिंग ने सूचना विरोधाभास का हल ढूँढ़ने का दावा किया।

वर्ष 1980 के दशक में उनका स्वास्थ्य खराब होने लगा। बीमारी ने उनके गले के ऊपरी भाग जिसमें ध्वनि उत्पादक माँसपेशियाँ होती हैं (लेरिंग्स) को प्रभावित करना प्रारम्भ कर दिया था, जिसके कारण भोजन करते समय खाद्यपदार्थ उनके फफेड़ों में चले जाते थे और ऐसा होने पर उनके जान पर बन आती थी। 1985 में उन्हें न्यूमोनिया हो गया जब वे नाभिकीय शोध के यूरोपीय संगठन *(CERN)* स्वीट्जरलैण्ड के भ्रमण पर थे। उन्हें तत्काल लूसर्न कैण्टोनल अस्पताल ले जाया गया जहाँ उन्हें साँस लेने में सहायक मशीन वेण्टीलेटर पर रखा गया। डॉक्टरों ने उनकी पत्नी जेन से कहा कि बीमारी खतरनाक स्थिति में पहुँच चुकी है और उनका बचना मुश्किल है। जेन उन्हें हवाई एम्बुलेंस सेवा से कैम्ब्रिज के एडेनबुरक अस्पताल में ले गयीं जहाँ उनकी ट्रैकियोस्टामी की गयी, जिससे उनकी बोलने की रही-सही क्षमता भी समाप्त हो गयी। हॉकिंग के जीवन के ये अत्यन्त कठिन क्षण थे जब वे जीवन और मृत्यु के बीच की लड़ाई अपनी उच्च इच्छाशक्ति एवं जीवन के प्रति दृढ़ विश्वास के सहारे लड़ रहे थे। भाग्यवश कैलीफोर्निया के एक कम्प्यूटर विशेषज्ञ वाल्ट वाल्टोज *(Walt Woltosz)* ने इक्वलाइजर *(Equalizer)* नाम का एक कम्प्यूटर प्रोग्राम उनके लिए भेजा जिसे उनके ह्वीलचेयर में लगा दिया गया। हॉकिंग शब्दों का चयन करके कुर्सी के हत्थे पर लगी स्विच दबाते तब स्क्रीन पर वे शब्द एवं वाक्य उभरते जिन्हें वह कहना चाह रहे होते। बाद में इण्टेल कम्पनी ने उनके लिए एक परिष्कृत कम्प्यूटर प्रोग्राम विकसित किया जिसे ए-कैट *(A-Cat)* कहते हैं। इसमें सेन्सर लगे हुए थे जिसे हॉकिंग के मुख की कुछ सक्रिय माँस पेशियों से नियन्त्रित किया जा सकता था। वायस सिन्थसाइजर (ध्वनि संश्लेषक यन्त्र) की मदद से अब हॉकिंग अपने विचार प्रकट कर सकते थे।

वर्ष 1988 में हॉकिंग की बहुचर्चित पुस्तक 'समय का संक्षिप्त इतिहास' प्रकाशित हुई जो सामान्य जनमानस में इतनी लोकप्रिय हुई कि उसका अनुवाद विश्व की कई भाषाओं में किया गया और अनुमानत: दो करोड़ से अधिक प्रतियाँ उसकी बिक चुकी हैं। इस पुस्तक ने हॉकिंग को सामान्य जनमानस का हीरो बना दिया। उन्हें वह लोकप्रियता हासिल हो चुकी थी जो अपने जीवन काल में ही एलबर्ट आइन्स्टीन को आपेक्षिकता का सिद्धान्त प्रस्तुत करने के उपरान्त मिली थी। हॉकिंग स्वयं कहते हैं कि

अपने सहकर्मियों के लिए तो वे अन्य की तरह एक भौतिकविद ही थे पर सामान्य जन के लिए कदाचित वे सबसे अधिक जाने जानेवाले वैज्ञानिक थे। लोग देखकर उनको खुश होते थे। इसका सबूत तो उसी समय मिल गया था जब लन्दन में 2012 में पैरालिम्पिक गेम्स का शुभारम्भ उन्होंने किया था। वर्ष 1990 में 25 वर्षों के वैवाहिक जीवन जी लेने के बाद उनका व उनकी पत्नी जेन का विच्छेद हो गया। उनकी पत्नी जेन हॉकिंग ने साथ बिताये दिनों की याद में दो पुस्तकें लिखीं 'म्यूजिक टु मूव दि स्टार्स: ए लाइफ विथ स्टीफेन हॉकिंग' एवं 'ट्रैवलिंग टु इनफिनटी : माई लाइफ विद स्टीफेन' जो फिल्म 'दि थ्योरी ऑफ एवरीथिग' का आधार बनी।

वर्ष 1995 में उन्होंने अपनी एक परिचारिका एलेन मैसन *(Alain Mason)* जिसने उनकी अच्छी तरह से देख-भाल की थी, से विवाह कर लिया। वर्ष 2004 में ब्रिटिश अखबारों ने आरोप लगाया कि एलेन हॉकिंग से दुर्ब्य वहार करती थी किन्तु कोई अरोप-पत्र दाखिल नहीं हुआ

द्वितीय पत्नी एलेन मैशन के साथ विवाह के अवसर पर कैम्ब्रिज के पंजीकरण कार्यालय में
(सौ. माइकेल स्टीफेन्स/पीए फोटो)

और हॉकिंग ने आरोप का खण्डन किया। बाद में उनका तलाक भी हो गया।

वर्ष 1982 में उन्हें ब्रिटिश साम्राज्य का कमाण्डर नामित किया गया। 2012 की गरमियों में लन्दन में पैरालिम्पिक खेलों के उद्घाटन में वे विशेष सितारे की भूमिका में नज़र आये। वैसे तो विश्वभर की तमाम उत्कृष्ट उपाधियों एवं सम्मानों से वे नवाजे गये, पर उन्हे नोबेल पुरस्कार नहीं मिल पाया जिसके लिए वे स्वयं बहुत ही स्पष्ट एवं सारगर्भित स्पष्टीकरण देते हैं—"नोबेल पुरस्कार उन सैद्धान्तिक कार्यों के लिए प्रदान किया जाता है जो प्रयोगों में सिद्ध पायें गये हों। मैंने जो कार्य किया है उनका प्रेक्षण कर पाना बहुत कठिन है।"

हॉकिंग अन्तरिक्ष यात्राओं के प्रबल पक्षधर थे और कहते हैं कि मानवता की रक्षा के लिए ऐसा कार्य नितान्त आवश्यक है क्योंकि पृथ्वी पर जीवन असुरक्षित एवं खतरों से भरा पड़ा है- विश्वव्यापी नाभिकी युद्ध, जीन परिर्वतन के द्वारा ऐसे किसी वायरस या प्रजाति को विकसित कर देना जो मानव के लिए खतरा बन जाय या ऐसी किसी चीज का विकसित होना जो विनाश का कारण बने आदि ऐसे खतरे हैं जो महाविनाशक की भूमिका इस धरती पर अदा कर सकते हैं। ये विचार उन्होंने हांग-कांग में वर्ष 2007 में व्यक्त किये।

धर्म के ऊपर की गयी उनकी टिप्पणियों से जो विवाद उठे उससे अधिक उनके किसी अन्य कथन पर प्रतिक्रियाएँ नहीं व्यक्त की गयी हैं। ब्रह्माण्ड की उत्पति एवं संचालन में किसी ईश्वर की भूमिका को उन्होंने नकार दिया है। 'समय के संक्षिप्त इतिहास' पुस्तक में उन्होने ईश्वर के मस्तिष्क की बात कही है जबकि वर्ष 2011 में ल्यूनोर्ड म्लाडिनोव के साथ लिखी पुस्तक 'दि ग्रैण्ड डिजाइन' में उनकी टिप्पणी अधिक तल्ख है जब वे कहते हैं 'ब्रह्माण्ड को चलाने के लिए नीले पलीते में आग लगाने हेतु ईश्वर का आह्वान करने की अवश्यकता नहीं है।' पटाखे के फ्यूज को ब्रिटेन में 'नीला पलीता' कहते हैं।

उसी वर्ष गार्जियन को दिये अपने एक साक्षात्कार में वे कहते हैं कि मैं मस्तिष्क को एक कम्प्यूटर की तरह देखता हूँ जो तब काम करना बन्द कर देगा जब उसके घटक निष्क्रिय हो जायेंगे। निष्क्रिय कम्प्यूटर के लिए कोई स्वर्ग अथवा पुनर्जीवन जैसी कोई चीज नहीं है, वह केवल परियों के

किस्से हैं उन लोगों के लिए जिन्हें अँधेरे से डर लगता है। अपने जीवन के महान क्षणों को उन्होंने कृष्ण-विवरों की काली गर्त एवं ब्रह्माण्ड की काली नियति को जानने में लगा दिया। हॉकिंग को उनसे डर नहीं लगता था। एक साक्षात्कारकर्त्ता के पूछने पर उन्होंने कहा कि कृष्ण-विवरों को ब्लैक होल्स इसलिए कहते हैं कि यह मनुष्यों के नष्ट हो जाने या निगल लिये जाने जैसे डर से जुड़ा है, पर मुझे इसमें गिर जाने का कोई डर नहीं है क्योंकि मैं इन्हें जानता हूँ। एक तरह से लगता है कि मैं इनका मालिक हूँ।

हॉकिंग ने स्वंय तथा अन्य के साथ मिलकर अपने लम्बे कार्यकाल में 15 पुस्तके लिखीं। 1988 में लिखी उनकी पुस्तक 'ए ब्रीफ हिस्ट्री आफ टाइम' या 'समय का सक्षिप्त इतिहास' विश्व ख्याति की पुस्तक है जो लन्दन टाइम्स की सर्वाधिक बिकनेवाली पुस्तकों की सूची में लगातार चार वर्षों तक शीर्ष पर दर्शाई जाती रही। 40 से भी अधिक भाषाओं में अनुदित इसकी एक करोड़ से भी अधिक प्रतियाँ बिक चुकी हैं।

वर्ष 2001 में उनकी पुस्तक 'दि यूनिवर्स इन ए नटशेल' प्रकाशित हुई जिसमें ब्रह्माण्ड की उत्पत्ति एवं विकास के सन्दर्भ में और भी अधिक स्पष्टता के साथ विवरण दिया गया है।

वर्ष 2005 में 'ए ब्रीफर हिस्ट्री ऑफ टाइम' प्रकाशित हुई जिसमें और अधिक सरल ढंग से ब्रह्माण्ड की उत्पत्ति एवं विकास की व्याख्या की गयी है तथा कुछ नये सिद्धान्तों जैसे सूत्रिका सिद्धान्त का उल्लेख किया गया है। इन तीन पुस्तकों तथा हॉकिंग के शोध कार्यों के मुख्य विषय ब्रह्माण्ड की उत्पत्ति तथा उसको संचालित करनेवाले नियम, दिक्काल का स्वरूप व उसकी बनावट एवं कृष्ण-विवर रहे हैं तथा साथ ही उन्हें एक ऐसे सर्वग्राही सिद्धान्त की तलाश थी जो ब्रह्माण्ड की सूक्ष्म-से-सूक्ष्म तथा विराट से विराट अवस्थाओं में सुगमता से लागू हो सके। ऐसे सिद्धान्त को वे 'सब मर्जों की एक दवा' या 'थ्योरी ऑफ एवरीथिंग' कहतें हैं, जो अभी तक खोजा नहीं जा सका है। 'पवित्र प्याले' अर्थात होली ग्रेल की तलाश अभी जारी हैं। उनका कहना है कि इस दिशा में सूत्रिका-सिद्धान्त एक सक्षम सिद्धान्त साबित हो सकता है जिसमें एम. सिद्धान्त *(M-Theory)* को इसका एक सशक्त दावेदार माना जाता है। इसमें 11 आयामों की बात की गयी है जिसके 10 आयाम दिक के एवं एक आयाम

काल का परिकल्पित है। इस पर वे चुटकी लेते हुए कहते हैं कि सूत्रिका-सिद्धान्तविदों का एम. *(M)* से तात्पर्य क्या है, उन्हें पता नहीं।

सितम्बर, 2010 में हॉकिंग की पुस्तक **'दि ग्रैण्ड डिजाइन'** प्रकाशित हुई जो उन्होंने ल्यूनोर्ड म्लाडिनोव के साथ मिलकर लिखी थी। हॉकिंग ने पहले अपने विचार व्यक्त करते हुए कहा था कि ईश्वर में आस्था आधुनिक विज्ञान की परिसीमाओं में रहते हुए भी रखी जा सकती हैं, परन्तु इस पुस्तक में उन्होंने कहा कि ब्रह्माण्ड की उत्पत्ति महाविस्फोट (बिग बैंग) से हुई परन्तु ऐसा होना भौतिकी के नियमों का एक अवश्यम्भावी परिणाम था, उसके सिवा कुछ और नहीं, भौतिकी के ऐसे नियम हैं जैसे गुरुत्व जिसके तहत ब्रह्माण्ड स्वयं 'कुछ नहीं' से भी सृजित हो सकता है।

'ग्रैण्ड डिजाइन' को प्रकाशित हुए लगभग 12 वर्ष हो गये हैं, जिसमें ब्रह्माण्ड के सृजन में ईश्वर की किसी विशिष्ट भूमिका के होने की बात नकार दी गयी है। इससे विश्व भर में सृजनवाद एवं विकासवाद में बहस छिड़ गयी है। यह बहस आज भी जारी है और भविष्य में भी चलती रहेगी।

वर्ष 2012 में हॉकिंग ने इच्छा व्यक्त की थी कि हॉकिंग-विकिरण का सूत्र उनके कब्र के पत्थर पर उत्कीर्ण किया जाय। हॉकिंग एक ऐसे व्यक्ति थे जिन्होंने अपनी शारीरिक एवं व्यावसायिक सीमाओं के साथ बौद्धिक सीमाओं का अतिक्रमण कर दिया था। उन्होंने सम्पूर्ण विश्व का भ्रमण किया, वैज्ञानिक विचार-गोष्ठियों में भाग लिया, सर्वाधिक बिकनेवाली किताबें लिखीं, दो बार विवाह किया, तीन बच्चे पैदा किये, सभी महाद्वीपों में गये यहाँ तक कि अण्टार्कटिका में भी पहुँचे और कई टीवी कार्यक्रमों एवं फिल्मों में भाग लिया जिनमें कुछ का उल्लेख करना उचित होगा जैसे-**दि सिम्पसन्स, स्टार ट्रेक : दि नेक्स्ट जनरेशन, एवं बिग बैंग थ्योरी।**

उन्होंने अपनी 60वीं जन्मतिथि एक गुब्बारे में आकाश की सैर करते हुए मनायी और उसी सप्ताह विद्युत चालित कुर्सी को तेज़ चलाते हुए कैम्ब्रिज विश्वविद्यालय के परिसर में एक कोने में टकराकर अपना पैर तोड़ लिये। अप्रैल, 2007 में अपनी 65वीं जन्मतिथि के कुछ माह बाद उन्होंने शून्य-गुरुत्व में भारहीनता का अनुभव करानेवाले विशेष रूप से सज्जित एक वायुमान वोइंग 727 की सवारी की और भारहीनता का

अनुभव किया। यह रिचर्ड बैरन्सन की कम्पनी वर्जिन गैलेक्टिक के स्पेसशिप-2 पर यात्रा करने का कदाचित पूर्वाभ्यास था। यह पूछे जाने पर कि वे इतना खतरा क्यों उठाते हैं?—हॉकिंग कहते, "मैं लोगों को यह दिखाना चाहता हूँ कि शारीरिक अक्षमता उनके हौंसले को कम नहीं कर सकती जब तक कि उनकी आत्मा स्वयं कमजोर नहीं पड़ती।" उनकी आत्मा की ताकत ने सभी को हतप्रभ कर रखा था। उनका जीवन कितना सफल था, "इंग्लैण्ड के शाही ज्योतिर्विद एवं कैम्ब्रिज विश्वविद्यालय के खगोलविद तथा हॉकिंग के आजीवन साथी मार्टिन रीस कहा करते, उनका नाम विज्ञान के इतिहास में सदैव सम्मान के साथ लिया जाता रहेगा, लाखों करोड़ों के ब्रह्माण्डीय ज्ञान का विस्तार उनकी सर्वाधिक बिकनेवाली पुस्तकों के माध्यम से हुआ और इससे भी अधिक दुनिया-भर के लोग समस्त प्रतिकूलताओं के होते हुए भी उनकी महान उपलब्धियों के नतीजों से प्रेरणा प्राप्त करते रहे जो उनकी विलक्षण इच्छा-शक्ति एवं दृढ़ विश्वास का प्रकटीकरण था।"

हॉकिंग 17 वर्ष की आयु में ऑक्सफोर्ड विश्वविद्यालय के यूनिवर्सिटी कॉलेज में आये। वे गणित पढ़ना चाहते थे। किन्तु वहाँ गणित विषय में डिग्री नहीं दी जाती थी। इसलिए वे भौतिकी पढ़े जिसमें ब्रह्माण्डिकी में विशेष रूप से उन्होंने अध्ययन किया। हॉकिंग स्वयं यह मानते थे कि उन्होंने पढ़ाई में अधिक समय नहीं दिया कदाचित औसतन दिन में एक घण्टा। 1962 में वे प्राकृतिक विज्ञान में विशेष योग्यता के साथ स्नातक की उपाधि लिये और कैम्ब्रिज विश्वविद्यालय के ट्रिनट्री हॉल में खगोल विज्ञान प्रतिष्ठान के सदस्य बन गये। 1973 में वे कैम्ब्रिज के खगोल विज्ञान प्रतिष्ठान के सदस्य बन गये। 1973 में उनकी पहली अति-तकनीकी पुस्तक जी.एफ.आर. एलिस के सहलेखन में प्रकाशित हुई जिसका नाम था- 'दि लार्ज स्केल स्ट्रक्चर ऑफ स्पेस टाइम' (दिक्काल की विराट संरचना)।

वर्ष 1979 में उन्हें गणित का लूकासियन प्रोफेसर निर्वाचित किया गया जो परम्परा वर्ष 1663 से चली जा रही है जिसको कोई सर्वमान्य अतिविशिष्ट वैज्ञानिक ही धारण करता है। इस पद को महान वैज्ञानिक एवं गणितज्ञ सर आइजक न्यूटन एवं डिराक धारण कर चुके हैं।

वर्ष 1974 में किये गये शोध कार्यों ने हॉकिंग को वैज्ञानिक समुदाय में अति विशिष्ट व्यक्ति बना दिया जब उन्होंने विश्व को बताया कि कृष्ण-विवर पूर्णतया निपात गर्त नहीं है जहाँ सूचनाएँ सदा के लिए निक्षेपित हो जाती हैं बल्कि वे विद्युत चुम्बकीय विकिरण के रूप में बाहर आती हैं। हॉकिंग के विकिरण सिद्धान्त ने तब तक की कृष्ण-विवरों के सम्बन्ध में स्थापित मान्यताओं को जड़ से हिला दिया और साथ ही हॉकिंग की प्रतिष्ठा में चार चाँद लगा दिया। उन्हें मात्र 32 वर्ष की अवस्था में फैलो ऑफ रॉयल सोसाइटी *(FRS)* निर्वाचित कर लिया गया और बाद में चलकर उन्हें अति विशिष्ट पुरस्कार 'अलवर्ट आइन्स्टीन पुरस्कार' से सम्मानित किया गया। वे कैलटेक, पसाडेना कैलीफोर्निया में विजिटिंग प्रोफेसर और कैम्ब्रिज के गानविले एवं कायस कॉलेज में प्रोफेसर रहे।

अगस्त, 2015 में स्वीडन में आयोजित एक वैज्ञानिक-गोष्ठी में कृष्ण-विवरों के सूचना विलोपन विरोधाभास पर अपने विचार रखते हुए हॉकिंग ने सुझाया कि कृष्ण-विवर में गिरनेवाली किसी वस्तु की भौतिक दशाओं से सम्बन्धित सूचनाएँ अथवा जानकारी कृष्ण-विवर के घटना-

ब्रिटेन की महारानी एलिजाबेथ के साथ एक समारोह में—2014

चार मिनट तक भारहीनता का अनुभव करते हुए *(सौ. जीरो ग्रेविटी कार्प)*

क्षितिज के द्वि-आयामी पृष्ठ तल पर संगृहीत हो जाती हैं। इस तरह इससे उस सम्भावना का भी जन्म होता है, जिसमें या तो वे सूचनाएँ, पुनर्ग्रहण की जा सकेंगी अथवा दूसरे आयामों अथवा किसी अन्य ब्रह्माण्ड में रिस जायेंगी। मृत्यु के पूर्व मार्च, 2018 में नील दि ग्रेस हाइसन के 'स्टार टाक' कार्यक्रम के दौरान एक साक्षात्कार में हॉकिंग ने महाविस्फोट के पूर्व की अवस्था पर अपने विचार व्यक्त करते हुए कहा कि उसके पूर्व कुछ भी नहीं था। क्वाण्टम गुरुत्व के सन्दर्भ में यूक्लीडियिन ज्यामिति का प्रयोग करते हुए उन्होंने बताया कि वास्तविक काल काल्पनिक हो गया था और ब्रह्माण्ड के चारों आयाम, जिसमें दिक के तीन एवं काल के एक, अन्तर्गुम्फित होकर चर्तुआयामी वक्रित तल का निर्माण किये जिनकी कोई सीमा नहीं थी अर्थात ब्रह्माण्ड सीमाविहीन था।

वर्ष 2007 में जब वे 65 वर्ष के थे, केनेडी स्पेस सेण्टर, फलोरिडा से अनुकूलित परिवर्तित बोईंग-727 में वे अटलाण्टिक महासागर के ऊपर दो घण्टे तक उड़े और उन्हें भारहीनता का अनुभव कराने के लिए उनको ह्वीलचेयर से मुक्त कर दिया गया। भारहीनता की दशा में तैरते हुए उनकी तस्वीरें पूरी दुनिया में देखी गयीं। उन्होंने कहा 'शून्य गुरुत्व *(Zero-G)* वाला भाग बहुत ही विस्मयकारी था और उच्च गुरुत्व *(High-G)* वाला

भाग भी कोई समस्या नहीं पैदा कर रहा था। ऐसा प्रतीत हो रहा था कि जैसे वे कह रहे हों कि 'हे दिक्! देखो मैं यहाँ हूँ।'

वर्ष 2007 के एक वक्तव्य में हॉकिंग ने कहा था कि धरती पर जीवन के लिए खतरा बढ़ रहा है जिसे उसके समाप्त होने का भय है। तो खतरे कुछ भी हो सकते हैं जैसे अचानक वैश्विक तापमान का बढ़ना, नाभिकीय युद्ध, आनुवंशिक तौर पर परिवर्तित वायरस का कोई अन्य खतरा आदि। वे सचेत करते हैं कि मनुष्य के लिए अन्तरिक्ष में जाने के अलावा कोई विकल्प शेष नहीं है इसलिए वे सामान्य जन-मानस को इसके लिए प्रेरित करते हैं।

टी.वी. एवं फिल्मों में भी हॉकिंग एक स्टार वैज्ञानिक के रूप में खूब दिखे हैं। अतिथि-भूमिका में वे—'दि सिम्पसन्स', 'स्टार ट्रेक : दि नेक्स्ट जनरेशन' में दिखायी दिये। हास्य अभिनेता जिम कैरी के साथ मजाकिया अन्दाज में हॉकिंग "लेट नाइट विद कोनन दि ब्रायन" में नज़र आये। पिंक फ्लायड के गाने-कीप टाकिंग में उनकी पार्श्व आवाज़ (वॉइस ओवर) सुनने को मिली। 1992 में हॉकिंग के जीवन एवं कार्यों पर आधारित आस्कर पुरस्कार प्राप्त एरोल मारिस के वृत्तचित्र- 'ए ब्रीफ हिस्ट्री ऑफ

स्टीफेन हॉकिंग को अमेरिका के सर्वोच्च नागरिक सम्मान 'स्वाधीनता का राष्ट्रपति मेडल' प्रदान करते हुए अमेरिका के राष्ट्रपति बराक ओवामा

(सौ. चिप सोमोडेविला/गेटी इमेजेज)

टाइम' काफी लोकप्रिय हुई। इनके अलावा कई टी.वी. एवं फिल्मों में हॉकिंग की मौजूदगी रही।

वर्ष 2012 में अमरीकन टेलीविजन पर प्रसारित 'दि विग वैंग थ्योरी' में हॉकिंग एक अतिथि-भूमिका में दिखे जिसमें उनका विनोदी पक्ष भी लोगों को दिखा। इस प्रहसन में हॉकिंग युवा, नीरस वैज्ञानिकों के एक समूह के बीच में सैद्धान्तिक भौतिकविद शेल्डन, कूपर (जिम पारसन्स) को अपने कार्य में हुई गलती के फलस्वरूप धरती पर वापस बुलाते हैं। शेल्डन ला कूपर पी-एच.डी., एस सी.डी. एक काल्पनिक पात्र हैं और उनका व्यक्तित्व एस्पर्जर सिण्ड्रोम *(Asperger Syrdrome)* एवं आवसेसिव कम्पल्सिव दिस आर्डर *(Obsessive Compulsive Disoror)* से ग्रसित नज़र आता है। इस हास्य प्रहसन ने हॉकिंग को मनोरंजन की दुनिया में भी शीर्ष पर बैठा दिया जहाँ उनके विनोदी स्वभाव की खूब प्रशंसा हुई। शेल्डन कूपर पात्र के नाम की परिकल्पना अभिनेता एवं प्रोड्यूसर शेल्डन लियोनार्ड एवं नोबेल पुरस्कार विजेता लियान कूपर के नामों को मिलाकर की गयी है। नवम्बर, 2014 में स्टीफेन हॉकिंग एवं जेन वाइल्ड के जीवन पर आधारित एक फिल्म- 'दि थ्योरी ऑफ एवरीथिंग' प्रसारित हुई थी जिसमें हॉकिंग की भूमिका एडी रेडमायने *(Eddie Redmayne)* ने की। इसमें उनके प्रारम्भिक जीवन, वाइल्ड के साथ विवाह, बीमारी का बढ़ना तथा उनकी वैज्ञानिक उपलब्धियों को दिखाया गया है।

मई, 2016 में हॉकिंग ने एक छह भागवाली टेलीविजन सिरीज 'जीनियस' की मेजवानी की और एक नरेटर के रूप में टेलीविजन पर दिखायी दिये। इसबके पीछे उन प्रतिभावान स्वयंसेवियों की सूची बनाना था, जो उन वैज्ञानिक प्रश्नों का उत्तर दे सकें, जो इतिहास में कभी भी पूंछे गये हों। एक वक्तव्य में उन्होंने कहा कि जीनियस एक ऐसा प्रोजेक्ट है, जिसने विज्ञान को जन-साधारण तक पहुँचाने में मेरे जीवन-भर के उद्देश्य को साकार करने में मदद की। यह एक आनन्ददायक प्रस्तुति है जो यह जानने का प्रयास करती है कि क्या सामान्य जन भी उन महान प्रतिभासम्पन्न मनुष्यों की तरह सोचते हैं जो कभी इस धरती पर रहे थे। एक आशावादी होने के नाते मैं समझता हूँ कि वे अवश्य ऐसा करते होंगे।

2001 में बर्लिन विश्वविद्यालय के भ्रमण के समय (सौ. लैम्बर्ट/यूलस्टाइन बाइल्ड/ गेटी इमेजेज)

माइक्रोसाफ्ट के प्रेसीडेण्ट विल गेट्स के साथ कैम्ब्रिज विश्वविद्यालय में—1997 माइक्रोसाफ्ट ने एक नवीन शोध केन्द्र की स्थापना कैम्ब्रिज विश्वविद्यालय में करने के लिए वित्तीय सहायता उपलब्ध करायी। विल गेट्स ने अपने निजी संसाधनों से भी सहायता दी।

(सौ. फिण्डले केम्बर/ए.एफ.पी./ गेटी इमेजेज)

वर्ष 2011 में हॉकिंग ने एक हेडबैण्ड की तरह पहने जानेवाले उपकरण की उपयोगिता सुनिश्चित करनेवाले प्रयोग में भी भाग लिया था जिसमें यह दावा किया गया था कि पहननेवाले के दिमाग में उपजे विचारों को ग्रहण कर उपकरण उन्हें मस्तिष्क के विद्युत सन्देशों की तरंगों में बदल देगा जिनको एक विशिष्ट एलगारिदम भाषा के जरिये पढ़ा जा सकेगा। इस उपकरण को आई ब्रेन *(I Brain)* कहते हैं, जो हॉकिंग जैसे मरीजों के विचार जानने में सहायक होगा। कृत्रिम बौद्धिकता अथवा ए.आई. *(Artificial Intelligence)* पर वर्ष 2014 में हॉकिंग ने चोटी के अन्य वैज्ञानिकों के साथ अपने विचार व्यक्त किये थे और इस बात की आवश्यकता बतायी थी कि इस दिशा में और अधिक कार्य किया जाना चाहिए, ताकि तकनीक एवं मानवता में संघर्ष न हो। उनकी चिन्ता जानी डेप *(Johny Depp)* की फिल्म 'ट्रान्सेडेन्स' को देखकर उभरी थी, जिसका समावेश उन्होंने 'बड़े सवालों के छोटे जबाव' पुस्तक में भी किया है। लिस्बन, पुर्तगाल में 2017 में आयोजित तकनीकी सम्मलेन में भी उन्होंने इसी आशय के अपने उद्गार व्यक्त किये थे।

जुलाई, 2015 में हॉकिंग ने लन्दन में एक समाचार सम्मेलन का आयोजन कराया जिसमें 'ब्रेकथ्रू लिसेन' *(Breakthrough Listen)* परियोजना प्रारम्भ करने की घोषणा की। इस परियोजना में वित्तीय सहयोग रूसी उद्योगपति यूरी मिलनर ने दिया है जिसका उद्देश्य परग्रही जीवन की तलाश में और अधिक प्रयास एवं कार्य करना है।

अक्टूबर, 2017 में कैम्ब्रिज विश्वविद्यालय ने स्टीफेन हॉकिंग की पी-एच.डी. की थीसिस (1965) *'Properties of Expanding Universes'* अर्थात 'प्रसरणशील ब्रह्माण्डों की विशिष्टियाँ' को अपनी वेबसाइट पर डाला। स्टीफेन हॉकिंग की लोकप्रियता का आलम यह था कि पहले ही दिन इसको देखनेवाले 60,000 दर्शक थे, और विश्वव्यापी प्रचण्ड माँग के कारण विश्वविद्यालय का सर्वर क्रैश कर गया।

हॉकिंग का स्वास्थ्य गिरता जा रहा था। वर्ष 2009 में सम्पूर्ण विश्व चिन्तित हो उठा जब वे सीने में हुए संक्रमण वे कारण एरिजोना में आयोजित एक सम्मेलन में भाग नहीं ले सके। अप्रैल, 2009 में ही गिरते स्वास्थ्य के कारण हॉकिंग ने 30 वर्ष तक लूकासियन पीठ

पर सक्रिय रूप से कार्य करते रहने के बाद प्रोफेसर पद से अवकाश प्राप्त करने का निश्चय कर लिया था। चिकित्सकों ने उन्हें गम्भीर रूप से बीमार बताया, परन्तु बाद में चलकर वे पूर्ण रूप से स्वस्थ हो गये थे।

मार्च 14, 2018 को अन्ततः वे उस बीमारी से हार गये जिससे उन्हें 50 वर्ष पूर्व ही चिकित्सकों के अनुसार मर जाना चाहिए था। उनके घरवालों ने बताया कि उनकी मृत्यु कैम्ब्रिज, इग्लैण्ड स्थित उनके घर पर ही हो गयी है। स्टीफेन हॉकिंग समस्त जनमानस में इतना अधिक रम गये थे और इतने अधिक जनप्रिय थे कि केवल वैज्ञानिक समुदाय ही नहीं बल्कि सामान्यजन भी उनके निधन से दुःखी थे। सैद्धान्तिक भौतिकविद एवं लेखक लोरेन्स क्रास ने ट्वीट सन्देश भेजा, "ब्रह्माण्ड का एक सितारा अभी-अभी बुझ गया। हमने एक अतिविस्मयकारी व्यक्ति को खो दिया। स्टीफेन हॉकिंग ने 76 वर्षों तक संघर्ष किया और ब्रह्माण्ड को साहसपूर्वक अनुकूलित करते हुए हम सबको बताया कि वास्तव में कितना ख़ास है हमारा मनुष्य होना।"

हॉकिंग के बच्चों ने भी कहा, "हम बहुत दुःखी हैं कि हमारे प्रिय पिता आज दिवंगत हो गये। वे एक बहुत बड़े वैज्ञानिक और एक अति विशिष्ट व्यक्ति थे जिनके कार्य एवं विरासत कई वर्षों तक कायम रहेंगे। उनका साहस, उनकी विलक्षण प्रतिभा तथा उनका विनोदी स्वभाव विश्व भर के लोगों को अनुप्रेरित करता रहेगा, उन्होंने एक बार कहा था कि इस ब्रह्माण्ड का कोई मतलब नहीं यदि इसमें वे नहीं रहते जिन्हें हम प्यार करते हैं। उनकी कमी हमें सदैव खलती रहेगी।" उन्हें लन्दन के वेस्टमिनिस्टर ऐबे में न्यूटन एवं चार्ल्स डार्विन की कब्रों के बीच में दफनाया गया।

क्या ईश्वर है?

पहला बड़ा सवाल जिसका उत्तर तलाशने का प्रयास हॉकिंग करते हैं वह यह कि क्या ईश्वर है? उनका विचार है कि ब्रह्माण्ड एक मशीन की तरह है जो नियमों से नियन्त्रित होता है- वे नियम जिन्हें मानव मस्तिष्क समझ सकता है। ये नियम मानव मेधा की अनुपम उपलब्धि हैं जो हमें यह भी बताते हैं कि ब्रह्माण्ड को समझने के लिए क्या हमें ईश्वर की आवश्यकता होगी? प्रकृति के नियम ही हमें बताते हैं कि अतीत में क्या हुआ रहा होगा अथवा वर्तमान में क्या हो रहा है या भविष्य में क्या होनेवाला है। वस्तुतः जिसका महत्त्व है वह यह कि ये प्राकृतिक नियम अपरिवर्तनीय हैं, समान रूप से बिना भेदभाव के लागू होते हैं और सार्वभौमिक एवं सार्वकालिक हैं। ईश्वर को इन्हीं नियमों की तरह समझा जा सकता है। इस तरह ईश्वर प्राकृतिक नियमों का मूर्तरूप है, पर दूसरे उसे वैसा नहीं समझते। वे उसका मानवीकरण कर देते हैं और उसके साथ अटूट आस्था एवं विश्वास के जरिये निजी तौर पर एक आध्यात्मिक सम्बन्ध स्थापित कर लेते हैं जिसमें वैज्ञानिक चिन्तन अथवा तर्क के लिए कोई जगह नहीं होती। सभी घटनाओं अथवा कृत्यों के पीछे उसी की इच्छा या मन्शा देखते हैं, परन्तु जब आप ब्रह्माण्ड की विशालता की ओर अपना ध्यान देते हैं और यह सोचते हैं कि आपका मनुष्य बनना मात्रा एक संयोग है, तो यह कितना अविश्वसनीय प्रतीत होता है।

हॉकिंग आइन्स्टीन की ही तरह ईश्वर को वैयक्तिक तौर पर नहीं लेते। ईश्वर की मन्शा जानने से तात्पर्य इनका प्रकृति के नियमों को जानना है और वे आशा व्यक्त करते हैं कि इस सदी के अन्त तक कदाचित ईश्वर की मन्शा के बारे में पता भी चल जाय। आस्था एवं विश्वास धर्म के मौलिक स्तम्भ हैं, जिसमें वैज्ञानिक तर्क एवं वितर्क की कोई जगह नहीं है। ब्रह्माण्ड कब और कैसे अस्तित्व में आया? विज्ञान के लिए वह आज

भी गूढ़तम रहस्य है, परन्तु धर्म आसानी से इसका उत्तर दे लेता है कि इसे ईश्वर ने बनाया।

हॉकिंग कहते हैं कि ब्रह्माण्ड का सृजन स्वयमेव वैज्ञानिक नियमों के अनुकूल शून्य से हुआ। विज्ञान की मौलिक अवधारणा वैज्ञानिक निर्धार्यता में निहित है। विज्ञान के नियम ही ब्रह्माण्ड का अस्तित्व में आना निर्धारित करते हैं। ये नियम ईश्वर प्रदत्त हों या न हों किन्तु वह हस्तक्षेप कर उन्हें तोड़ नहीं सकता। इसलिए ब्रह्माण्ड की प्रारम्भिक दशाओं का चयन करने की स्वतन्त्रता तो ईश्वर को हो सकती है या कि वहाँ भी कोई नियम ही कार्य करते रहे हों, परन्तु यह तो निश्चित है कि अस्तित्व में आने के बाद तो ब्रह्माण्ड को प्राकृतिक नियम ही नियन्त्रित करते हैं।

अन्यान्य जटिलताओं एवं विविधताओं के बावजूद ब्रह्माण्ड के सृजन एवं संचालन के लिए तीन चीजें आवश्यक हैं, प्रथम घटक पदार्थ है जिसमें द्रव्यमान निहित होता है। पदार्थ हमारे चारों ओर, धरती पर आकाश में सब ओर बिखरा पड़ा है। धूल, शिलाएँ, बर्फ, द्रव, गैस के विशाल बादल, नक्षत्र, तारे, आकाशगंगाएँ जिनमें अरबों तारे हैं, अकल्पनीय दूरियों तक विस्तृत ब्रह्माण्ड पदार्थों से भरा है। दूसरा घटक ऊर्जा है जो अन्यान्य प्रक्रियाओं में होनेवाले कार्यों में प्रयुक्त होते हैं या निःसरित होते हैं। तीसरा घटक दिक है जिसका विस्तार अनन्त है। बीसवीं सदी तक हमें जानकारी नहीं थी कि यह सब आया कहाँ से।

इसका जवाब एक ऐसे व्यक्ति ने दिया जिसकी अन्तर्दृष्टि एवं मेधा की तुलना करनेवाला कोई अन्य वैज्ञानिक कदाचित ही कभी इस धरती पर रहा हो। उसका नाम अल्बर्ट आइन्स्टीन था। हॉकिंग कहते हैं कि दुर्भाग्य से वे उनसे मिल नहीं पाये क्योंकि जब वे 13 वर्ष के थे तभी उनका निधन हो गया था। आइन्स्टीन ने पदार्थ ऊर्जा की समतुल्यता का सिद्धान्त दिया जिसके अनुसार पदार्थ एवं ऊर्जा परस्पर रूपान्तरित हो सकते हैं, जिसके लिए गणितीय सूत्र $E = mc^2$ दिया गया जिसमें E ऊर्जा, m द्रव्यमान तथा c प्रकाश गति है। यदि इसको ध्यान में रखा जाय तो वस्तुतः दो ही घटकों की आवश्यकता होगी। ऊर्जा एवं दिक्। तो अब प्रश्न यह उठता है कि इतनी ऊर्जा एवं दिक आया कहाँ से? इसका उत्तर दशकों बाद मिला जब वैज्ञानिकों ने उस घटना की खोज की जिसे बिग-बैंग कहते हैं। बिग-बैंग के समय, ब्रह्माण्ड अस्तित्व में आया और इसके साथ ही दिक एवं काल

भी अस्तित्व में आये। बिग-बैंग के साथ ही ब्रह्माण्ड पराघातांकी दर से विस्तारित हो गया, परन्तु ऊर्जा से ओत-प्रोत विशाल ब्रह्माण्ड एवं निःसीम दिक अचानक कहाँ से प्रस्फुटित हो गया? क्या शून्य से ?

कुछ कहते हैं कि ऐसा ईश्वर ने किया। ईश्वर ने ही ब्रह्माण्ड बनाया, दिक एवं काल के आयाम दिये और उसे ऊर्जा से भर दिया। बिग-बैंग ही वह घटना थी जिससे ब्रह्माण्ड अस्तित्व में आया और यह वही पल था जब काल प्रारम्भ हुआ। बिना ईश्वर के हस्तक्षेप के शून्य से कैसे कोई चीज बन सकती है, यह किसी के भी समझ के बाहर की चीज है।

हॉकिंग भौतिकी के नियमों का सहारा लेते हुए सकारात्मक एवं नकारात्मक ऊर्जा की बात करते हैं। उनका कहना है कि जब बिग-बैंग ने अपरिमित मात्रा में सकारात्मक ऊर्जा को सृजित किया तब उतनी ही मात्रा में नकारात्मक या ऋणात्मक ऊर्जा भी सृजित हुई क्योंकि भौतिकी

स्टीफेन हॉकिंग को अमेरिका के सर्वोच्च नागरिक स्वाधीनता का राष्ट्रपति मेडल प्रदान करते हुए अमरीका के राष्ट्रपति बराक ओवामा—2009

(सौ. चिप सोमाडेविला/गेटी इमेजेज)

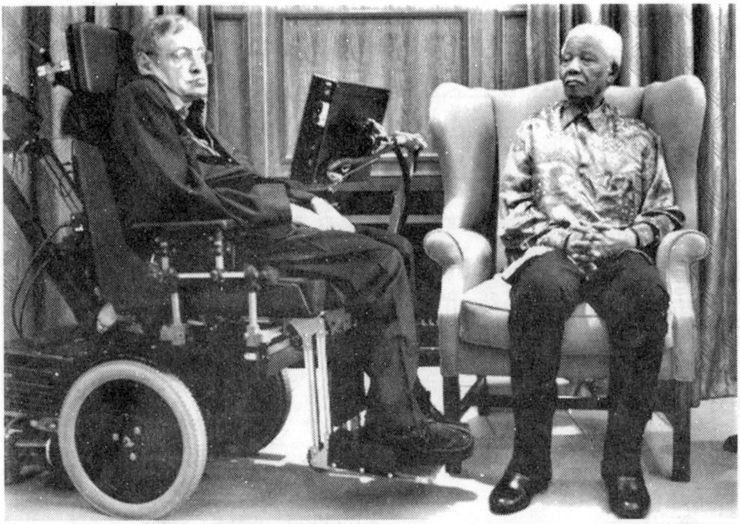

दक्षिण अफ्रीका के राष्ट्रपति नेलसन मण्डेला के साथ जोहानेसवर्ग के उनके फाउण्डेशन कार्यालय में—2008 *(सौ. स्रोत : राइटर्स)*

के नियमों के अनुसार ब्रह्माण्ड की सकल ऊर्जा का योग शून्य होता है। इस पर आगे यह सवाल उठे कि आज यह ऋणात्मक ऊर्जा है कहाँ? हॉकिंग कहते हैं कि दिक में। दिक ऋणात्मक ऊर्जा का अक्षय भण्डार है। सकारात्मक ऊर्जा जिससे पदार्थ बने तथा उनसे असंख्य तारे एवं आकाशगंगाएँ बनीं, परस्पर गुरुत्वाकर्षण से बँधे हुए हैं और दूसरी ओर दिक की नकारात्मक अथवा ऋणात्मक ऊर्जा की प्रकृति प्रतिकर्षण की है जो ब्रह्माण्ड को त्वरणशील विस्तार प्रदान कर रही है। हॉकिंग कहते हैं कि जब ऊर्जा का सकल योग शून्य है तो इस परिस्थिति में किसी कर्त्ता की कोई आवश्यकता नहीं है।

हॉकिंग का मानना है कि ईश्वर नहीं है और न ही स्वर्ग अथवा कोई भावी जीवन। उनका कहना है कि जब हम मरते हैं तो मिट्टी में मिल जाते हैं, परन्तु एक तरह से हम जीवित भी रहते हैं क्योंकि हमारे डी.एन.ए. एवं जीन पीढ़ी-दर-पीढ़ी हस्तान्तरित होते जाते हैं। हम इस एक जीवन में ब्रह्माण्ड की शानदार संरचना को निहारने एवं समझने का सुख भोग सकते हैं जिसके लिए हम बहुत-बहुत आभारी हैं।

ब्रह्माण्ड की उत्पत्ति

दूसरा बड़ा सवाल जिस पर हॉकिंग सोचते रहे और जवाब देने का प्रयास किया है वह यह कि ब्रह्माण्ड की शुरूआत कैसे हुई?

मनुष्य ने जबसे सोचना-समझना प्रारम्भ किया तभी से उसके मस्तिष्क में इस तरह के सवाल उठने लगे थे और उसने उनके उत्तर भी तलाशने प्रारम्भ कर दिये थे। यूनानी दार्शनिक अरस्तू को विश्वास था कि ब्रह्माण्ड शाश्वत है और वह सदैव से ऐसा ही रहा है। भारतीय दर्शन में दोलित ब्रह्माण्डों की कल्पना की गयी है जिसमें ब्रह्माण्ड का उद्‌भव 'हिरण्यगर्भ' से होना बताया गया है जिसमें ब्रह्माण्ड की समस्त ऊर्जा एवं शक्तियाँ

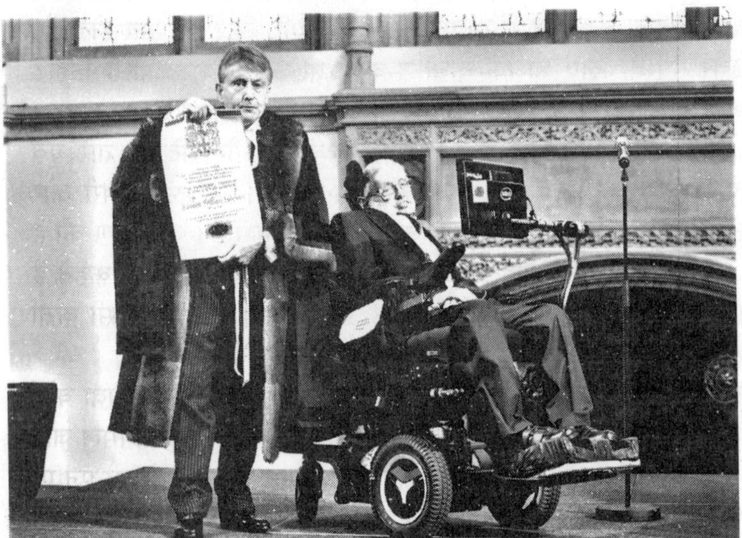

2017 में स्टीफेन हॉकिंग को लन्दन शहर का सर्वोच्च सम्मान ''हानरेरी फ्रीडम'' प्रदान किया गया। *(सौ. लिपिन्स्की/पी.ए. इमेजेज/गेटी इमेजेज)*

समाहित थी। वैदिक काल गणना के अनुसार ब्रह्माण्ड की आयु ब्रह्मा की आयु के बाराबर होती है, जिनके एक दिन और एक रात की अवधि पृथ्वी के वर्षों में 8 अरब 64 करोड़ वर्ष बतायी गयी है। ब्रह्मा की आयु 100 वर्ष निर्धारित है अर्थात ब्रह्माण्ड की आयु 315360 अरब वर्ष हुई। इसके पश्चात ब्रह्मा के निधन के साथ ही महाप्रलय आ जाता है जिसमें ब्रह्माण्ड का विलय हो जाता है और वह अस्तित्व में नहीं रह जाता। लगभग इतनी ही अवधि के उपरान्त उसी प्रक्रिया के द्वारा नये ब्रह्माण्ड का सृजन, विकास एवं विलय होता है और यह प्रक्रिया अनन्त काल तक चलती रहती है। भारतीय दर्शन के अनुसार इस तरह अनन्त ब्रह्माण्ड अस्तित्व में आये और उनका विलय हो गया। यही नहीं भारतीय दर्शन में अनन्त ब्रह्माण्डों की भी कल्पना की गयी है। आश्चर्यजनक रूप से आधुनिक ब्रह्माण्डिकी का 'महा उछाल सिद्धान्त' एवं 'बहुब्रह्माण्डीय परिकल्पना' भारतीय दर्शन की ब्रह्माण्ड सृजन, विकास एवं उसके अन्त की अवधारणाओं से पूर्णत: मेल खाती है।

शाश्वत ब्रह्माण्ड की परिकल्पना प्राचीन काल में कदाचित इसकी दीर्घायुष्कता को दृष्टि में रखकर की गयी होगी, फिर उन आलोचकों का उत्तर देने के लिए भी कि कभी-न-कभी तो उसकी शुरूआत हुई होगी। शाश्वत ब्रह्माण्ड की अवधारणा में विश्वास रखनेवालों ने कहा कि इसकी उत्पत्ति अपने आपसे हुई है अर्थात यह स्वयंभू है और यदि यह स्वयंभू है, तो किसी सृजनकर्त्ता की आवश्यकता भी नहीं है। इस तरह किसी बाहरी शक्ति अर्थात ईश्वर का हस्तक्षेप यहाँ वांछनीय नहीं है।

परन्तु जब कोई यह कहता है कि ब्रह्माण्ड की शुरूआत हुई है तो स्वभावत: यह भी प्रश्न उठता है कि प्रारम्भ होने के पूर्व क्या था और शुरूआत कैसे हुई थी। इसमें किसी दैवीय शक्ति का कोई हाथ है भी या नहीं? भारतीय दर्शन में तो इस पर गहनता से विचार किया गया है, परन्तु पाश्चात्य दर्शन में भी सदियों तक लगातार इस पर चर्चा होती रही है। पर दोनों दर्शनों में दैवी हस्तक्षेप की बात आती रही है। जर्मन दार्शनिक इमानुयेल ने कहा कि दोनों तरह की अवधारणाओं में परस्पर विरोधाभास है। यदि ब्रह्माण्ड की कोई निश्चित शुरूआत हुई है तो शुरूआत होने में अन्तहीन विलम्ब क्यों हुआ क्योंकि अब यह साक्ष्यों द्वारा समर्थित एवं प्रामाणिक सिद्धान्त है। काण्ट ने इसे थीसिस *(Thesis)* कहा। और दूसरी

2006 में बीजिंग के 'स्वर्ग-मन्दिर' में सीढ़ियों पर हॉकिंग को ले जाते हुए। (सौ. चाइना फोटो/गेटी इमेजेज)

ओर यदि ब्रह्माण्ड सदैव से विद्यमान रहा था तो वर्तमान अवस्था में आने में उसे इतना समय क्यों लगा? काण्ट ने इसे एण्टीथीसिस *(Anti thesis)* कहा क्योंकि इसकी कोई खास वजह उसे नहीं दिखी। दोनों ही थीसिस एवं एण्टीथीसिस काण्ट की इस सोच पर निर्भर कर रहे थे कि समय परम निरपेक्ष है अर्थात स्वतन्त्र रूप से बिना किसी से प्रभावित हुए यह अनन्त अतीत से अनन्त भविष्य की ओर अग्रसर होता रहता है, चाहे कोई ब्रह्माण्ड अस्तित्व में हो अथवा न हो। आज भी वैज्ञानिकों के एक समुदाय में यही धारणा प्रबल है और वे किसी-न-किसी ढंग से आपेक्षिकता के सिद्धान्त को संशय की दृष्टि से ही देखते रहे हैं।

वर्ष 1915 में महान वैज्ञानिक एलबर्ट आइन्स्टीन ने जब 'व्यापक आपेक्षिकता का सिद्धान्त' दिया तो दिक एवं काल के विषय में सदियों पुरानी मान्यताएँ बदल गयीं। दिक एवं काल परस्पर निरपेक्ष नहीं रह गये वरन परस्पर मिलकर एक दिक्काल सातत्यता *(Time-space Continuum)* का निर्माण करते हैं और दिक एवं काल में घटनेवाली घटनाओं के निरपेक्ष साक्षी न होकर उनमें उनकी एक गत्यात्मक एवं सक्रिय भूमिका होती है। इस प्रकार दिक एवं काल गत्यात्मक सत्ताएँ हैं, जिनका स्वरूप ब्रह्माण्ड की ऊर्जा एवं पदार्थ निर्धारित करते हैं। वे चूँकि ब्रह्माण्ड की सीमाओं में ही परिभाषित हैं अतएव ब्रह्माण्ड के पूर्व के समय के बारे में कुछ कहना असंगत है। यह वैसे ही है जैसे दक्षिणी ध्रुव पर जाकर पूछा जाय कि उसके दक्षिण में क्या है? यह पूर्णतया असंगत होगा क्योंकि ऐसा परिभाषित ही नहीं है।

आइन्स्टीन के आपेक्षिकता के सिद्धान्त ने दिक एवं काल को मिला तो दिया परन्तु दिक के बारे में अधिक कुछ नहीं कहा। दिक सीमाहीन प्रतीत होता है क्योंकि दिक की गहराइयों में जितना ही दूर तक हम झाँकने का प्रयास करते हैं, दिक उससे भी अधिक विस्तृत नज़र आता है। हबल ने 1929 में बताया कि आकाशगंगाएँ एक-दूसरे से दूर जा रही हैं। जो जितनी दूर है उसमें अलगाव की गति उतनी ही अधिक है। दूसरे शब्दों में यदि कहा जाय तो यह कि ब्रह्माण्ड फैल रहा है। हबल की इस खोज ने ब्रह्माण्डिकी की सोच एवं नज़रिया दोनों को बदल दिया। यदि ब्रह्माण्ड फैल रहा है तो अतीत में कभी उसका आकार काफी कम रहा होगा। विस्तार दर की वर्तमान स्थिति को देखते हुए गणना द्वारा यह ज्ञात

किया गया कि 10 से 15 अरब वर्ष (वर्तमान सहमति 13.80 अरब वर्ष) पूर्व ब्रह्माण्ड की शुरूआत हुई होगी और वह अपनी प्रारम्भिक दशा में एक अत्यन्त लघु दायरे में सीमाबद्ध रहा होगा। इसके बावजूद शाश्वत ब्रह्माण्ड की अवधारणा वैज्ञानिकों के दिलों-दिमाग में इस तरह बैठ गयी थी कि उनका एक वर्ग यह मानने के लिए तैयार ही नहीं था कि ब्रह्माण्ड की शुरूआत भी हो सकती है। 1948 में हरमैन वॉदी, थामस गोल्ड एवं फ्रेड हायल ने इसके लिए 'स्टीडी स्टेट सिद्धान्त' दिया जिसके पीछे यह अवधारणा थी कि आकाशगंगाओं के दूर जाने से दिक के रिक्त अवकाशों में लगातार पदार्थ का निर्माण होता रहता है जिससे नयी आकाशगंगाएँ अस्तित्व में आती रहती हैं। इस प्रकार ब्रह्माण्ड सदैव से विद्यमान रहा है और वह सदैव एक ही जैसा दिखता रहा है।

कैम्ब्रिज रेडियो खगोल विज्ञान की एक टीम ने मार्टिन राइल *(Martin Ryle)* के नेतृत्व में 1960 के दशक में आकाश का सर्वेक्षण किया और यह पाया कि रेडियो स्रोत दिक में समरसता से विद्यमान हैं, जिसका तात्पर्य यह था कि अधिकांश रेडियो स्रोत हमारी आकाशगंगा के बाहर दूर-दूर तक विस्तृत थे। स्टीडी स्टेट सिद्धान्त ने स्रोतों एवं उनकी शक्ति के सम्बन्ध में भी भविष्यवाणी की थी, परन्तु सर्वेक्षण में मद्धिम स्रोतों की वास्तविक संख्या अनुमान से अधिक पायी गयी जिससे यह निष्कर्ष निकाला गया कि सुदूर अतीत में ये स्रोत बहुत पास रहे होंगे और उनका घनत्व आज की अपेक्षा अधिक रहा होगा। ऐसा होना स्टीडी स्टेट सिद्धान्त की मूल अवधारणा के ही प्रतिकूल था क्योंकि उसमें यह कहा गया था कि समय के साथ सभी कुछ अपरिवर्तनीय एवं शाश्वत था। इस कारण एवं अन्य कारणों से भी स्टीडी स्टेट सिद्धान्त को त्यागना पड़ा।

वर्ष 1960 के दशक के उत्तरार्द्ध में स्टीफेन हॉकिंग एवं ऑक्सफोर्ड के गणितीय भौतिकी के प्रो. रोजर पेनरोज ने व्यापक आपेक्षिकता के सिद्धान्त के गणितीय पक्ष पर कार्य करते हुए यह सिद्ध किया कि ब्रह्माण्ड की एक सुनिश्चित शुरूआत होनी चाहिए, परन्तु उसकी प्रकृति क्या होगी यह निश्चित नहीं। उन्होंने आकाश काल एकत्व के सृजन होने की बात की और बताया कि यह वह बिन्दु था जहाँ सम्पूर्ण ब्रह्माण्ड अपनी, सम्पूर्ण ऊर्जा एवं पदार्थों के साथ संकुचित होकर एक बिन्दु में समा गया था जिसका घनत्व अपरिमित रहा होगा। यह वह बिन्दु था जहाँ गणित एवं

भौतिकी के नियम लागू नहीं होते और आइन्स्टीन का व्यापक आपेक्षिकता का सिद्धान्त छिन्न-भिन्न हो जाता है इसलिए इससे यह जानकारी नहीं मिल सकती कि ब्रह्माण्ड का अस्तित्व इससे कैसे सम्भव हो सका। विज्ञान यहाँ पंगु प्रतीत होता है। ऐसी ही अनिश्चितता की धुन्ध में लिपटी परिस्थितियों से 'कुछ' निकालकर ब्रह्माण्ड को उस दशा में पहुँचा देगा जब वह स्वत: भौतिक नियमों के अधीन विकसित होने लगेगा और उसे फिर किसी की आवश्यकता नहीं होगी। यही 'कुछ' ईश्वरीय आदिम सत्ता के रूप में परिकल्पित है।

आकाश काल एकत्व की हॉकिंग की अवधारणा की पुष्टि में उसके कुछ माह बाद ही अक्टूबर, 1965 में एक बहुत ही क्षीण माइक्रोवेव विकिरण की पृष्ठभूमि का पता चला जो सम्पूर्ण ब्रह्माण्ड में व्याप्त थी। टेलीविजन के किसी रिक्त चैनल पर ट्यून करने पर जो झिलमिलाहट स्क्रीन पर हमें नज़र आती है और एक खरखराहट की ध्वनि हमें सुनायी देती है, वह इसी क्षीण माइक्रोवेव विकिरण के कारण है जो दिक्काल की पृष्ठभूमि में व्याप्त है। इससे यह विदित होता है कि प्रारम्भिक क्षणों में ब्रह्माण्ड का घनत्व अपरिमित था और वह अत्यन्त तप्त था जिसमें 'महाविस्फोट' या 'बिग-बैंग' हुआ और ब्रह्माण्ड अस्तित्व में आया जो हर दिशा में अपरिमित गति से फैलने लगा और इस प्रक्रिया के दौरान ठण्डा भी होने लगा। ब्रह्माण्ड उद्‌भव के शून्य प्रहर की जानकारी उसकी अनिश्चितताओं के कारण हमें नहीं है किन्तु प्लैंक काल जो 10^{-44} सेकेण्ड है, से आगे की जानकारी का ब्यौरा दिया जा सकता है। प्लैंक काल पर ब्रह्माण्ड का परम शून्य के सदृश आकार विन्दुवत था जिसकी त्रिज्या 10^{-33} सेमी. थी और घनत्व 10^{94} ग्राम प्रति घन सेमी.। इस अवस्था के ब्रह्माण्ड का ताप 10^{32} से.ग्रे. था। अद्‌भुत साम्यता के साथ यही बात हजारों वर्ष पूर्व रचित 'ऋग्वेद' (10-129-1 से 7) में अत्यन्त सटीकता के साथ कही गयी है। ब्रह्माण्ड के अस्तित्व में आने के पूर्व की स्थिति का वर्णन करते हुए कहा गया है कि उस समय न तो सृष्टि का अस्तित्व था और न ही भूलोक, आकाश आदि से परे अन्य लोक ही थे और ब्रह्माण्ड भी नहीं था। उस समय न मृत्यु थी न अमरता। सभी कुछ अव्यक्त और सर्वत्र एक ही प्रवाह था जो सत्-असत तत्व से आच्छादित था। वही एक

अविनाशी तत्त्व तपश्चर्या के प्रभाव में उत्पन्न हुआ। 'ऋग्वेद' (10-121-1) में ब्रह्माण्ड की उस अवस्था का भी वर्णन है, जो प्लैंक काल (10^{-44} सेकेण्ड) पर विद्यमान था। उसे हिरण्यगर्भ कहा गया है जिसका अर्थ है सम्पूर्ण ऊर्जा की केन्द्रीयभूत अवस्था। यही अविनाशी तत्व ही हिरण्यगर्भ है। हिरण्यगर्भ का उद्‌भव तपश्चर्या के प्रभाव *(By the process of Heat)* से हुआ जिसकी पुष्टि महाविस्फोट के समय ब्रह्माण्ड की अत्यन्त तप्तावस्था (10^{32} से.ग्रे.) से होती है। सृष्टि की उत्पत्ति एवं विकास इसी अवस्था में हिरण्यगर्भ से हुआ।

यदि नवसृजित ब्रह्माण्ड अत्यन्त तप्त और वह एक सूक्ष्म दायरेवाले कृष्ण-विवर की तरह था तो इससे निःसरित विकिरण में तप्त कृष्ण-पिण्ड-विकिरण के गुण विद्यमान होने चाहिए थे जो समय के साथ ठण्डा होते-होते दीर्घ तरंग-दैर्ध्योंवाले माइक्रोवेव विकिरण का रूप ले चुके होंगे। वस्तुतः प्रेक्षणों में यही विकिरण पाया गया जिसका ताप तुल्यांक 2.73 *K* है। महाविस्फोट सिद्धान्त की भविष्यवाणी के अनुरूप निःसरित विकिरण की शक्ति प्रेक्षणों में पाये गये परिणामों के अनुकूल पायी गयी है, जो महाविस्फोट सिद्धान्त के समर्थन में सबसे बड़ा साक्ष्य है।

बीसवीं सदी के पूर्वार्द्ध में दो महान वैज्ञानिक विचार आये जिन्होंने विज्ञान की सोच एवं दिशा दोनों को ही बदल दिया। 1915 में आइन्स्टीन का व्यापक आपेक्षिकता का सिद्धान्त आया जो ब्रह्माण्ड के विराट स्वरूप की व्याख्या करता है और दूसरा 1927 में क्वाण्टम भौतिकी का सिद्धान्त आया जो ब्रह्माण्ड के सूक्ष्म स्वरूप की व्याख्या करता है। सूक्ष्म स्तर पर क्वाण्टम भौतिकी का विकास करते समय यह देखा गया कि परस्पर संयुग्मित चर-राशियों में एक समय में सटीकता के साथ केवल एक ही चर राशि का मापन सम्भव है जैसे किसी सूक्ष्म कण की दिक में स्थिति *(Position)* व संवेग *(Momentum)* में एक का ही मापन एक समय में सटीकता के साथ किया जा सकता है। दूसरा उदाहरण ऊर्जा एवं समय का है। इसे 'हाइजेनवर्ग का अनिश्चितता' का सिद्धान्त कहते हैं। विराट स्तर की निर्धायता सूक्ष्म स्तर पर सांयोगिक सम्भावना अथवा प्राययिकता बन जाती है और सूक्ष्म सत्तायें कणिका एवं तरंग जैसा दोहरा व्यवहार करने लगती हैं। भारतीय दर्शन में कदाचित ब्रह्म के सन्दर्भ में अद्वैत एवं द्वैत का भाव इसी स्थिति का वर्णन करता है।

1998 में हॉकिंग ह्वाइट हाउस 'मिलेनियम इवनिंग' समारोह में भाग लेने गये जहाँ 'विज्ञान का भविष्य' विषय पर वार्ता किया जिसका सजीव प्रसारण हुआ। तत्कालीन अमेरिकी राष्ट्रपति विल क्लिण्टन (बाएँ) उपस्थित थे।

(सौ. टिम स्लोन एफ पी/गेटी इमेजेज)

आइन्स्टीन ने दृढ़ता के साथ इस विचार का विरोध किया कि ब्रह्माण्ड संयोगों एवं सम्भावनाओं से नियन्त्रित एवं संचालित होता है। उनकी भावनाएँ उनके इस कथन में परिलक्षित होती हैं कि "ईश्वर पॉसे नहीं फेंकता।" उनको विश्वास था कि सूक्ष्म स्तर पर कार्य करनेवाली क्वाण्टम यान्त्रिकी पूर्ण नहीं है और उसमें कुछ ऐसे पदों का समावेशन होना शेष रह गया है जो गुप्त हैं जिसके कारण सांयोगिक सम्भावनाओं की बात करनी पड़ती है। ब्रह्माण्ड के सूक्ष्म स्वरूप की व्याख्या करने के लिए आइन्स्टीन के आपेक्षिकता के सिद्धान्त में क्वाण्टम यान्त्रिकी के सिद्धान्तों का समावेशन करना अनिवार्य है जो आज भी सैद्धान्तिक भौतिकी के समक्ष सबसे बड़ी चुनौती है। पिछले कई दशकों से इस दिशा में कार्य चल रहा है किन्तु निश्चित एवं निर्विवाद तौर पर अभी हल नहीं निकल सका है।

अमरीकी भौतिकविद रिचर्ड फाइनमैन (1918-88) जिन्होंने क्वाण्टम यांत्रिकी को एक नया आयाम दिया, ने बताया कि ब्रह्माण्ड के अतीत की असीम सम्भावनाएँ हो सकती हैं अतएव ब्रह्माण्ड की उत्पत्ति का

अनुमान उसके अतीत की समस्त सम्भावनाओं के योग के आधार पर ही निकाला जा सकता है। इस प्रक्रिया को 'फाइनमैन का अतीतों का जोड़' कहते हैं। वैज्ञानिक अब आइन्स्टीन के व्यापक आपेक्षिकता के सिद्धान्त को फाइनमैन के अतीतों के जोड़ सिद्धान्त के साथ संयोजित कर एक पूर्ण एकीकृत सिद्धान्त विकसित करने में लगे हैं जो ब्रह्माण्ड में घटनेवाली हर घटना एवं परिघटना का विवरण दे सकेगा। ब्रह्माण्ड कैसे विकसित होगा, एकीकृत सिद्धान्त यह तो बता देगा पर उसकी प्रारम्भिक अवस्था क्या थी और कैसे उसका प्रारम्भ हुआ, बता पाने में पूर्णतः सक्षम नहीं होगा जब तक कि यह ज्ञात न हो जाय कि ब्रह्माण्ड की सीमा दशाएँ क्या हैं अर्थात यह ज्ञात होना कि दिक्काल के अन्तिम छोर पर क्या हो रहा है? यदि सीमा छोर पर दिक्काल विद्रूपित एवं अनियमित है और घनत्व अपरिमित है तो सीमा के हालात के बारे में सटीकता के साथ कुछ कह पाना कठिन होगा।

कैलीफोर्निया विश्वविद्यालय के जिम हार्टल, सान्ता वारबरा एवं स्टीफेन हॉकिंग ने एक अन्य सम्भावना पर अपने विचार प्रस्तुत किये। उन्होंने कहा कि सम्भव है कि दिक्काल में ब्रह्माण्ड की कोई सीमा ही न हो-वह निःसीम हो। ऐसा सोचना हॉकिंग की पूर्व में प्रस्तुत ज्यामितीय विवेचनाओं एवं प्रमेयों में की गयी मौलिक अवधारणाओं के ही विरुद्ध होगा जिसमें कहा गया है कि ब्रह्माण्ड की एक निश्चित शुरूआत हुई है और उसी के साथ ही दिक एवं काल का भी सृजन हुआ है। इसलिए ब्रह्माण्ड की एक निश्चित शुरूआत और समय के साथ उसकी सीमाओं का निर्माण होने की बात हॉकिंग-पेनरोज प्रमेयों में की गयी है। इसलिए इस समस्या के समाधान में फाइनमैन की तकनीक का उपयोग करने के लिए गणितज्ञों को काल्पनिक काल (Imaginary Time) की अवधारणा का सहारा लेना पड़ा, जिसे वास्तविक काल की जगह प्रयुक्त करके गणनाओं को सार्थक एवं सरल बनाया गया। हॉकिंग कहते हैं कि काल्पनिक काल की सीमा का कोई भौतिक अस्तित्व है ही नहीं इसलिए सीमा-दशाओं की कोई आवश्यकता ही नहीं है। उन्होंने इसे सीमा-विहीनता का प्रस्ताव कहा। यदि ब्रह्माण्ड की सीमा-दशा ऐसी है कि वह काल्पनिक काल में सीमाहीन है तो उसका अतीत एकल नहीं होगा। काल्पनिक काल में कई अतीत हो सकते हैं और उनमें से प्रत्येक वास्तविक काल में एक अतीत का निर्धारण

करेंगे। इस प्रकार ब्रह्माण्ड के अतीतों का एक महा समूह है, परन्तु इन सभी सम्भावित अतीतों में से उस अतीत को जो हमारे ब्रह्माण्ड का अतीत है जिसमें हम रहते हैं, कौन चुनता है?

हमारा ब्रह्माण्ड एक ऐसा ब्रह्माण्ड है जिसमें दिक के तीन एवं काल का एक कुल चार आयाम हैं। ब्रह्माण्ड की परिस्थितियों एवं विभिन्न नियतांकों का निर्धारण इतनी बारीकी एवं चतुराई से किया गया प्रतीत होता है ताकि उसे देखने एवं समझनेवाले पार्थिव मनुष्य का अस्तित्व एवं विकास सम्भव हो सके। हॉकिंग कहते हैं कि उनमें रंचमात्र भी परिवर्तन उन परिस्थितियों को उत्पन्न कर देते कि जीवन सम्भव ही नहीं हो पाता। ऐसा लगता है कि यह सोद्देश्य किया गया है। इसकी विशिष्ट संरचना एवं मनुष्यों जैसे बुद्धिमान प्राणियों का इसमें होना ही इसे विशिष्ट बना देता है। एन्थ्रापी सिद्धान्त की प्रस्तावना सर्वप्रथम इसी बात को दृष्टि में रखते हुए 1973 में कापरनिकस की 500वीं जयन्ती के अवसर पर आस्ट्रेलिया के प्रसिद्ध भौतिकविद ब्रैण्डन कार्टर (1942-...) ने कापरनिकस सिद्धान्त के प्रतिक्रियास्वरूप रखी। उल्लेखनीय है कि कापरनिकस सिद्धान्त में यह प्रतिपादित है कि ब्रह्माण्ड में मनुष्यों का कोई विशिष्ट स्थान नहीं है।

सूत्रिका-सिद्धान्त में बहुआयामी ब्रह्माण्डों की परिकल्पना की गयी है। एम-सिद्धान्त काल के एक तथा दिक के 10 आयामों की बात करता है। अपने ब्रह्माण्ड के सन्दर्भ में काल का एक एवं दिक के तीन आयाम ही मुख्य हैं, शेष इतने अधिक मुड़े हुए हैं कि उनका कोई भौतिक अस्तित्व ही नहीं प्रतीत होता। बहुआयामी ब्रह्माण्ड कार्टर के एन्थ्रापिक सिद्धान्त के पूर्णतः अनुरूप है। कल्पना करें कि हम किसी ऐसे ब्रह्माण्ड के विषय में विचार करें कि जिसके दिक के 8 आयाम मुड़े होते और केवल दो आयाम ही सपाट होते, तो बहु कोशिकीय जीवन सम्भव ही नहीं होता क्योंकि भोजन नली, आँतें तथा मल उत्सर्जन नली द्वि-आयामी जीव को दो भागों में पृथक कर देती। त्रि-आयामी दिक की अपनी कुछ विशिष्टताएँ हैं जैसे सितारों के इर्द-गिर्द घूमनेवाले ग्रह स्थायी कक्षाओं का निर्माण करते हैं जिससे वे उनमें गिरते नहीं। यह गुरुत्वाकर्षण बल के प्रभाव के कारण होता है जो प्रतिलोमी वर्ग के नियम *(Inverse Square law)* का पालन करता है। इस नियम को 1665 में राबर्ट हुक ने ज्ञात किया था और न्यूटन ने परिष्कृत किया। दो

पिण्डों के बीच गुरुत्वाकर्षण बल एक चौथाई रह जायगा यदि उनके बीच की दूरी दूनी कर दी जाय। यदि दूरी तीन गुनी कर दी जाय तो बल 1/9 रह जायगा और यदि दूरी चार गुना कर दी जाय तो बल 1/16 ही रह जायगा। इसी तरह यदि दूरी आधी कर दी जाय तो बल चार गुना बढ़ जायगा। यदि दूरी एक चौथाई हो तो बल सोलह गुना हो जायगा। यही ग्रहों की स्थायी कक्षाओं की कुंजी है और इसी से त्रि-आयामी दिक वाले ब्रह्माण्ड की सभी संरचनाएँ सन्तुलित एवं नियन्त्रित हैं। चूँकि गुरुत्वाकर्षण बल ब्रह्माण्ड के सभी कणों पर प्रभावी है इसलिए इन्वर्स स्क्वायर नियम ब्रह्माण्ड का एक सार्वभौमिक नियम है जिसका पालन सभी पिण्ड करते हैं।

इन्वर्स स्क्वायर का नियम केवल गुरुत्व बल तक ही सीमित नहीं है बल्कि सूर्य एवं अन्य तारों के विकिरण की तीव्रता में दूरियों के साथ होनेवाले परिवर्तन पर भी लागू है। उदाहरण के तौर पर बुध ग्रह (सूर्य से दूरी 0.387 *AU*) पर सूर्य के विकिरण की तीव्रता 9126 वाट प्रति वर्गमीटर मापी गयी है और धरती पर (सूर्य से दूरी 1 *AU*) 1367 वाट प्रति वर्ग मीटर जिसका सरल निष्कर्ष यह है कि दूरी में तीन गुनी वृद्धि से विकीरण तीव्रता में नौगुनी कमी आयी है, जो प्रतिलोपी वर्ग के नियम के पूर्णतया अनुरूप है।

अब तीन के स्थान पर चार दिक्वाले ब्रह्माण्ड की कल्पना की जाय। हॉकिंग का कथन है कि ऐसे ब्रह्माण्ड में प्रतिलोमी वर्ग के नियम के स्थान पर प्रतिलोमी घन *(Inverse Cube law)* का नियम लागू होगा जो गुरुत्व बल को इस तरह नियन्त्रित करेगा कि यदि दो पिण्डों के बीच की दूरी दो गुनी कर दी जाय तो गुरुत्व बल एक-आठवॉ ही रह जायगा। दूरी यदि तीन गुनी कर दी जाय तो एक-सत्ताईसवाँ तथा यदि चार गुनी कर दी जाय तो एक-चौसठवाँ ही रह जायगा। इन परिस्थितियों में ग्रहों की कक्षायें अस्थायी हो जायेंगी। जिससे या तो ग्रह अपने सूर्यों में गिर कर नष्ट हो जायेंगे अथवा दूरी अधिक होने पर ब्रह्माण्ड की गहराइयों में विलीन हो जायेंगे। इसी प्रकार इलेक्ट्रानों की कक्षाएँ भी अनियन्त्रित हो जायेंगी और पदार्थ एवं उनसे बनी संरचनाएँ जिनसे हम परिचित हैं बन ही नहीं पायेंगी अथवा यदि किसी तरह बनीं तो भी वह बिखर जायेंगी। दिक के और अधिक आयामोंवाले ब्रह्माण्ड में तो स्थिति और भी खराब होगी। निष्कर्ष यह है कि दिक के त्रि-आयामी ब्रह्माण्ड में ऐसी परिस्थितियाँ सृजित हो

1999 में ब्रिटेन के प्रिंस फिलिप के हाथों 'एलवर्ट मेडल' स्वीकार करते हुए। साथ में उनकी बेटी लूसी। *(सौ. सीन डेमसे/पी.ए. इमेजेज/गेटी इमेजेज)*

सकती हैं, जिनसे जीवन सम्भव है और पृथ्वी जैसे ग्रह हो सकते हैं जहाँ तरल जल से जीवन अपने विविध स्वरूपों में प्रस्फुटित हो और मुनष्य जैसे बुद्धिमान प्राणी विकसित हों जिन्हें यह बोध हो कि जिस ब्रह्माण्ड में हम रह रहे हैं वह कब अस्तित्व में आया, उसका विकास कैसे हुआ और उसका भविष्य कैसा होगा? एन्थ्रापिक सिद्धान्त का सर्वाधिक मजबूत पक्ष यही है।

ब्रह्माण्ड की शैशवावस्था के विकिरण अवशेष आज कॉस्मिक माइक्रोवेव पृष्ठभूमि विकिरण *(CMBR)* के रूप में समस्त ब्रह्माण्ड में व्याप्त हैं जिसकी खोज आर्नो पेन्जियाज एवं राबर्ट विल्सन ने 1965 में किया था। कास्मिक माइक्रोवेव बैकग्राउण्ड रेडिएशन *(CMBR)* के सम्बन्ध में एक महत्त्वपूर्ण तथ्य यह है कि ये काफी समरस हैं जिनमें अन्तर सूक्ष्म अर्थात एक लाख में एक के बराबर है। इसके

स्पष्टीकरण के तौर पर ब्रह्माण्ड का महास्फीति सिद्धान्त *(Hyper Inflation)* प्रस्तुत किया गथा जिसके अनुसार ब्रह्माण्ड एक अत्यन्त अल्प समय 10^{-37} से. में ही परम विस्तारित होकर अपने प्रारम्भिक आकार का 10^{35} गुना हो गया। व्यापक स्तर पर अत्यन्त समरसता के बावजूद *(CMBR)* के वितरण में सूक्ष्म विषमताओं का होना भी कम महत्त्वपूर्ण नहीं है जिसका उत्तर क्लासिकल भौतिकी में नहीं है। 1982 की शुरूआत में स्टीफेन हॉकिंग ने एक शोधपत्र के माध्यम से प्रस्तावित किया कि ये सूक्ष्म विषमताएँ ब्रह्माण्ड के विस्तार-काल में क्वाण्टम हलचलों के कारण उत्पन्न हुई हैं जो क्वाण्टम अनिश्चितताओं के परिणामस्वरूप उत्पन्न होती हैं। यही क्वाण्टम हलचलें ब्रह्माण्ड में आकाशगंगाओं एवं सितारों की सृजन-बीज बनीं। हॉकिंग के ये विचार उनके सत्तर के दशक में दस वर्ष पूर्व दिये गये हॉकिंग रेडियेशन के विचार से मिलते-जुलते हैं जिसमें कहा गया था कि कृष्ण-विवर के घटना-क्षितिज से हॉकिंग रेडियेशन का उत्सरण होता रहता है। अब ये विचार ब्रह्माण्ड के सन्दर्भ में प्रस्तुत किये गये जिसमें ब्रह्माण्डीय क्षितिज की परिकल्पना की गयी थी। ब्रह्माण्डीय क्षितिज का तात्पर्य उस सीमा से है जिसके अन्दर दृश्य ब्रह्माण्ड है और उसके बाहर अदृश्य जिसे हम किसी भी तरह देख नहीं सकते क्योंकि वहाँ से किसी तरह की सूचनाओं का आदान-प्रदान नहीं होता। 1983 की गर्मियों में क्रेम्ब्रिज में एक सेमिनार हुआ था जिसमें इससे सम्बन्धित विचार रखे गये थे। दस वर्ष बाद 1993 में कोबे *(COBE)* सैटेलाइट की मदद से *CMBR* की व्यापकता में सूक्ष्म विषमताओं के साक्ष्य मिले जिससे दस वर्ष पूर्व सैद्धान्तिक तौर पर की गयी भविष्यवाणी की पुष्टि हुई।

COBE से अधिक परिष्कृत ताप मानचित्र *WMAP* सैटेलाइट के माध्यम से दस वर्ष बाद 2003 में तैयार किया गया जिसमें ब्रह्माण्ड की उस दशा का विवरण है जब वह केवल 13.80 अरब वर्ष का था। मानचित्र में कुछ क्षेत्र अधिक घने व कुछ कम घने पाये गये हैं जिसके कारण तापमान में विषमता है जिसकी भविष्यवाणी प्रसार सिद्धान्त में की गयी थी। अधिक घने क्षेत्रों का प्रसार आपसी गुरुत्वाकर्षण के कारण कुछ मन्दित हो गया होगा जिससे वहाँ तारे व आकाशगंगाएँ बन गयी होंगी। इस प्रकार हम और हमारा अस्तित्व आदिब्रह्माण्ड में होनेवाली क्वाण्टम

हलचलों का परिणाम है। हॉकिंग कहते हैं कि वास्तविकता में ईश्वर पॉसे फेंकता है।

WMAP से अधिक आधुनिक एवं परिष्कृत प्लैंक सैटेलाइट यूरोपीय स्पेस एजेन्सी ने 2009 में प्रक्षेपित किया है जो 2013 तक कार्य करनेवाला था। प्लैंक सैटेलाइट 300 *mm* से 11.1 *mm* तक की तरंगों को ग्रहण कर सकता था। इसने कई ब्रह्माण्डकीय पैरामीटरों का मापन अत्यन्त सटीकता से किया है, जिसमें दृश्य पदार्थ एवं कृष्ण पदार्थ के साथ-साथ ब्रह्माण्ड की आयु के निर्धारक पैरामीटरों का मापन भी किया गया है। 21 मार्च, 2013 को प्लैंक मिशन ने कॉस्मिक बैकग्राउण्ड माइक्रोवेव रेडियेशन *(CMBR)* का सम्पूर्ण आकाश का मानचित्र निर्गत किया जिसमें पोलराइजेशन के आँकड़ों को सम्मिलित करते हुए अतिरिक्त विवरण फरवरी, 2015 में निर्गत किया गया। हॉकिंग ने इन आँकड़ों को देखा किन्तु अन्तिम विवरण जो जुलाई, 2018 में निर्गत किया गया उसे वे देख नहीं पाये। उसके पूर्व ही उनका निधन हो चुका था।

प्लैंक मिशन के आँकड़ों के सर्वेक्षण से यह निष्कर्ष निकाला गया कि सूक्ष्म हलचलों के चिह्नांकन तभी से विद्यमान हैं जब ब्रह्माण्ड केवल 3 लाख 70 हजार वर्ष पुराना था और हलचलों से उत्पन्न हल्की लहरियों के चिद्द्द ब्रह्माण्ड के अस्तित्व में आने के 10^{-30} सेकेण्ड से ही विद्यमान थे। इन्हीं से ब्रह्माण्ड की विविध संरचनाओं का जाल बुना गया और आकाशगंगाओं के समूहों एवं गुच्छों का निर्माण हुआ तथा कृष्ण पदार्थ बने। आँकड़ों के विश्लेषण से ज्ञात हुआ कि ब्रह्माण्ड 13.798 ± 0.037 अरब चर्ष पुराना है, जिसमें $4.82 \pm 0.05\%$ सामान्य पदार्थ, $25.8 \pm 0.4\%$ कृष्ण पदार्थ एवं $69 \pm 1\%$ कृष्ण ऊर्जा है। हबल नियतांक का भी मान ऑकलिक किया गया जो 67.80 ± 0.77 *km/s/Mpc* (किलोमीटर प्रति सेकेण्ड प्रति मेगा पारसेक) है। 2015 के आँकड़ों ने 2013 के आँकड़ों की पुष्टि की और प्रसार के सरलतम ढाँचों का समर्थन किया जिससे लैमडा सीडीएम मॉडल को अधिक समर्थन मिला। तीन तरह के न्यट्रिनों की भी पुष्टि हुई। चौथे प्रकार के स्टेराइल न्यूट्रिनों *(Sterile Neutrino)* को समर्थन नहीं मिला।

ब्रह्माण्ड की शुरूआत के सन्दर्भ में तो स्थिति कुछ साफ होने लगी है किन्तु हॉकिंग के समक्ष दो प्रश्न तब भी अनुत्तरित थे- क्या ब्रह्माण्ड विशिष्ट है? और ब्रह्माण्ड का क्या अन्त होगा? हॉकिंग, शेक्सपियर के नाटक 'हैमलेट' का एक कथन उद्धृत करते हुए कहते हैं कि हैमलेट सही था, 'हम एक बीज के कठोर आवरण में घिरे हो सकते हैं और खुद को अनन्त दिक का सम्राट मानते हैं।"

क्या हम भविष्य को जान सकते हैं ?

फ्रांस के वैज्ञानिक पियरे साइमन लाप्लास का मानना था कि यदि ब्रह्माण्ड के समस्त कणों की स्थिति एवं गति की जानकारी किसी समय पर हो तो भविष्य को निश्चित तौर पर सिद्धान्ततः बताया जा सकता है। लाप्लास ने यह दावा क्लासिकल यान्त्रिकी के नियमों के आधार पर किया था, किन्तु बीसवीं सदी के सुविख्यात दो सिद्धान्त क्रमशः आपेक्षिकता एवं क्वाण्टम यान्त्रिकी के आने पर प्रकृति की निर्धार्यता का आधार डगमगाने लगा और उसका स्थान प्राययिकता अथवा सम्भावनाओं ने ले लिया। सम्भावनाओं के धुन्ध में कोई भी निश्चित तौर पर यह नहीं कह सकता कि भविष्य कैसा होगा?

क्वाण्टम यान्त्रिकी के सिद्धान्त की आधारशिला वर्ष 1900 में जर्मन भौतिकविद मैक्स प्लैंक ने रखी जब वे कृष्ण पिण्ड विकिरण के उत्सर्जन के विरोधाभासों का हल ढूँढ़ने का प्रयास कर रहे थे। 19वीं सदी की क्लासिकीय यान्त्रिकी के सिद्धान्तों के अनुसार जो लाप्लास के समय से ही प्रचलित थे, एक तप्त पिण्ड, जैसे एक तप्त लाल धातुपिण्ड को विकिरण उत्सर्जित करना चाहिए। सिद्धान्ततः ऊर्जा का परित्याग जैसे रेडियो तरंगों, अवरक्त किरणों, दृश्य प्रकाश, पराबैंगनी, एक्स किरणों एवं गामा किरणों के रूप में एक ही दर पर करना चाहिए, किन्तु प्रेक्षणों में ऐसा नहीं पाया गया था। तत्समय रेले-जीन्स का नियम प्रतिपादित हो चुका था, जो दीर्घ तरंगों अर्थात कम आवृत्तिवाले विकिरणों के प्रायोगिक परिणामों के तो अनुकूल था किन्तु उच्च आवृत्तियों अथवा लघु तरंगोंवाले विकिरणों के परिणामों से मेल नहीं खाता था। प्लैंक से काफी पूर्व वीयेन *(Wien)* ने एक नियम, जिसे वीयेन का विस्थापन का नियम कहते हैं प्रतिपादित किया था, जिसमें यह कहा गया था कि विभिन्न तापमानों पर कृष्ण पिण्ड विकिरण वक्रों का शीर्ष जिस तरंगदैर्ध्य पर होता है वह

तरंगदैर्ध्य तापमान के प्रतिलोपी अनुपात में होती है। वीयेन (1864-1928) एक जर्मन भौतिकविद थे जिन्होंने उष्मा एवं विद्युत चुम्बकीय सिद्धान्तों के आधार पर 1893 में उक्त नियम को प्रतिपादित किया था। उन्हें 1911 में भौतिकी में उष्मा विकिरण पर किये गये कार्यों के लिए 'नोवेल पुरस्कार' प्रदान किया गया था। वीयेन का नियम उच्च फ्रीक्वेन्सी अथवा लघु तरंगदैर्ध्यों वाले विकिरण वक्रों की व्याख्या कर पाने में ही सक्षम था जबकि रेले-जीन्स का नियम केवल कम फ्रीक्वेन्सी अथवा दीर्घ तरंग दैर्ध्य वाले विकिरण वक्रों की व्याख्या कर पाता था। इस प्रकार ये दोनों नियम कृष्ण पिण्ड विकिरण के विभिन्न तापमानों पर प्राप्त वर्णक्रम वक्रों के पूर्ण भाग की सटीक व्याख्या कर पाने में सक्षम नहीं थे। रेले-जीन्स के नियम की इस विसंगति को 'पराबैगनी कैटास्ट्राफी' की संज्ञा दी गयी।

क्लासिकल भौतिकी के नियमों पर आधारित कृष्ण पिण्ड विकिरण वक्र की व्याख्या में यह निहित था कि एक आदर्श कृष्ण पिण्ड उष्मीय सन्तुलन की स्थिति में सभी फ्रीक्वेन्सी दायरे में विकिरण उत्सर्जित करेगा तथा फ्रीक्वेन्सी बढ़ने पर ऊर्जा की मात्रा बढ़ जायेगी। सभी फ्रीक्वेन्सी दायरों में सकल विकरित ऊर्जा की मात्रा की क्लासिकल विधि से गणना करने पर यह विदित होता है कि एक कृष्ण पिण्ड ऊर्जा की अनन्त मात्रा विकरित करेगा जो ऊर्जा के संरक्षण के सिद्धान्तों के विपरीत है। इसका तात्पर्य यह है कि ऊर्जा प्रवाह के सन्दर्भ में क्लासिकल भौतिकी एवं भौतिक अवधारणाओं में कोई राज छिपा है, जिसे 19वीं सदी के अन्त तक नहीं समझा जा सका था। मैक्स प्लैंक ने यह परिकल्पित किया कि ऊर्जा का प्रवाह सतत न होकर पृथक्-पृथक सूक्ष्म टुकड़ों में होता है, जिसे ऊर्जा-पुंज या क्वाण्टा कहते हैं। इन ऊर्जा पुंजों में ऊर्जा की मात्रा विकिरण की फ्रीक्वेन्सी पर निर्भर करती है। फ्रीक्वेन्सी जितनी ही अधिक होगी ऊर्जा की मात्रा भी उतनी अधिक होगी। इसका अर्थ यह हुआ कि जब तक पिण्ड काफी तप्त नहीं होगा जैसे सूर्य, तब तक पराबैंगनी किरणों अथवा एक्स-किरणों पर एक भी क्वाण्टम उत्सर्जित नहीं होगा। ऊर्जा पुंज अथवा क्वांटा की इस परिकल्पना का उपयोग प्लैंक ने कृष्ण पिण्ड विकिरण के विरोधाभासों का हल ढूँढ़ने के लिए किया था, जिसमें ऊर्जा अथवा कार्य की सूक्ष्मतम इकाई जिसके गुणकों में ही ऊर्जा का हस्तान्तरण होता है का प्रयोग किया था और गणितीय तौर पर प्राप्त समीकरण ने

सफलतापूर्वक कृष्ण पिण्ड विकिरण के वक्र की व्याख्या कर दी थी। यद्यपि प्लैंक ने एक तरह से सफाई देते हुए कहा था कि यह परिकल्पना कि ऊर्जा का प्रवाह सतत निरन्तरतायुक्त न होकर पुंजों अथवा टुकड़ों में होता है, कृष्ण पिण्ड विकिरण वक्र के सभी भागों की व्याख्या करने हेतु गणितीय आवश्यकताओं की पूर्ति हेतु की गयी थी, जिसमें यह निहित था कि विकिरण की ऊर्जा विकिरण की फ्रीक्वेन्सी के सीधे अनुपात में होती है जिसको सन्तुलित करने के लिए एक नियतांक होता है जिसको प्लैंक नियतांक कहते हैं जो h से प्रदर्शित किया जाता है। यह ऊर्जा की सूक्ष्मतम अविभाज्य इकाई है जिसका मान $662607004 \times 10^{-34}$ जूल-सेकण्ड है। ऊर्जा प्रवाह इसी के गुणांक में होता है। गणितीय दृष्टि से इसे $E = nhv$ के द्वारा प्रदर्शित करते हैं जिसमें E ऊर्जा तथा v विकिरण की फ्रीक्वेन्सी तथा n पूर्ण संख्या यथा- 1,2,3.... है। यह एक क्रान्तिकारी अवधारणा थी जिसके सम्बन्ध में आइन्स्टीन ने कहा था कि इसमें प्रकृति के गहरे राज़ छिपे हैं। उन्होंने यह भी कहा कि हमें भौतिकी के नियमों को बदलना होगा।

प्लैंक नियतांक ने इस तरह विकिरण के ऊर्जा विभाजन की अन्तिम सीमा तय कर दी। जब हम इस नियतांक को विद्युत चुम्बकीय बल क्षेत्र के प्रति सेकण्ड होनेवाले स्पन्दनों की संख्या (फ्रीक्वेन्सी) से गुणा करते हैं तब हमें क्वाण्टम की मात्रा का ज्ञान होता है।

बीसवीं सदी के प्रारम्भ में आइन्स्टीन ने जब 1905 में विशिष्ट आपेक्षिकता का सिद्धान्त दिया तो उसमें भौतिक गतियों की अधिकतम सीमा भी तय कर दी गयी जब उसमें यह कहा गया कि कोई भी पिण्ड प्रकाश गति से अथवा उससे अधिक गति से गतिमान नहीं हो सकता। यह भी एक क्रान्तिकारी अवधारणा थी जिसने परम्परागत वैज्ञानिक अवधारणाओं, जिन पर क्लासिकल यान्त्रिकी की इमारत खड़ी थी, की जड़ें हिला दीं। परम्परागत भौतिकी में बड़ी-से-बड़ी भौतिक राशि अनन्त *(Infinite)* तथा सूक्ष्मतम राशि शून्य *(Zero)* हो सकती है। नयी अवधारणाओं ने दो मूलभूत सीमाएँ निश्चित कर दी हैं। एक तो गति की अधिकतम सीमा जो, प्रकाश गति से अधिक नहीं हो सकती तथा दूसरी किसी भी कार्य अथवा ऊर्जा का सूक्ष्मतम परिमाण प्लैंक नियतांक से कम नहीं हो सकता।

भौतिक राशियों की निर्धार्यता में क्वाण्टम व्यवहार के परिणामों का असर तत्काल नहीं दिखा परन्तु धीरे-धीरे यह स्पष्ट दिखने लगा था कि

सूक्ष्म जगत की गतिविधियों की सटीक विवेचना क्लासिकीय भौतिकी में सम्भव नहीं है। जर्मन भौतिकविद हाइजेनवर्ग ने 1927 में बताया कि एक कण की गति एवं स्थिति दोनों की सटीक जानकारी एक ही समय में ज्ञात नहीं की जा सकती है। इसी तरह किसी कार्य में प्रयुक्त होनेवाली ऊर्जा एवं लगनेवाले समय का मापन एक ही साथ सटीकता से नहीं किया जा सकता। इसे हाइजेनवर्ग का अनिश्चितता का सिद्धान्त कहते हैं, जिसको गणितीय ढंग से $\Delta x.\Delta p \geq h$ तथा $\Delta E.\Delta T \geq h$ के रूप में प्रदर्शित किया जाता है। यहाँ Δx कण की स्थिति तथा Δp कण का संवेग तथा $\Delta \mathrm{E}$ कार्य में प्रयुक्त ऊर्जा एवं ΔT कार्य में लगने वाले समय का द्योतक है जिसका गुणनफल अनिश्चितता का द्योतक है जो प्लैंक नियतांक h के समतुल्य है। सूक्ष्म जगत में अनिश्चितता का सिद्धान्त सहसम्बन्धित *(Correlated)* या संयुग्मित *(Conjugated)* चर राशियों के सम्बन्ध में लागू होता है जिनके मापन की अनिश्चितता संदर्भित सहसम्बन्धित अथवा संयुग्मित राशियों के गुणनफल के बराबर या अधिक होती है।

ब्रह्माण्ड की शुरूआत में प्रयुक्त ऊर्जा अथवा सम्पादित कार्य में 10^{-34} स्तर की अनिश्चितता भी ब्रह्माण्ड के आदि-अतीत को धुँधला कर देती है। कैलटेक के प्रख्यात भौतिकविद रिचर्ड फाइनमैन ने क्वाण्टम यान्त्रिकी को एक नये तरीके से परिभाषित किया और बताया कि ब्रह्माण्ड का आदि-अतीत असंख्य सम्भावनाओं में किसी एक का परिणाम हो सकता है, जिसको ज्ञात करने लिये उन्होंने 'अतीतों का योग' पद्धति विकसित की। यदि अतीत असंख्य सम्भावनाओं में से सर्वाधिक सभ्भावनावाली किसी घटना का परिणाम है तब न तो वर्तमान की और न ही भविष्य की भविष्यवाणी सटीकता से की जा सकती है क्योंकि इन सम्भावनाओं में ही अनिश्चितताएँ अन्तर्गुम्फित हैं। प्रकृति को जितना ही करीब से देखने का प्रयास किया जा रहा है, प्रकृति उतना ही दूर हमसे होती जा रही है। ऐसा लगता है कि प्रकृति स्वयं को अनावृत्त कभी नहीं करेगी और परम सत्य सदैव छिपा ही रहेगा।

आइन्स्टीन प्रकृति के इस व्यवहार से प्रसन्न नहीं थे किन्तु फिर भी उन्हें विश्वास था कि ईश्वर पॉसे नहीं फेंकता। उन्हें लगता था कि अनिश्चितता एक अस्थायी समस्या है और उसमें एक ऐसा सत्य छिपा है कि जिसे समझने के बाद दिक में कणों की गति एवं उनकी स्थिति की

सटीक जानकारी अर्जित की जा सकेगी। ब्रह्माण्ड के अतीत, वर्तमान एवं भविष्य की व्याख्या सम्भावनाओं के अधीन न होकर एक निश्चितता के अधीन होगी जिसकी जानकारी ईश्वर को अवश्य होगी परन्तु प्रकाश की क्वाण्टम प्रकृति हमें ऐसा देखने से रोकती है।

आइन्स्टीन के विचार गुप्त चर-सिद्धान्त *(Hidden Variable Theory)* के रूप में जाने जाते हैं जिसमें अनिश्चितता का सिद्धान्त भौतिकी में समाहित करना स्पष्टतः एक आवश्यकता है, जिससे अधिकांश वैज्ञानिक एवं दार्शनिक ब्रह्माण्ड की एक छवि अपने मस्तिष्क में बनाते हैं, परन्तु अब यह सिद्ध हो चुका है कि गुप्तचर-सिद्धान्त सही नहीं है। ब्रिटिश भौतिकविद एवं गणितज्ञ जान वेल ने एक प्रयोग के द्वारा इसे निर्मूल साबित कर दिया था। जब प्रयोग किया गया तब उसके परिणाम गुप्तचरों *(Hidden Variables)* के अनुरूप नहीं पाए गये तब ऐसा लगा कि कदाचित ईश्वर भी अनिश्चितता के सिद्धान्त के अधीन है और वह भी एक साथ किसी कण की गति एवं उसकी स्थिति के बारे में नहीं जानता। हॉकिंग कहते हैं कि सभी साक्ष्य यही बताते हैं कि ईश्वर एक मँजा हुआ जुआरी है जो हर एक सम्भव मौके पर पाँसे फेंकता है।

वैदिक चिन्तन में आश्चर्यजनक साम्यता के साथ यही भाव हजारों वर्ष पूर्व व्यक्त किये गये हैं। 'ऋग्वेद' (10-129-6) में कहा गया है कि कौन जानता है कि यह सृष्टि कहाँ से और कैसे उत्पन्न हुई क्योंकि विद्वान लोग इसके बाद ही उत्पन्न हुए। 'ऋग्वेद' (10-129-7) में और भी स्पष्टतः कह दिया गया है कि इस सृष्टि का उत्पादन कहाँ से हुआ, किसने रचना की अथवा नहीं की, यह सब एकमात्र वे (ईश्वर) ही जानते हैं जो इसमें न रहते हुए भी इस सृष्टि के अध्यक्ष हैं। आगे अनिश्चितता व्यक्त करते हुए कहा गया है कि सम्भव है, वे भी इस सम्बन्ध में पूर्णतया न जानते हों।

अनिश्चितता को प्रकृति में अन्तर्निहित मानते हुए वैज्ञानिकों ने परम्परागत क्लासिकल भौतिकी से अलग हटकर एक नयी भौतिकी जिसे क्वाण्टम भौतिकी नाम दिया गया, का विकास करना प्रारम्भ किया। क्लासिकल यान्त्रिकी का स्थान क्वाण्टम यान्त्रिकी ने ले लिया जिसको विकसित करने में जर्मनी के भौतिकविद हाइजनवर्ग, आस्ट्रिया के इरविन श्राडिंगर तथा ब्रिटेन के पाल डिराक ने मुख्य भूमिका निभाई। पाल डिराक कैम्ब्रिज में हॉकिंग से पूर्व लूकासियन प्रोफेसर थे।

क्वाण्टम यान्त्रिकी में गतिमान कणों की स्थितियाँ एवं गतियाँ सुनिश्चित नहीं होंती बल्कि उनको तरंग-फलन *(Wave Funtion)* से प्रदर्शित किया जाता है। दिक के प्रत्येक बिन्दु पर यह एक संख्या है। तरंग फलन का आधार उस स्थान पर कणों के पाये जाने की सम्भावना का बोध कराता है। बिन्दु-दर-बिन्दु किस दर पर तरंग फलन अपना मान बदलता है, वह सन्दर्भित कण की गति का द्योतक होता है। एक छोटे-से दायरे में तरंग-फलन का शीर्ष यदि काफी बड़ा है तो इसका आशय यह है कि वहाँ कण की स्थिति की अनिश्चितता अत्यन्त कम है किन्तु यदि तरंग-फलन का मान शीर्ष के पास तेजी से परिवर्तित होता दिखेगा तो उसका अर्थ है कि गति में अनिश्चितता बहुत अधिक होगी। इसी प्रकार ऐसा तरंग-फलन भी हो सकता है जिसमें गति में अनिश्चितता अत्यन्त कम हो पर उसकी स्थिति में अनिश्चितता बहुत अधिक होगी। तरंग-फलन में कणों की गति एवं स्थिति दोनों की जानकारी निहित होती है। यदि एक समय पर तरंग-फलन का मान ज्ञात है तो श्राडिंगर-तरंग-समीकरण के माध्यम से अन्य समय पर उसके मान ज्ञात किये जा सकते हैं। यह भी एक तरह की निर्धार्यता है किन्तु क्लासिकीय भौतिकी में परिभाषित निर्धार्यता की तरह नहीं। इसमें कणों की गति एवं स्थिति की सटीक जानकारी के बारे में भविष्यवाणी तो नहीं की जा सकती, किन्तु तरंग-फलन की भविष्यवाणी की जा सकती है। हॉकिंग कहते हैं कि इस तरह हम आधी भविष्यवाणी कर सकते हैं जबकि 19वीं सदी की क्लासिकीय यान्त्रिकी शत-प्रतिशत भविष्यवाणी की बात करती थी। यद्यपि पृथक-पृथक तो नहीं पर क्वाण्टम यान्त्रिकीय युग्मों में, जैसे 'स्थिति एवं गति' की सटीक भविष्यवाणी की जा सकती है। परन्तु हॉकिंग के अनुसार इसमें भी अभी चुनौतियों का दौर समाप्त नहीं हुआ है क्योंकि गुरुत्व दिक्काल को वक्रित कर देता है और ऐसे क्षेत्र दिक्काल में हो सकते हैं जिन्हें हम देख नहीं सकते। ऐसे क्षेत्र कृष्ण-विवरों के घटना-क्षितिज के नीचे हो सकते हैं। जिसका अर्थ यह हुआ कि वहाँ हम सिद्धान्ततः भी कुछ नहीं देख सकते अतएव वहाँ हम किसी कण की गति तथा स्थिति किसी भी तरह ज्ञात नहीं कर सकते। हॉकिंग कहते हैं कि यह एक ऐसी समस्या है कि जहाँ अनिश्चितता सिद्धान्त के फलस्वरूप पायी जानेवाली अनिश्चितताओं से भी बड़ी अनिश्चितता विद्यमान है, क्योंकि

अनिश्चितता सिद्धान्त के अन्तर्गत तो एक सीमा निर्धारित है, परन्तु यहाँ तो अनिश्चितता असीम है।

क्या ब्रह्माण्ड के नियम हमें भविष्य में क्या होनेवाला है की स्पष्ट भविष्यवाणी करने की अनुमति देते हैं—के प्रश्न पर हॉकिंग का संक्षिप्त उत्तर है-नहीं और हॉ। उनका कहना है कि सैद्धान्तिक रूप से तो नियम भविष्यवाणी करने की इज़ाजत देते हैं, किन्तु व्यावहारिक दृष्टि से गणनाएँ काफी जटिल एवं कठिन हैं।

ब्लैकहोल : उसके भीतर क्या है?

कैम्ब्रिज विश्वविद्यालय के प्रोफेसर जान मिशेल ने वर्ष 1783 में बताया कि आकाश में ऐसे तारे भी हैं जो पर्याप्त रूप से इतने भारी एवम सघन हैं कि उनके प्रबल गुरुत्वाकर्षण बल के कारण उनके पृष्ठ तल से उत्सर्जित कोई भी प्रकाश किरण वापस खींच ली जायेगी और हम उन्हें कभी नहीं देख सकेंगे क्योंकि उनका प्रकाश हम तक कभी पहुँचेगा ही नहीं, परन्तु उनके प्रबल गुरुत्वाकर्षण की अनुभूति हमें अवश्य होगी। यही वे पिण्ड हैं जिन्हें हम आज कृष्ण-विवर कहते हैं जो आकाश में एक काली गर्त की तरह हैं। ऐसा ही एक सुझाव कुछ वर्ष बाद फ्रांसीसी वैज्ञानिक मर्किस द लाप्लास द्वारा दिया गया किन्तु इन दोनों सुझावों को बहुत अधिक समर्थन वैज्ञानिक समुदाय में नहीं मिल पाया क्योंकि तबतक प्रकाश के कणिका सिद्धान्त पर तरंग सिद्धान्त काफी हद तक प्रभावी हो चला था और लगता था कि प्रकाश के समस्त गुणों की व्याख्या तरंग सिद्धान्त के आधार पर की जा सकती है और तरंग सिद्धान्त के अनुसार यह स्पष्ट नहीं था कि प्रकाश गुरुत्व बल से जरा भी प्रभावित होगा।

गुरुत्व-बल प्रकाश को किस तरह प्रभावित करता है यह तब तक स्पष्ट नहीं था जब तक कि वर्ष 1915 में आइन्स्टीन का व्यापक आपेक्षिकता का सिद्धान्त नहीं आ गया जिसमें गुरुत्व को कोई बल न मानकर पदार्थ की उपस्थिति से वक्रित दिक्काल का परिणाम माना गया, जिससे गुरुत्व के सन्दर्भ में तब तक की सम्पूर्ण मान्यताएँ बदल गयीं। यह समझने के लिए कि कृष्ण-विवर किस प्रकार निर्मित होते हैं, हमें तारे के जीवन-चक्र को पहले समझना होगा। नीहारिकाओं में गैस के विशाल बादल जब घूर्णन के कारण संघनित होने लगते हैं तब गैस के परमाणु आपसी गुरुत्वाकर्षण के फलस्वरूप संकुचित होने लगते हैं जिससे उनके बीच टक्करें बढ़ जाती हैं और गैस का तापमान बढ़ने लगता है। अन्ततः ताप

इतना अधिक बढ़ जाता है कि नाभिकीय-संलयन की प्रक्रिया प्रारम्भ हो जाती है जिससे अपार ऊर्जा निःसरित होती है जो गुरुत्वाकर्षण के विपरीत दिशा में एक प्रतिकर्षी विकिरण दाब सृजित करता है जो गैस परमाणुओं के गुरुत्वीय निपात को रोक देता है और तारा अपना एक विशिष्ट आकार दिक्काल में ग्रहण कर लेता है। तारों की गैस में मुख्यतः हाइड्रोजन होती है जो नाभिकीय-दहन के फलस्वरूप हिलियम गैस के परमाणु बनाती है। नाभिकीय अभिक्रियाओं से निकली उष्मा तारे के गुरुत्वाकर्षण को तब तक सन्तुलित करती रहती है जब तक कि तारे का नाभिकीय ईंधन समाप्त नहीं हो जाता।

यह भी एक तरह का विरोधाभास ही है कि जितने अधिक ईंधन के साथ कोई तारा अस्तित्व में आता है उसका जीवन काल उतना ही कम होता है। ऐसा इसलिए होता है, क्योंकि जितना ही अधिक विशालकाय एवं स्थूल तारा होगा, उसके गुरुत्वाकर्षण को सन्तुलित करने के लिए अधिक विकिरण-दाब की आवश्यकता होगी जिसके लिए नाभिकीय-दहन अधिक करना होगा जिसमें नाभिकीय-ईंधन की खपत अधिक तेज़ी से होगी। हमारा सूर्य एक सामान्य तारा है जिसमें अब पाँच अरब वर्ष तक दहन योग्य ईंधन अवशेष है जबकि अपेक्षाकृत अधिक विशालकाय तारे कुछ करोड़ वर्षों में ही अपना समस्त नाभिकीय-ईंधन समाप्त कर लेते हैं। जब ईंधन समाप्त हो जाता है तब गुरुत्वाकर्षण को सन्तुलित करनेवाला विकिरण-दाब कम हो जाता है, तब वह तारा ठण्डा होकर सिकुड़ने लगता है। वर्ष 1928 में एक भारतीय स्नातक छात्र सुब्रह्मन्यन चन्द्रशेखर ब्रिटिश खगोलविद सर आर्थर एडिंगटन के पास कैम्ब्रिज में अध्ययन के लिए इंग्लैण्ड गये भारत से अपनी समुद्री यात्रा के दौरान चन्द्रशेखर ने यह गणना की कि कोई तारा अपना पूरा ईंधन समाप्त करने के बावजूद अपने गुरुत्व के विरुद्ध स्वयं को सम्हाल सके, उसके लिए उसे कितना बड़ा होना चाहिए इसके पीछे विचार यह था कि जब कोई तारा संकुचित होकर छोटा हो जाता है तब पदार्थ-कण एक-दूसरे के अत्यन्त निकट आ जाते हैं और परमाणुओं के इलेक्ट्रॉनों के बीच पौली के अपवर्जन सिद्धान्त के अनुरूप एक प्रतिक्रिया-दाब सृजित हो जाता है जो तारे को आगे संकुचित होने से रोक देता है। चन्द्रशेखर ने गणना करके बताया कि ऐसा केवल उन तारों में होता है जिनका द्रव्यमान अधिक-से-अधिक सूर्य-द्रव्यमान के डेढ़ गुने

तक हो। इसी तरह का निष्कर्ष लगभग उसी समय एक रूसी वैज्ञानिक लेव डेविडोविच लैन्दाऊ ने भी निकाला था। इस क्रान्तिक द्रव्यमान को चन्द्रशेखर-सीमा के रूप में जाना जाता है।

यदि किसी तारे का द्रव्यमान चन्द्रशेखर सीमा से कम है- अर्थात 1.4 सूर्य-द्रव्यमान से कम है, तो वह सिकुड़ना बन्द करके एक श्वेत-वामन का रूप ले लेगा जिसकी त्रिज्या कुछ हजार मीलों की ही होगी, परन्तु घनत्व सैकड़ों टन प्रति घन इंच होगा। ऐसा ही एक तारा रात्रि-आकाश के सर्वाधिक चमकीले तारे साइरियस(ब्याध) की परिक्रमा कर रहा है। हमारा सूर्य भी अपने अन्तिम समय में एक श्वेत-वामन का ही रूप ले लेगा। लैन्दाऊ ने यह स्पष्ट किया कि सूर्य-द्रव्यमान के दो गुना अधिक द्रव्यमानवाले तारे की एक और सम्भावित स्थिति हो सकती है जिसमें उनका आकार श्वेत-वामनों से भी काफी छोटा हो सकता है। ये तारे अपवर्जन सिद्धान्त के अनुसार बजाय इलेक्ट्रॉनों के बीच प्रतिक्रिया के, न्यूट्रॉनों एवं प्रोट्रॉनों के बीच प्रतिकर्षण से सन्तुलन प्राप्त करेंगे। ऐसी स्थिति में परमाणुओं के इलेक्ट्रान एवं प्रोट्रान न्यूट्रानों में बदल जाते हैं। इलेक्ट्रान डीजनरेसी दाब की ही तरह एक न्यूट्रान डीजनरेसी दाब उत्पन्न होता है, जो श्वेत-वामनों से आकार कम होने के बावजूद तारे को सन्तुलित रखता है। यद्यपि न्यूट्रान डीजनरेसी दाब इतना पर्याप्त नहीं है कि वह 3 सूर्य-द्रव्यमान से अधिक द्रव्यमानवाले तारे को सन्तुलन दे सके किन्तु साथ ही प्रतिकर्षक नाभिकीय बलों की भूमिका और अधिक द्रव्यमानयुक्त न्यूट्रान तारों का अस्तित्व बनाये रखने में अधिक रहती है।

न्यूट्रान तारे जो दिखते हैं उनका पृष्ठतलीय तापमान 6 लाख केल्विन के आस-पास होता है और एक माचिस की डिब्बी के आकार के टुकड़े का वजन तीन अरब टन होगा। उनका चुम्बकीय क्षेत्र धरती से 10^8 से 10^{15} गुना अधिक शक्तिशाली एवं गुरुत्वीय-क्षेत्र धरती के गुरुत्वीय-क्षेत्र से 2×10^{11} अर्थात 200 अरब गुना अधिक होता है। जब तारे का आकार कम होने लगता है तब कोणीय संवेग के संरक्षण सिद्धान्त के अनुरूप उसका घूर्णन बढ़ने लगता है। एक न्यूट्रान-तारा कई सौ गुना घूर्णन प्रति सेकेण्ड कर सकता है। कुछ न्यूट्रान तारे विद्युत्-चुम्बकीय विकिरण उत्सर्जित करते हैं जिन्हें पल्सर के रूप में हम अब जानते हैं। पल्सरों के रूप में ही न्यूट्रान तारों के अस्तित्व की जानकारी जोसेलिन वेल बर्नेल ने

1967 में दिया। अब तक ज्ञात जानकारी के अनुसार सर्वाधिक तेज़ घूर्णन करनेवाला न्यूट्रान-तारा *PSRJ* 1748-2446 ए.डी. चिन्हित किया गया है, जो 716 घूर्णन प्रति सेकण्ड कर रहा है। एक अनुमान के अनुसार हमारी आकाश गंगा में ही लगभग 10 करोड़ न्यूट्रान-तारे हैं। चन्द्रशेखर-सीमा से अधिक द्रव्यमानवाले तारों के समक्ष एक और विकट समस्या उत्पन्न होती है, जब वे अपना वजन चन्द्रशेखर-सीमा के भीतर रखने के प्रयास में अपना पर्याप्त पदार्थ बाहर व्योम में फेंक देते हैं और इस प्रकार वे सम्भावित गुरुत्वीय-निपात की दुर्घटना से बच जाते हैं। परन्तु यह विश्वास करना काफी कठिन था। चाहे तारा कितना ही बड़ा क्यों न हो, फिर भी ऐसा क्या सदैव घटित होता है? तारे को कैसे मालूम होगा कि उसे अपना वजन घटाना है? और यदि ध्वंस से बचने के लिए किसी तारे के लिए ऐसा करना सम्भव भी हो तो उस स्थिति में क्या होगा यदि श्वेत-वामनों एवं न्यूट्रान-तारों में चन्द्रशेखर सीमा से अधिक द्रव्यमान जोड़ दिया जाये? क्या वह ध्वस्त होकर असीमित घनत्व की स्थिति में पहुँच जायगा? एडिंगटन को चन्द्रशेखर के निष्कर्षों पर विश्वास नहीं हो पा रहा था। वे हतप्रभ थे। क्या ऐसा भी हो सकता है कि कोई तारा ध्वस्त होकर एक बिन्दु से भी सूक्ष्म दायरे में समा जाये? स्वयं अइन्स्टीन भी इस मत के थे कि तारे शून्य आकार तक नहीं सिकुड़ सकते, इस अवधारणा के प्रबल विरोध के चलते एडिंगटन ने चन्द्रशेखर से आग्रह किया कि इस विषय को छोड़कर खगोल विज्ञान की अन्य समस्याओं की ओर अपना ध्यान लगायें। 1983 में जब चन्द्रशेखर को 'नोबेल पुरस्कार' प्रदान किया गया तो उनके कार्यों में कुछ हद तक यह अतप्त तारों के सीमान्त द्रव्यमान पर उनके प्रारम्भिक कार्य के लिए भी था। चन्द्रशेखर ने यह प्रमाणित किया था कि पाली का अपवर्जन सिद्धान्त चन्द्रशेखर-सीमा से अधिक द्रव्यमानवाले किसी तारे को गुरुत्वीय निपात से नहीं रोक सकता।

वर्ष 1939 में 35 वर्षीय युवा अमरीकी भौतिकविद रार्बट ओपेनहाइमर ने बताया कि आपेक्षिकता सिद्धान्त के अन्तर्गत ऐसे तारों का भविष्य क्या होगा? द्वितीय विश्वयुद्ध के छिड़ जाने से ओपेनहाइमर के निष्कर्षों पर अधिक कार्य नहीं हो सका और वे स्वयं परमाणु-बम निर्माण परियोजना से जुड़ गये किन्तु एक बार फिर 1960 के दशक में उनके कार्यों को और आगे बढ़ाने में बहुत-सारे वैज्ञानिक जुट गये। ओपेनहाइमर के शोध-

कार्य से जो स्थिति उभरकर हमारे समक्ष प्रस्तुत होती है उसका उल्लेख स्टीफेन हॉकिंग ने अपनी रार्वाधिक बिकनेवाली पुस्तक 'समय का संक्षिप्त इतिहास' में किया है। उसका निचोड़ यह है कि तारे का गुरुत्व-क्षेत्र दिक्काल में प्रकाश किरणों के पथ को परिवर्तित कर देता है। वास्तव में ऐसा पूर्ण सूर्य-ग्रहण के समय 1919 में एडिंगटन ने अपने प्रेक्षणों में पाया भी था। ज्यों-ज्यों तारा संकुचित होता जाता है, इसके पृष्ठ तल पर गुरुत्व-क्षेत्र बढ़ता जाता है तथा प्रकाश-शंकु और अदंर की ओर झुकते जाते हैं। अन्तत: जब तारा किसी खास क्रान्तिक त्रिज्या तक सिकुड़ चुका होता है, तो इसके पृष्ठ-तल पर गुरुत्व-क्षेत्र इतना अधिक प्रबल हो जाता है कि प्रकाश बिल्कुल भी बाहर नहीं निकल सकता। आपेक्षिकता सिद्धान्त के अनुसार कोई भी चीज प्रकाश की गति से तेज नहीं चल सकती। इस प्रकार यदि प्रकाश निकलकर बाहर नहीं आ सकता तो कोई अन्य वस्तु भी बाहर नहीं निकल सकती। हर वस्तु गुरुत्व-क्षेत्र द्वारा वापस खींच ली जाती है। यहाँ घटनाओं का एक समुच्चय होता है जो दिक्काल का ऐसा क्षेत्र है जहाँ से कोई वस्तु अथवा सूचनाएँ बाहर नहीं जा सकतीं। यही वह क्षेत्र है जिसे अब हम कृष्ण-विवर कहते हैं। इसकी परिसीमा घटना-क्षितिज *(Event Horizon)* कहलाती है जिस पर वे प्रकाश किरणें जो बाहर निकलने में असमर्थ होती हैं, तैरती रहती हैं।

वस्तुत: गुरुत्वीय निपात की सम्भावना आइन्स्टीन के व्यापक आपेक्षिकता के सिद्धान्तों में ही अन्तर्निहित है जिसके समीकरणों को हल करने हेतु जर्मन सैनिक भौतिकविद कार्ल श्वार्जचाइल्ड ने 1915 में आपेक्षिकता के सिद्धान्त के आते ही परम निपात के अस्तित्व को अपने गणितीय निष्कर्षों के आधार पर स्वीकार किया जिसे सिंगुलैरिटी अथवा एकत्व कहा गया और एक काल्पनिक घटना-क्षितिज की भी अवधारणा प्रस्तुत की जहाँ निपातित तारे की पलायन-गति प्रकाश-गति के समतुल्य हो जाती है और उसके नीचे सिंगुलैरिटी बिन्दु से उत्सर्जित होनेवाला विकिरण अथवा प्रकाश मुड़कर पुन: उसी में समा जाता है और जो प्रकाश घटना-क्षितिज तक आ जाता है वह उस पर तैरने लगता है, बाहर नहीं जा पाता। वस्तुत: घटना-क्षितिज सिंगुलैरिटी को बाहरी विश्व से पृथक कर देता है। परम-निपात बिन्दु अर्थात सिंगुलैरिटी तथा घटना-क्षितिज तक की दूरी को श्वार्जचाइल्ड त्रिज्या कहते हैं जो तारे के द्रव्यमान के सीधे अनुपात में

होती है। सूर्य जैसे द्रव्यमान वाले तारे की श्वार्जचाइल्ड त्रिज्या दो मील से कुछ कम होगी। श्वार्जचाइल्ड एक अत्यन्त प्रतिभासम्पन्न भौतिकविद थे जिन्होंने आइन्स्टीन के समीकरण का सफलतापूर्वक हल अत्यन्त सटीकता के साथ निकाला और 42 वर्ष की अल्पायु में ही दिवंगत हो गये। निःसन्देह उनकी असामयिक मृत्यु से भौतिकी की अपूरणीय क्षति हुई है।

ब्रह्माण्डीय अभिवेचन प्राक्कल्पना *(Cosmic Censorship Hypothesis)*—वर्ष 1965 से 1970 के दौरान रोजर पेनरोज एवं स्टीफेन हॉकिंग ने यह स्पष्ट कर दिया था कि निश्चित रूप से सामान्य आपेक्षिकता सिद्धान्त के अनुसार कृष्ण-विवर के अन्दर ही दिक्काल की अनन्त वक्रता एवं अनन्त घनत्ववाले एकत्व बिन्दु (सिंगुलैरिटी) को होना चाहिए। वह काल की उत्पत्ति के क्षण पर हुए उस महाविस्फोट *(Big Bang)* के कुछ-कुछ सदृश है, बस ध्वस्त होते हुए पिण्ड के लिए यह काल का अन्त होगा। इस एकत्व बिन्दु पर विज्ञान एवं गणित के नियम विफल हो जायेंगे और भविष्य का पूर्वानुमान लगाने की हमारी योग्यता समाप्त हो जायेगी। इस विलक्षण तथ्य ने रोजर पेनरोज को ब्रह्माण्डीय अभिवेचन प्राक्कल्पना प्रस्तावित करने की प्रेरणा दी जिसका अर्थ है कि, "ईश्वर को एकत्व के अनावृत रूप से घृणा है।" दूसरे शब्दों में गुरुत्वीय निपात द्वारा उत्पन्न एकत्व की स्थिति कृष्ण-विवरों जैसे स्थानों में ही घटित होती है जहाँ घटना-क्षितिज उसे इस तरह छिपाये रहता है ताकि बाहर से कोई भी देख न पाये। इसी आधार पर रोजर पेनरोज ने 1969 में परिकल्पित किया कि कोई भी अनावृत एकत्व सिवाय महाविस्फोट-एकत्व *(Big Bang Singulairty)* के ब्रह्माण्ड में अस्तित्व नहीं रखता। सामान्य-आपेक्षिकता- सिद्धान्त के समीकरणों के कुछ ऐसे समाधान हैं जिनमें एकत्व बिन्दु के अनावृत रूप को देखना सम्भव है। एकत्व बिन्दु से सीधे टकराने से बचने के लिए एक काल-सुरंग *(wormhole)* में जाकर ब्रह्माण्ड के दूसरे क्षेत्र में निकलकर जाया जा सकता है। इससे दिक्काल में काल-प्रयाण की सम्भावनाएँ बन सकती हैं, किन्तु दुर्भाग्यवश ऐसा लगता है कि ये समाधान अत्यन्त अस्थायी होंगे। अन्तरिक्ष-यात्री की उपस्थिति जैसी अल्पतम बाधा भी इन्हें परिवर्तित कर सकती है, जिससे कि अन्तरिक्ष-यात्री एकत्व बिन्दु को तब तक नहीं देख सकता जब तक कि वह उससे टकरा न जाय और उसके काल का अन्त न हो जाय। दूसरे

शब्दों में एकत्व बिन्दु उसके भविष्य में निहित होगा, उसके अतीत में कभी नहीं। ब्रह्माण्डीय अभिवेचन प्राकल्पना यह व्यक्त करती है कि एकत्व या तो पूर्णतः भविष्य में निहित होगा (गुरुत्वीय परम निपात की स्थिति में) अथवा फिर पूर्णतः अतीत में निहित होगा (बिग बैंग या महाविस्फोट की स्थिति में)। हॉकिंग कहते हैं कि उनका ब्रह्माण्डीय अवरोधन या अभिवेचन *(Cosmic Censorship)* में दृढ़ विश्वास था इसलिए उन्होंने इन्स्टीट्यूट ऑफ कैलीफोर्निया टेकनॉलोजी के किप थार्न एवं प्रेस्किल से यह शर्त लगा ली कि वह सदैव प्रभावी रहेगा। हॉकिंग तकनीकी कारणवश शर्त हार गये क्योंकि उदाहरण उस एकत्व, जो दूर से दृष्टिगोचर था, से जुड़े समाधानों से लिए गये थे। अतः हॉकिंग को हर्जाना भरना पड़ा, जिसका शर्त के प्रतिबन्धों के अनुसार अर्थ यह था कि उन्हें उनकी अनावृत्तता को ढकना था। हॉकिंग कहते हैं कि पर वे एक नैतिक विजय का दावा अवश्य कर सकते हैं। अनावृत एकत्व (सिंगुलैरिटी) नितान्त अस्थायी थे। छोटी-से-छोटी बाधा उन्हें या तो अन्तर्धान कर सकती थी अथवा फिर घटना-क्षितिज के पीछे छुपा सकती थी। इसलिए वास्तविक स्थितियों में वे घटित नहीं होते। कृष्ण-विवरों के अस्तित्व की पुष्टि कई विधियों से की जा चुकी है और यहाँ तो अब यह माना जाने लगा है कि विशाल आकाशगंगाओं के मध्य में विशाल कृष्ण-विवर होते हैं। ब्रह्माण्ड में इनकी संख्या अरबों में है।

वर्ष 1966 में हॉकिंग ने अपनी पी-एच.डी. थीसिस में दर्शाया था कि विस्तारशील ब्रह्माण्ड को यदि प्रतिगामी फिल्म की तरह समय में पीछे देखा जाय तो उसका एक आदि पल होगा जब वह अस्तित्व में आया होगा, तभी से दिक एवं काल भी अस्तित्व में आये होंगे और अब परिष्कृत गणनाओं के फलस्वरूप यह आदि पल 13 अरब 80 करोड़ वर्ष आकलित किया गया है। प्रिन्स्टन के स्नातक इजराइली भौतिकविद जैकब बेकेन्स्टाइन के साथ हॉकिंग के कृष्ण-विवरों की एनट्रापी को लेकर हुए वैचारिक द्वन्द्व की चर्चाएँ काफी दिनों तक चर्चा में रही थीं। हॉकिंग का प्रारम्भ में कहना था कि कृष्ण-विवरों की एनट्राफी होने से तात्पर्य है कि उनका कोई तापमान होगा और यदि उनका कोई तापमान है तो तप्त कृष्ण-पिण्डों की भाँति वे भी विद्युत-चुम्बकीय विकिरण उत्सर्जित करेंगे जो कृष्ण-विवरों के प्रबल गुरुत्व से उत्पन्न भौतिक परिस्थितियों

में सम्भव ही नहीं। हॉकिंग का कहना था कि कृष्ण-वित्ररों का तापमान इन परिस्थितियों में शून्य होना चाहिए, परन्तु यहाँ भी उष्मा-गतिकी के तीसरे नियम की अवहेलना होगी, जिसमें परम शून्य ताप किसी भी दशा में हासिल नहीं किया जा सकता। परम शून्य ताप पर तन्त्र की समस्त गतिविधियाँ शून्य हो जाती हैं। क्वाण्टम भौतिकी की भाषा में यदि कहें तो परम शून्य ताप पर पदार्थ एवं ऊर्जा अपने ग्राउण्ड स्टेट में होती हैं जो न्यूनतम ऊर्जा की दशा है। पर यह ऊर्जा शून्य नहीं है। यहाँ क्वाण्टम हलचलें होती रहती हैं। बेकेन्स्टीन के सुझावों से यद्यपि हॉकिंग प्रारम्भ में सहमत नहीं थे किन्तु सूक्ष्म आकार के कृष्ण-विवरों की प्रकृति एवं प्रवृत्ति जानने के लिए उन्होंने क्वाटम यान्त्रिकीय अवधारणाओं का सहारा लिया और तब उनके आश्चर्य की सीमा नहीं रही जब उनकी गणनाओं में पाया गया कि कृष्ण-विवर भी विकिरण उत्सर्जन उसी तरह करते हैं जैसे कोई तप्त पिण्ड और चूँकि विकिरण का उत्सर्जन पिण्ड के तापमान पर ही निर्भर करता है उसकी बनावट या संरचना पर नहीं अतएव यह सोचना निरर्थक था कि कृष्ण-विवर में पदार्थ यदि गिरता है तो उसका क्या होता है अथवा कृष्ण-विवर की आन्तरिक संरचना वस्तुत: कैसी है? बेकेन्स्टीन अपनी जगह सही थे। हॉकिंग ने वह कार्य विधि भी ढूँढ़ ली जिसमें प्रचण्ड गुरुत्वाकर्षण के बावजूद पदार्थ कण किस प्रकार कृष्ण-विवर के प्रभाव क्षेत्र से बाहर निकल सकते हैं। क्वाण्टम यान्त्रिकी के अनुसार कृष्ण-विवर का दिक घटना-क्षितिज के पास परम विप्लवी एवं हलचलयुक्त होगा जिसमें प्रबल गुरुत्वीय क्षेत्र से ऊर्जा ग्रहण करके अभासी कण युग्म इलेक्ट्रान एवं पोजिट्रान अस्तित्व में आते एवं विलीन होते रहेंगे। पदार्थ एवं प्रति पदार्थ कण यदि आपस में मिलेंगे तो वे एक-दूसरे को विनष्ट कर देंगे और फोटान ऊर्जा नि:सरित होगी, परन्तु कृष्ण-विवर के घटना-क्षितिज पर गुरुत्व क्षेत्र काफी प्रबल होता है जिसके कारण आभासी कणों का भी जीवन काल बढ़ जाता है और वे वास्तविक कणों की तरह व्यवहार करने लगते हैं। यदि कण एवं प्रतिकण विलग हो जाएँ और उनमें से एक कण कृष्ण-विवर में घटना-क्षितिज के नीचे चला जाये और दूसरा कण व्योम में, जैसा कि वस्तुत: पूर्ण सम्भावित है तब दूसरा कण वास्तविक कण की तरह व्यवहार करेगा और ऐसा लगेगा जैसे कि वह कृष्ण-विवर से निकलकर आ रहा है। हॉकिंग स्वंय कहते हैं कि हॉकिंग-विकिरण का

महत्त्व इस बात में निहित है कि इससे यह विदित होता है कि कृष्ण-विवर ब्रह्माण्ड से पृथक नहीं हुए हैं बल्कि वे ब्रह्माण्ड के ही अंग हैं। यह भी विदित होता है कि कृष्ण-विवर का अपना एक तापक्रम है-जितना ही बड़ा कृष्ण-विवर होगा, तापमान उतना ही कम होगा। यदि तापमान होगा तो उसकी एन्ट्रापी भी होगी। एन्ट्रापी निष्प्रयोज्य उष्मा ऊर्जा की मापक है और साथ ही सूचना की मात्रा की भी मापक है जो कृष्ण-विवर के घटना-क्षितिज के क्षेत्रफल की समानुपाती है। इसका तात्पर्य यह है कि कृष्ण-विवर में जो कुछ भी समावेशित है उससे सम्बन्धित सूचनाएँ घटना-क्षितिज के क्षेत्रफल में समावेशित होती है न कि उसके अन्दरूनी भाग अथवा आयतन में। इसका फिर यह भी निष्कर्ष है कि हम एक होलोग्राफिक ब्रह्माण्ड में रहते हैं जो द्विआयामी है-त्रिआयमी ब्रह्माण्ड एक छलावा है।

एण्डू स्ट्रोमिंगर, हार्वर्ड के एक सूत्रिका सिद्धान्तविद हैं जो होलोग्राफिक ब्रह्माण्ड के सदर्भ में कहते हैं कि यदि ऐसा है तो यह ब्रह्माण्ड की एक बहुत ही सुन्दर एवं एक ऐसी गहरी विशिष्टता होगी, जो अभी अबूझ एवं अस्पष्ट है। कृष्ण-विवर विकिरण की खोज ने तीन-चार दशकों से चल रहे विवाद को भी कुछ सीमा तक सुलझा दिया जिसमें बार-बार यही पूछा जाता रहा है कि क्या होता है उस वस्तु का जब वह कृष्ण-विवर में गिरती है। हॉकिंग ने प्रारम्भिक तौर पर यही कहा था कि हॉकिंग-विकिरण के रूप में जो भी उत्सर्जित होता है वह पूर्णतया सांयोगिक एवं अस्त-व्यस्त है, जिसका किसी विशिष्ट पैटर्न अथवा विन्यास से कोई लेना-देना नहीं है। क्वाण्टम यान्त्रिकीय अनिश्चितता पर कही हुई आइन्स्टीन की उक्ति को अपने शब्दों में ढालकर हॉकिंग कहते है, "ईश्वर न केवल पॉसे फेंकता है बल्कि कभी-कभी तो वहाँ भी फेंक देता है जहाँ वे देखे नहीं जा सकते।" अधिंकाश कणिका भौतिकविदों ने इस पर अपत्ति की और कहा कि इससे तो क्वाण्टम भौतिकी की मौलिक मान्यताओं का ही हनन हो जायगा जिसमें कहा गया है कि सूचनाएँ अथवा ज्ञान संरक्षित किया जा सकता है और उसे जब चाहे तब पुनर्गृहीत भी किया जा सकता है। स्टैनफोर्ड विश्वविद्यालय के भौतिकविद ल्योनार्ड सस्काइन्ड जो दसियों वर्षों से इस मत के थे, ने कहा कि स्टीफेन ने ठीक ही समझा है कि यदि यह मत सही है, तो बीसवीं सदी की भौतिकी की इमारत का ढहना तय है," एक अन्य अवसर पर सस्काइण्ड ने झल्लाकर हॉकिंग के सम्बन्ध

में उनके मुँह पर ही कहा- दुनिया का एक परम हठी एवं दुराग्रही व्यक्ति- नहीं, बल्कि ब्रह्माण्ड का एक अत्यन्त आक्रोशी व्यक्ति।" हॉकिंग इस पर सिर्फ हँस दिये।

हॉकिंग ने 2004 में अपनी हार मानी। जो भी सूचना कृष्ण-विवर में गिरती है वह बाहर आती है जब वह फटता है। बहुत ही दुःखी मन से उन्होंने कहा कि इसका एक परिणाम यह होगा कि कृष्ण-विवर किसी दूसरे ब्रह्माण्ड में जाने के साधन नहीं बन सकेंगे।

विज्ञान कथाओं में जितना हम पढ़ते हैं, कृष्ण-विवर उससे भी अधिक रोचक एवं रहस्यमय हैं, इनके बारे में सर्वप्रथम चर्चा कैम्ब्रिज विश्वविद्यालय के भौतिकविद जान मिशेल (1724-1793) ने 1783 में किया था। रॉयल सोसाइटी, लन्दन की एक दार्शनिक परिचर्चा में 27 नवम्बर, 1783 को उन्होंने अपने विचार व्यक्त करते हुए कहा था कि ऐसे भी तारे हो सकते हैं, जिनका गुरुत्वाकर्षण बल इतना अधिक होगा कि प्रकाश उनकी परिसीमा से बाहर नहीं जा सकेगा, फलतः वे बाहरी जगत के लिए अदृश्य होंगे ऐसे तारों को मिशेल ने कृष्ण-तारा *(Dark-Star)* कहा था। कुछ वर्ष बाद 1796 में फ्रांसीसी गणितज्ञ पियरे साइमन लाप्लास (1749-1827) ने भी इसी तरह के विचार प्रस्तुत किये।

उनकी गणनाएँ प्रकाश को अत्यन्त छोटे-छोटे कणों का प्रवाह मानते हुए की गयी थी जिनपर अन्य कणों की ही तरह गुरुत्व बल प्रभावी होता है। न्यूटन का प्रकाश के सन्दर्भ में कणिका-सिद्धान्त तत्समय प्रचलित था।

मिशेल एवं लाप्लास का कृष्ण-तारा अत्यधिक द्रव्यमानयुक्त होना चाहिए, जिसकी पलायन गति प्रकाश गति से अधिक हो तभी उसमें उत्सर्जित प्रकाश उसके सतह से कभी बाहर नहीं निकल पायेगा। तुलनात्मक दृष्टि से देखें तो पृथ्वी की पलायन-गति 11 किमी/से. तथा सूर्य की 617 किमी/से. है जबकि प्रकाशगति 3 लाख किमी. प्रति सेकण्ड है। इसलिए ऐसे आकाशीय पिण्डों से प्रकाश को निकलने में कोई कठिनाई नहीं होगी। श्वेत-वामन, जो सूर्य जैसे तारे के अन्तिम चरण के संकुचित होने से बनते हैं, की त्रिज्या लगभग धरती की त्रिज्या जितनी रह जाती है, के धरातल पर गुरुत्वाकर्षण बल काफी अधिक हो जाता है जिसके कारण पलायन गति बढ़ जाती है पर वह भी लगभग 6451 किमी./सेकण्ड है जो प्रकाश गति की केवल 2 प्रतिशत ही है। यदि सूर्य थोड़ा और भारी होता

तो उसका अतिरिक्त द्रव्यमान उसे श्वेत-वामन के आगे भी संकुचित कर देता। तारे के इलेक्ट्रान प्रोटान से मिलाकर न्यूट्रान तारे का निर्माण करते। न्यूट्रान तारा बहुत ही सघन होता है जिसकी त्रिज्या लगभग 16 किमी. होती है और उसकी पलायन-गति एक लाख से 1.5 लाख किमी. प्रति सेकण्ड होती है, किन्तु न्यूट्रान तारे का गुरुत्वाकर्षण भी इस तरह प्रकाश को बाहर व्योम में जाने से नहीं रोक सकता। यदि संकुचित हो रहे तारे का द्रव्यमान और अधिक लगभग 5 सूर्य-द्रव्यमान के समतुल्य हो, तब न्यूट्रान का गोला भी उसे और अधिक संकुचित होने से नहीं रोक सकेगा और वह अन्ततः सिकुड़कर सिंगुलैरेटी अथवा एकत्व का निर्माण करेगा जिसका घनत्व अपरिमित होगा और उसकी पलायन गति प्रकाश-गति से बहुत अधिक होगी। इस प्रकार एक कृष्ण तारा या आधुनिक नामकरण के अनुरूप एक कृष्ण-विवर का जन्म होगा। उसके केन्द्र से वह दूरी जहाँ पलायन गति प्रकाश-गति के बराबर हो जाती है एक त्रिआयामी गोले खोल जैसे आवरण (काल्पनिक) का निर्माण करती है जिसको कृष्ण-विवर का घटना-क्षितिज कहते हैं, जिससे प्रकाश बाहर नहीं जा सकता और वहाँ वह क्षितिज पर तैरता रहता है। यह प्रकाश का गोला अथवा घटना-क्षितिज कृष्ण-विवर की सिंगुलैरिटी अथवा एकत्व को बाहरी जगत से पृथक रहता है। चूँकि भीतर का प्रकाश बाहर नहीं जा पाता, इसलिए यह जानकारी नहीं हो पाती कि कृष्ण-विवर के भीतर का दृश्य कैसा है और ऊर्जा पदार्थ किस अवस्था में हैं?

कृष्ण-त्रिवर के विचार से आइन्स्टीन सहमत नहीं थे और उनका मानना था कि अन्ततः कृष्ण-विवरों का अस्तित्व सम्भव नहीं है परन्तु आज हम जानते हैं कि कृष्ण-विवरों का अस्तित्व न केवल सम्भव है, वरन विशाल आकाशगंगाओं के केन्द्र में करोड़ों-अरबों तारों के समूह से निर्मित विशालकाय कृष्ण-विवरों के होने के भी साक्ष्य मिले हैं। खगोलविदों की अब यह धारणा बन चुकी है कि हमारी आकाशगंगा जैसी अन्य आकाशगंगाओं के मध्य में विशालकाय कृष्ण-विवर विद्यमान हैं।

कृष्ण-विवरों को ब्लैक होल नाम अमरीकी भौतिकविद जॉन ह्वीलर ने बीसवीं सदी के पचास के दशक में दिया। वे आइन्स्टीन से सहमत नहीं थे और उनके पचास एवं साठ के दशकों में कृष्ण-विवरों पर किये गये कार्यों ने कृष्ण-विवरों की कई विशेषताओं को उजागर किया। कई अरब

वर्षों तक आकाश काल में रहने के बाद सामान्य तारे जब अपना ईंधन जो मुख्यत: हाईड्रोजन एवं हीलियम है को नाभिकीय दहन के माध्यम से समाप्त कर लेते हैं तो गुरुत्वाकर्षण को सन्तुलित करनेवाला विकिरण-दाब कम होने लगता है और तारे सिकुड़ने लगते हैं और आकार में कम होते-होते श्वेत-वामन बन जाते हैं जिनका आकार घटकर पृथ्वी के आकार जैसा हो जाता है। 1930 में भारतीय भौतिक विद सुब्रह्मन्यम चन्द्रशेखर ने बताया कि सूर्य-द्रव्यमान से 1.4 गुना द्रव्यमानवाले सभी तारे संकुचन के बाद श्वेत-वामन बन जाते हैं। इसे चन्द्रशेखर सीमा कहते हैं।

श्वेत-वामनों का अस्तित्व इलेक्ट्रान अपकर्ष-दाब *(Electron Degeneracy Pressure)* के कारण सम्भव है जो गुरुत्वाकर्षण के विरुद्ध विपरीत दिशा में कार्य करता है और तारे को आगे संकुचित होने से रोकता है। इलेक्ट्रान अपकर्ष-दाब क्वाण्टम अपकर्ष-दाब का एक विशिष्ट रूप है। पौली का अपवर्जन सिद्धान्त *(Pauli's Exclusion Principle)* दो एक ही जैसे आधे स्पिनवाले सूक्ष्म कणों को एक साथ एक ही समय पर एक ही क्वाण्टम दशा में बने रहने से बाधित करता है। ऐसे कण फर्मियानों की श्रेणी में आते हैं, जैसे इलेक्ट्रान, प्रोटान, न्यूट्रान आदि।

संकुचन की स्थिति में सर्वप्रथम इलेक्ट्रान अपकर्ष-दाब चन्द्रशेखर सीमा अर्थात 1.4 सूर्य-द्रव्यमान तक के तारों को आगे संकुचित होने से रोक देता है। ऐसे संकुचित तारे श्वेतवामन कहे जाते हैं।

वर्ष 1967 में फ्रीमैन डायसन ने क्वाण्टम अपकर्ष-दाब की क्रियाविधि को स्पष्ट करते हुए कहा कि इसी तरह का दाब न्यूट्रान अपकर्षण के कारण भी होता है जो तारे को न्यूट्रान तारे के अस्तित्व में आने के बाद आगे के संकुचन को प्रतिबाधित कर देता है। श्वेत-वामनों की ही तरह न्यूट्रान-तारों के द्रव्यमान की सीमा भी तय की गयी है जो टौलमैन-ओपेनहाइमर-वोलकाम सीमा *(TOV-Limit)* कहलाती है जिसके अनुसार 1.4 सूर्य-द्रव्यमान से 3 सूर्य-द्रव्यमान तक के तारे इलेक्ट्रान अपकर्ष-दाब को भी अवक्रमित करते हुए आगे संकुचित होते जाते हैं जिनका संकुचन अन्तत: न्यूट्रान अपकर्ष-दाब के कारण ही रुक पाता है। ऐसे तारों का आकार (त्रिज्या) 15 से 20 किमी. तक हो सकता है।

रॉबर्ट ओपेनहाइमर जिन्हें परमाणु बम के निर्माता के रूप में अधिक ख्याति मिली है ने 1939 में जार्ज वोल्कोफ एवं हार्टलैण्ड स्नाइडर के

साथ इस प्रश्न का उत्तर ढूँढ़ा। उन्होंने पाया कि यदि कोई तारा 3 सूर्य-द्रव्यमान से अधिक द्रव्यमान का है तो उसे न्यूट्रान अपकर्ष-दाब भी परम संकुचन से नहीं रोक पायेगा और वह अनन्त वक्रतावाले एक बिन्दु जैसे दायरे में समा जायगा जिसका घनत्व अपरिमित होगा। यह एक ऐसा बिन्दु है जहाँ आपेक्षिकता एवं क्वाण्टम यान्त्रिकी के सिद्धान्त लागू नहीं होते क्योंकि दिक काल के सभी सिद्धान्त दिक्काल को लगभग सपाट मानते हुए प्रतिपादित किये गये हैं परन्तु सिंगुलैरिटी के आस-पासवाला दिक्काल तो अनन्त वक्रतामय है। इसलिए इसके स्वरूप, प्रकृति एवं प्रवृत्ति के बारे में कुछ भी नहीं कहा जा सकता। गणितीय भाषा में इसे सिंगुलेरिटी अथवा एकत्व कहते हैं। श्वार्जचाइल्ड ने इसके केन्द्र से वह दूरी ज्ञात की थी जहाँ पलायन गति एवं प्रकाश गति बराबर हो जाती है। इस दूरी को श्वार्जचाइल्ड त्रिज्या कहते हैं और इस दूरी पर स्थित त्रि-आयामी काल्पनिक आवरण गोले को घटना-क्षितिज कहते हैं। घटना-क्षितिज पर प्रकाश तैरता रहता है, न नीचे जाता है और न ही उसके बाहर। यह कैसी विडम्बना है कि प्रकाशमय गोले से घिरे रहने के बावजूद कृष्ण-विवर बाहरी दुनिया के लिए अदृश्य है।

इससे दो बातें स्पष्ट हैं- प्रथम तो यह कि घटना-क्षितिज पर कोई अवरोध नहीं है जो किसी वस्तु को कृष्ण-विवर के भीतर जाने से रोके और दूसरी यह कि कुछ भी नहीं- यहाँ तक कि फोटान अथवा कोई संकेत अथवा कोई सूचना वहाँ से वापस बाहर नहीं आ सकती क्योंकि उसे प्रकाश गति से तेज़ आना पड़ेगा जो आइन्स्टीन के सिद्धान्त के अनुसार असम्भव है। हॉकिंग विकिरण को देख पाना असम्भव है, क्योंकि सभी कृष्ण-विवर द्रव्य एवं ऊर्जा सोख रहे हैं। निर्वात जैसे अन्तरतारीय आकाश के सर्वाधिक ठण्डे क्षेत्र भी कृष्ण-विवरों से बहुत अधिक गरम हैं। महाविस्फोट के बाद सम्पूर्ण ब्रह्माण्ड में व्याप्त कॉस्मिक माइक्रोवेव पृष्ठभूमि विकिरण किसी भी कृष्ण-विवर के बनने के पूर्व से ही विद्यमान है जिसका समरस तापमान $2\text{-}75^o K$ है और गरम-से-गरम कृष्ण-विवर के तापमान से अरबों-खरबों गुना अधिक है। उष्मा का प्रवाह सदैव अधिक तापमान से कम तापमान की ओर होता है और यह प्रक्रिया उष्मा-गतिकी के नियमों के अनुसार प्रतिगामी नहीं है। इसलिए कृष्ण-विवर सदैव ऊर्जा ग्रहण कर रहे हैं। एक गणना के अनुसार किसी कृष्ण-विवर के द्रव्यमान अथवा आकार में

उसके वाष्पीकरण के कारण हुए परिवर्तन को देख पाने के लिए 10^{60} वर्षों की प्रतीक्षा करनी पडेगी- तब न सूर्य रहेगा न पृथ्वी और न ही ब्रह्माण्ड। बचे रहेंगे तो केवल कृष्ण-विवर इसलिए सस्काइण्ड का कथन है कि शायद ही कभी कोई प्रायोगिक तौर पर इसका परीक्षण कर पाए।

वर्ष 1967 के आस-पास जॉन आर्किवाल्ड ह्वीलर सितारों के गुरुत्वीय निपात में काफी रुचि लेने लगे थे। ह्वीलर आइन्स्टीन के शिष्य थे और महान अमरीकी भौतिकविद रिचर्ड फाइनमैन, मिसेनर, किप थार्न, वेकेन्स्टाइन जैसे ख्याति प्राप्त भौतिकविदों के पी-एच.डी. थीसिस के पर्यवेक्षक रहे थे। उनका विश्वास था कि प्रकृति के भौतिक नियमों की कुंजी गुरुत्वकीय सिद्धान्त में निहित है। गुरुत्वकीय निपात *(Gravitational Collapse)* की सम्भावना आइन्स्टीन के व्यापक आपेक्षिकता के सिद्धान्तों में ही निहित है जिसके समीकरणों को हल करते हुए 1915 में कार्ल श्वार्जचाइल्ड (1873-1916) ने परम निपात बिन्दु जिसे सिंग्यूलैरिटी अथवा एकत्व कहा गया के अस्तित्व को अपने गणितीय निष्कर्षों के आधार पर स्वीकारा और उसके चारो ओर एक काल्पनिक घटना-क्षितिज की अवधारणा प्रस्तुत की जहाँ निपातित तारे की पलायन-गति प्रकाश-गति के समतुल्य हो जाती है और उसके नीचे सिंग्यूलैरिटी बिन्दु से उत्सर्जित होनेवाला विकिरण अथवा प्रकाश मुड़कर पुन: उसी में समा जाता है और जो प्रकाश घटना-क्षितिज तक आता है वह उस पर तैरने लगता है, बाहर नहीं जा पाता । वस्तुत: घटना-क्षितिज सिंग्यूलैरिटी को बाहरी विश्व के पृथक कर देता है। सिंग्यूलैरिटी से घटना-क्षितिज तक की दूरी को श्वार्जचाईल्ड त्रिज्या कहते हैं जो तारे के द्रव्यमान के सीधे अनुपात में होती है। सूर्य-द्रव्यमान जैसे तारों की श्वार्जचाईल्ड त्रिज्या दो मील से कुछ कम होगी तथा 1000 सूर्य-द्रव्यमान वाले तारों की त्रिज्या 2000 मील होगी।

तारे के द्रव्यमान एवं घटना-क्षितिज की त्रिज्या के बीच आनुपातिक सम्बन्ध की जानकारी कृष्ण-विवरों के सम्बन्ध में एक अति महत्त्वपूर्ण जानकारी थी जिससे उनके आकाश काल में विद्यमान होने तथा उनके प्रभाव-क्षेत्र के विषय में अनेकानेक निष्कर्ष निकालने में वैज्ञानिकों को सहायता मिली। धरती सूर्य से लगभग 10 लाख गुना कम द्रव्यमान की है, इसके कृष्ण तारा बनने पर इसकी श्वार्जचाइल्ड त्रिज्या उसी अनुपात

में सूर्य की श्वार्जचाइल्ड त्रिज्या से कम होगी। एक खट्टी लाल बेरी के आकार जैसी। इसी प्रकार हमारी आकाशंगगा के मध्य स्थित कृष्ण-विवर के घटना-क्षितिज का दायरा लगभग 10 करोड़ मील होगा, जो हमारी पृथ्वी की कक्षा के बराबर है। सिंग्यूलैरिटी जैसा अप्रिय बिन्दु-क्षेत्र पूरे ब्रह्माण्ड में कहीं नहीं है पर वस्तुत: कैसा है किसी को ज्ञात नहीं, क्योंकि भौतिकी एवं गणित के कोई नियम वहाँ लागू नहीं होते जिनके सहारे हम उसके स्वरूप, प्रकृति तथा उसकी प्रवृत्ति का अनुमान लगा पाते। वह अनजान एवं अबूझ है।

कार्ल श्वार्जचाइल्ड जो एक जर्मन भौतिकविद थे और प्रथम विश्व युद्ध के दौरान जर्मन सेना में कार्यरत थे ने 1915 में ही आइन्स्टीन के आपेक्षिकता के सिद्धान्त के क्षेत्र समीकरणों का वास्तविक हल उनके प्रतिपादित होने के साथ में एक अघूर्णनशील पिण्ड के सन्दर्भ में ज्ञात कर लिया था। उल्लेखनीय है कि व्यापक आपेक्षिकता का सिद्धान्त आइन्स्टीन ने 1915 में ही प्रतिवादित किया था। दुर्भाग्यवश श्वार्जचाइल्ड की मृत्यु अगले ही वर्ष 1916 में 11 मई को त्वचा पर फफोलों की लाइलाज आटोइम्यून बीमारी पमफाइगस *(Autoimmune Disease Pemphigus)* से हो गयी जब वे रूस की सीमा पर तैनात थे। आशकेनाजी मूल के यहूदियों में इस तरह की बीमारियाँ बहुत ही सामान्य हैं। कदाचित यह आनुवंशिक तौर पर पूर्वजों से भावी पीढ़ियों में जाती हैं। श्वार्जचाइल्ड के पूर्वज यहूदी मूल के थे और वे 16वीं सदी में फ्रैंकफर्ट जर्मनी में आकर बस गये थे। श्वार्जचाइल्ड एक प्रतिभाशाली वैज्ञानिक थे जिन्हे आपेक्षिकता के सिद्धान्त की गहरी समझ थी जिसकी सराहना स्वयं आइन्स्टीन ने यह कहते हुए किया था कि मैंने तो फील्ड समीकरणों का हल सन्निकटन में दिया था, पर श्वार्जचाइल्ड ने बेहतर गणित का प्रयोग करके उनका सटीक हल खोज निकाला है। उनकी असामयिक मृत्यु से गुरुत्वीय भौतिकी के विकास में अपूरणीय क्षति हुई है।

न्यूटन ने 17वीं सदी में ही आकाशीय पिण्डों की पलायन गति ज्ञात कर लिया था जो $\sqrt{(2MG/R)}$ के बराबर होती है जिसमें M पिण्ड का द्रव्यमान एवं R उसके केन्द्र से दूरी तथा G गुरुत्वकीय नियतांक है। इस सूत्र के अध्ययन से यह विदित होता है कि पलायन गति पिण्ड के द्रव्यमान के वर्गमूल द्रव्यमान के सीधे अनुपात में तथा केन्द्र से दूरी के वर्गमूल के

प्रतिलोपी अनुपात में होती है। यह कारण है कि सूर्य अथवा उसके अधिक द्रव्यमान के तारों में उनके जीवन के अन्तिम चरण में जब संकुचन होता है तो केन्द्र से पृष्ठ पटल के बीच की दूरी कम होने लगती है जिसके कारण द्रव्यमान में कोई कमी न आने पर भी उनकी आकर्षण शक्ति बढ़ जाती है और फलतः पलायन-गति में भी वृद्धि होती जाती है। यही कारण है कि श्वेत-वामनों की पलायन गति अपने मूलतारकों से काफी अधिक होती है तथा न्यूट्रान-तारों की श्वेतवामनों से भी अधिक। तुलनात्मक दृष्टि से तारे की विभिन्न अवस्थाओं में श्वार्जचाइल्ड त्रिज्या का क्रम तारा > श्वेत-वामन > न्यूट्रानतारा > कृष्ण-विवर होता है। इसका सीधा प्रभाव आकाशीय पिण्डों के घूर्णन पर भी पड़ता है। श्वार्जचाइल्ड त्रिज्या के कम होने से कोणीय संवेग के अनुरक्षण सिद्धान्त के अनुरूप घूर्णन वेग बढ़ जायगा। प्रेक्षण में यह पाया भी गया है। तारे से तेज़ श्वेतवामन एवं उनसे तेज़ न्यूट्रान तारे अपने अक्ष पर धूर्णन करते हैं। न्यूट्रान-तारे का अधिकतम घूर्णन वेग 716 घूर्णन प्रति सेकण्ड दर्ज किया गया है।

कृष्ण-विवर को पहले कृष्ण-तारा के नाम से लोग जानते थे। ब्लैक होल या कृष्ण-विवर नाम सर्वप्रथम जॉन ह्वीलर ने दिया। जॉन ह्वीलर के विषय में एक बात विशेष थी जो उन्हें अन्य से अलग करती थी। वे जितने क्लासिकल भौतिकी में निष्णात थे उतने ही क्वाण्टम यान्त्रिकी में भी उनकी रुचि थी। आपेक्षिकता के सिद्धान्त को क्वाण्टम यान्त्रिकी के सिद्धान्तों के साथ मिलाकर वे कृष्ण-विवर की सिंग्यूलैरिटी एवं घटना-क्षितिज का अध्ययन कर रहे थे। क्वाण्टम इलेक्ट्रो डायनामिक्स *(QED)* के मुख्य प्रणेताओं में से एक नोबेल पुरस्कार विजेता रिचर्ड फाइनमैन जॉन ह्वीलर के शिष्य थे, से एक बार प्रसिद्ध भौतिकविद लियोनार्ड सस्काइण्ड ने जब कृष्ण-विवरों के बारे में पूछा तो उन्होंने सरलता से उत्तर दिया कि उन्हें कृष्ण-विवरों के बारे में कुछ विशेष नहीं पता है। श्वार्जचाइल्ड के बाद काफी अरसे तक कृष्ण-विवरों पर कोई उल्लेखनीय कार्य नहीं हो पाया था और 1940 एवं 1950 के दशक में कणिका भौतिकी एवं क्वाण्टम डायनामिक्स पर ही शोध होते रहे। 1958 में डेव *(Dave)* ने एक प्रभावशाली शोधपत्र में लिखा है कि कृष्ण-विवर का घटना-क्षितिज आकाश काल में एक ऐसा सीमा-क्षेत्र है जहाँ से किसी भी चीज की वापसी नामुमकिन है। घटना-क्षितिज से आवृत्त एक सिंग्यूलैरिटी है,

जिसके बारे में किसी को कुछ पता नहीं है। दो या अधिक कृष्ण-विवर आपस में मिल सकते हैं और बड़ा कृष्ण-विवर अस्तित्व में आ सकता है, किन्तु ऐसी कोई क्रियाविधि किसी को ज्ञात नहीं है जिससे कि कृष्ण-विवर दो या अधिक भागों में विभक्त हो सकें। दूसरे शब्दों में यह धारणा थी कि यदि एक बार कृष्ण-विवर का निर्माण हो गया तो उसका अस्तित्व आकाश-काल में सदैव विद्यमान रहेगा। अनन्त काल तक।

वर्ष 1960 के दशक के उत्तरार्द्ध एवं 1970 के दशक के पूर्वार्द्ध में युवा स्टीफेन हॉकिंग कृष्ण-विवरों के क्लासिकल सिद्धान्तों में एक के बाद एक नये अध्याय जोड़ते जा रहे थे। उनमें से एक यह भी था कि कृष्ण-विवरों के क्षितिज का क्षेत्रफल कभी कम नहीं होगा। स्टीफेन एवं उनके सहयोगी जेम्स वारडीन एवं ब्रैण्डन कार्टर ने व्यापक आपेक्षिकता के सिद्धान्त का सहारा लेकर कुछ नियम निकाले थे जो कृष्ण-विवरों की प्रकृति एवं व्यवहार को नियन्त्रित करते थे। नये नियम आश्चर्यजनक ढंग से उष्मागतिकी के नियमों से मेल खाते थे। यद्यपि इसे मात्र एक संयोग ही माना गया। उष्मागतिकी के इसी नियम में यह प्रतिपादित है कि एन्ट्रापी किसी तन्त्र की सदैव बढ़ती है वह कभी कम नहीं होगी। कृष्ण-विवर का क्षेत्रफल उसी तरह कभी कम नहीं होगा। सस्काइन्ड, जो स्टैनफोर्ड विश्वविद्यालय में सैद्धान्तिक भौतिकी के प्रोफेसर हैं ने लिखा है कि ब्लैक होल गतिकी के स्टीफेन्स के नियम उनके ऊपर अगले 20 वर्षों तक अपना प्रभाव डालते रहे किन्तु उनका मौलिक प्रश्न जो फाइनमैन के लिए था उसमें वे यह जानना चाह रहे थे कि क्या क्वाण्टम यान्त्रिकी के नियमों से कहीं कुछ इस बात की सम्भावना बन सकती है कि कृष्ण-विवर छोटे कृष्ण-विवरों में विभाजित हो जाँय ठीक वैसे ही जैसे बड़े नाभिक रेडियो सक्रियता के कारण छोटे नाभिकों में विभाजित हो जाते हैं। फाइनमैन ने कहा कि बिना किसी प्रायोगिक साक्ष्य के क्वाण्टम ग्रेविटी से जुड़े नियमों एवं अवधारणाओं के सम्बन्ध में कुछ भी निश्चयात्मक तौर पर कह पाना कठिन है। उन्होंने कहा कि कदाचित अगले पाँच सौ वर्षों में क्वाण्टम गुरुत्व को समझने में कुछ सफलता मिल सके। फाइनमैन उन दिनों क्वाण्टम फील्ड सिद्धान्त पर व्याख्यान दे रहे थे।

कृष्ण-विवरों पर क्वाण्टम यान्त्रिकी का क्या प्रभाव पड़ेगा? क्वाण्टम ग्रेविटी का स्वरूप क्या होगा, वह क्या प्रतिलोमी वर्ग के नियम का पालन

करेगी या फिर कोई अन्य यान्त्रिकीय नियम होंगे जो आपेक्षिकता के सिद्धान्तों के साथ क्वाण्टम यान्त्रिकी के नियमों के विलय से उत्पन्न हुए हों लागू होंगे? ये कुछ ऐसे प्रश्न हैं जो कृष्ण-विवरों एवं गुरुत्व पर कार्य कर रहे भौतिकविदों के लिए सिरदर्द बने हुए थे। क्वाण्टम यान्त्रिकी कभी नहीं कहती है कि क्या होगा बल्कि वह किसी चीज के होने की सम्भावना व्यक्त करती है।

क्लासिकीय यान्त्रिकी की निर्धार्यता का यहाँ अभाव है, वरन चीजों के घटने या होने की प्रायिकता की प्रधानता है। एक रेडियो सक्रिय परमाणु का क्षय कब होगा कहना कठिन है परन्तु क्वाण्टम यान्त्रिकी बता सकती है कि अगले 10 सेकेण्ड में उसका क्षयित होना सम्भावित है।

सस्काइन्ड की मुलाकात फाइनमैन से ऊपरी मैनहट्टन के ब्राइवे स्थित वेस्ट-इन, कैफे में वर्ष 1972 में हुई थी। फाइनमैन की ख्याति अपने चरम पर थी पर वे कृष्ण-विवरों पर कार्य नहीं कर रहे थे।

वर्ष 1972 में कृष्ण-विवरों के सन्दर्भ में वैज्ञानिकों के मध्य जो बहस छिड़ी हुई थी वह इस बात को लेकर थी कि क्लासिकल भौतिकी के सिद्धान्तों के अनुरूप कृष्ण-विवर विखण्डित नहीं हो सकते क्योंकि उनकी गुरुत्व शक्ति अपरिमित होती है और वह उन्हें विघटित होने नहीं देगी। सस्काइन्ड ने तर्क दिया कि जैसे बड़े तत्वों के नाभिक विखण्डित हो सकते हैं वैसे ही क्वाण्टम हलचलों के कारण कृष्ण-विवर के घटना-क्षितिज का स्वरूप विकृत हो सकता है और यदि क्वाण्टम हलचलें इतनी अधिक शक्तिशाली हों कि उनमें स्थायी तौर पर विकृतियाँ आ जायँ तो कृष्ण-विवर को छोटे कृष्ण-विवरों में विभाजित हो सकते हैं। फाइनमैन का सोचना था कि क्वाण्टम हलचलों के कारण कृष्ण-विवर के घटना-क्षितिज का अत्यन्त सूक्ष्म भाग विलग होकर व्योम में जा सकता है जिससे धीरे-धीरे कृष्ण-विवर का आकार घटता जायगा और एक दिन सम्पूर्ण कृष्ण-विवर का अस्तित्व दिक्काल से समाप्त हो जायगा।

वर्ष 1972 में सस्काइन्ड जब फाइनमैन से कृष्ण-विवर पर उनके विघटन की सम्भावनाओं की चर्चा कर रहे थे लगभग उसी समय प्रिन्सटन के एक प्रतिभासम्पन्न 25 वर्षीय स्नातक जैकब वैकेन्स्टाइन (1947-2015) के मन-मस्तिष्क में यह कौंध रहा था कि उष्मा, एन्ट्रापी एवं सूचनाओं से कृष्ण-विवरों का क्या सम्बन्ध हो सकता है? उस समय

प्रिन्सटन गुरुत्व भौतिकी के अध्ययन का गढ़ था जो कदाचित इस कारण भी कि आइन्स्टीन वहाँ दो दशकों तक रहे थे, हालाँकि उनके मरे हुए 17 वर्ष बीत चुके थे। आधुनिक भौतिकी के एक महान द्रष्टा जो प्रिन्स्टन में प्रोफेसर थे और जिन्होंने 1960 एवं 70 के दशक में गुरुत्व पर अध्ययन के लिए कई वैज्ञानिकों को प्रेरित किया और जो आगे चलकर ख्याति प्राप्त हुए, वे कोई और नहीं बल्कि स्वयं आइन्स्टीन से प्रभावित उनके भौतिकविद शिष्य जॉन आर्किवाल्ड ह्वीलर थे। वही फाइनमैन के पीएच. डी. थीसीस के पर्यवेक्षक भी थे। चार्ल्स मिसनर, किप थार्न, क्लाडियो टीटेलवोइम एवं जैकब वैकेन्स्टाइन उन्हीं के शिष्य थे। ह्वीलर ने आइन्स्टीन के अलावा नील्स वोह्न के साथ भी कार्य किया था और क्वाण्टम यान्त्रिकी में भी उनकी रुचि उतनी ही गहरी थी जितनी कि आइन्स्टीन के आपेक्षिकतावाद में। ह्वीलर की दृष्टि में भौतिकी की सर्वाधिक महत्त्व की समस्या आपेक्षिकता के सिद्धान्त का क्वाण्टम यात्रिकी के साथ सामागम करके एक एकीकृत सिद्धान्त की खोज करना था जो ब्रह्माण्ड की सभी परिस्थितियों में कारगर ढंग से लागू हो सके। वे परिस्थितियाँ चाहे कृष्ण-विवरों की हों अथवा सूक्ष्म स्तर पर नाभिकों के कणों के संवेगों की हों, बहु प्रतीक्षित एकीकृत सिद्धान्त से अपेक्षित है कि वह सभी परिस्थितियों में लागू हो सके। अपनी मृत्यु वर्ष 2008 तक वे अपने गुरु आइन्स्टीन की तरह ऐसे सिद्धान्त की खोज में लगे रहे।

ह्वीलर का कहना था कि कृष्ण-विवरों के पहचान सूचक बाल नहीं होते। इससे उनका तात्पर्य था कि कृष्ण-विवरों के घटना-क्षितिज गोल, चिकने, सुघड़ एवं अविशिष्ट होते हैं जिसके कारण उनमें अन्तर नहीं किया जा सकता। उनमें अन्तर यदि कोई है भी तो वह है उनके द्रव्यमान एवं उनकी घूर्णन गतियों में।

कैम्ब्रिज विश्वविद्यालय जहाँ डेनिस स्कियामा एस्ट्रोनामी एवं कॉस्मोलोजी के प्रोफेसर थे, सत्तर के दशक में विश्व के उन तीन स्थानों में से एक था जहाँ प्रतिभासम्पन्न वैज्ञानिक गुरुत्व के अबूझ रहस्यों को जानने व समझने का निरन्तर प्रयास गहनतापूर्वक कर रहे थे। शेष वे दो स्थान प्रिन्सटन एवं मास्को थे। स्कियामा के शिष्यों में ब्रह्माण्ड के सन्दर्भ में एन्थ्रापिक सिद्धान्त के प्रतिपादक ब्रैण्डन कार्टर, ग्रेट-ब्रिटेन के शाही खगोलशास्त्री सर मार्टिन रीस जो वर्तमान में सर एडमण्ड हैली पीठ

पर आसीन है, ऑक्सफोर्ड राउज बाल के गणित के प्रोफेसर फिलिप फैडेलास, क्वाण्टम कम्पयूटरिंग के आविष्कारकों में से एक डेविस ड्यूस *(David Deutsh)*, ख्याति प्राप्त कैम्ब्रिज खगोल शास्त्री जॉन बैरो एवं जाने-माने खगोलविद जार्ज एलिस जैसे चोटी के वैज्ञानिक थे। इन्हीं के साथ स्टीफेन हॉकिंग भी थे जो स्कियामा के पर्यवेक्षण में अपनी पी-एच. डी. थीसिस लिख चुके थे और जिनकी नियति आगे चलकर लूकासियन पीठ पर बैठने की थी जिसे न्यूटन एवं डिराक जैसे वैज्ञानिक सुशोभित कर चुके थे।

वर्ष 1974 की सर्दियों में एक अलसाये दिन सस्काइन्ड की मुलाकात स्कियामा से हुई जब स्कियामा उत्तरी मैनहटन के वेल्फर स्कूल में कृष्ण-विवरों पर व्याख्यान दे रहे थे, जिसमें हॉकिंग द्वारा की गयी शोधों का उल्लेख वे बार-बार कर रहे थे। इसके पहले हॉकिंग सस्काउन्ड के लिए अपरिचित थे, किन्तु हॉकिंग के कार्यों की चर्चा कैम्ब्रिज में उन दिनों खूब हो रही थी। 1974 में स्टीफेन हॉकिंग व्यापक आपेक्षिकता के क्षेत्र में रोजर पेनरोज के साथ मिलकर काफी उपलब्धियाँ अर्जित कर चुके थे। क्वाण्टम यान्त्रिकी का उपयोग करते हुए हॉकिंग ने यह बताया कि कृष्ण-विवर में उष्मा निहित होती है, जिसका अपना कुछ तापमान होता है, इसे एक सूत्र $T = hc^3/16\pi^2GMk$ से प्रदर्शित करते हैं जो उसके द्रव्यमान M के प्रतिलोमी अनुपात में होता है। सूत्र में h प्लैंक नियतांक, c प्रकाश-गति, G गुरुत्वकीय नियतांक एवं k बोल्ट्समैन नियतांक है तथा M कृष्ण-विवर का द्रव्यमान है। इससे विदित होता है कि भारी द्रव्यमान के कृष्ण-विवर का तापमान कम होगा और कम द्रव्यमान के कृष्ण-विवर का अधिक। परिणामत: यदि किसी पिण्ड का तापमान है तो वह कृष्ण पिण्ड की भाँति ऊर्जा नि:सरित करेगा अर्थात कृष्ण-विवर भी अन्य तप्त कृष्ण पिण्ड की भाँति विद्युत चुम्बकीय तरंगों के रूप में ऊर्जा नि:सरित करेगा। चूँकि विशिष्ट आपेक्षिकता सिद्धान्त के अनुसार द्रव्यमान ऊर्जा में तथा ऊर्जा द्रव्यमान में रूपान्तरित हो सकते हैं जिसका सूत्र $E=mc^2$ है अतएव विकिरण उत्सर्जन से कृष्ण-विवर का द्रव्यमान घटेगा जिसके कारण उसका आकार घटेगा, क्योंकि कृष्ण-विवर की श्वार्जचाइल्ड त्रिज्या उसके द्रव्यमान के वर्गमूल के समानुपाती होती है। द्रव्यमान बढ़ेगा तब त्रिज्या बढ़ेगी और यदि द्रव्यमान घटेगा तो त्रिज्या घटेगी। कृष्ण-विवर

का तापमान होने के कारण वह कृष्ण-पिण्ड की तरह विद्युत चुम्बकीय तरंगें उत्सर्जित करेगा। विकिरण के उत्सर्जन से कृष्ण-विवर का द्रव्यमान घटता जायगा और कृष्ण-विवर का तापमान बढ़ता जायगा, जिसके कारण विकिरण उत्सर्जन दर बढ़ेगी और इससे द्रव्यमान तेजी से घटेगा। इस तरह एक दिन कृष्ण-विवर एक भयंकर प्रस्फुरण विस्फोट के साथ अपरिमित ऊर्जा छोड़ता हुआ दिक काल से विलुप्त हो जायगा।

सूत्र $T = hc^3/16\pi^2GMk$ में प्रयुक्त T कृष्ण-विवर का तापमान कैल्विन में है, h प्लैंक नियतांक है, जिसका मान $7 \times 10^{-34} m^2\ kgs^{-1}$, G गुरुत्वकीय नियतांक है जिसका मान 6-7 × 10^{-11} न्यूटन या $m^3\ kg^{-1}\ s^2$, c प्रकाश-गति जिसका मान $3 \times 10^8\ m/s$ तथा k वोल्ट्समैन नियतांक है जिसका मान $1.4 \times 10^{-23}\ m^2\ kg\ s^2\ k^{-1}$ है। सूर्य-द्रव्यमान से 5 गुना द्रव्यमान वाले तारे का द्रव्यमान $M = 10^{31}\ kg$ होगा। इन राशियों का मान उक्त सूत्र में रखने पर पाँच सूर्य-द्रव्यमानवाले कृष्ण-विवर का ताप $10^{-8} K$ आयेगा।

यह बहुत ही कम तापमान है। परम शून्य के ऊपर लगभग एक डिग्री कैल्विन का 10 करोड़वाँ भाग। सम्पूर्ण ब्रह्माण्ड में इतना कम तापमान कहीं भी नहीं है। इसके भी कम तापमान के कृष्ण-विवर आकाशगंगाओं के क्रोड़ में हैं। सूर्य-द्रव्यमान से एक अरब गुना अधिक द्रव्यमानवाला कृष्ण-विवर सूर्य-द्रव्यमानवाले कृष्ण-विवर से एक अरब गुना बड़ा और एक अरब गुना कम तापमानवाला होगा।

छोटे कृष्ण-विवरों की भी सम्भावनाएँ हो सकती हैं। यदि किसी तरह धरती कृष्ण-विवर बन जाय तो क्या होगा? धरती सूर्य-द्रव्यमान से 10 लाख गुना कम द्रव्यमान की है। अतएव उसका तापमान सूर्य-द्रव्यमानवाले कृष्ण-विवर के तापमान से बहुत अधिक होगा जो वस्तुतः परम शून्य के ऊपर 0.01 डिग्री होगा किन्तु इसके बावजूद बहुत ठण्डा चन्द्रमा के द्रव्यमान के समतुल्य द्रव्यमानवाले कृष्ण-विवर का तापमान $10^o K$ होगा।

हॉकिंग विकिरण उत्सर्जित करनेवाला कृष्ण-विवर आकार में छोटा होता जायगा और उसका द्रव्यमान कम होता जायगा किन्तु उसका तापमान बढ़ता जायगा। एक बड़ी चट्टान के द्रव्यमान के बराबर द्रव्यमान वाले कृष्ण-विवर का ताप अरब-अरब डिग्री कैल्विन $(10^{18}K)$ तक पहुँच

जायगा। प्लैंक द्रव्यमान तक पहुँचते-पहुँचते इसका तापमान $10^{32}K$ हो जायगा। प्लैंक द्रव्यमान 0.02 मिली ग्राम के बराबर होता है। ब्रह्माण्ड में कहीं इतने अधिक तापवाले क्षेत्र से ही महाविस्फोट हुआ होगा जिससे यह सृष्टि बनी।

कृष्ण-विवरों के वाष्पित होने विषयक हॉकिंग की गणनाओं को सस्काइण्ड ने महानतम उपलब्धियों की श्रेणी में रखते हुए कहा है कि जब इसके परिणामों को ठीक ढंग से समझा जायगा तब एक महान वैज्ञानिक क्रान्ति की शुरूआत होगी। जब वैज्ञानिक इसे पूरी तरह समझ लेंगे तब और भी विषयों जैसे दिक काल की प्रकृति, सूक्ष्म मौलिक कणों के अर्थ एवं ब्रह्माण्ड की उत्पत्ति के रहस्यों पर से भी परदा उठेगा। सस्काइन्ड आगे कहते हैं कि जिन्हें हॉकिंग की महानता पर संशय है वे जाकर उनका 1975 का शोधपत्र देखें जिसका शीर्षक था- 'कृष्ण-विवरों द्वारा पदार्थ कणों का सृजन।'

कृष्ण-विवर की सबसे बड़ी समस्या सूचनाओं के लोपन को लेकर थी जबकि भौतिकी के नियम सूचना संरक्षण की बात करते हैं। इसके अनुसार सूचनाओं का लोपन कभी नहीं होता। हॉकिंग का कहना था कि कृष्ण-विवर के घटना-क्षितिज से जो भी ऊर्जा या पदार्थ गुजरता है वह अपने परम मूल घटकों में परिवर्तित हो जाता है जिसका पतन अन्ततः कृष्ण-विवर की सिंग्यूलैरिटी में हो जाता है, जहाँ से उसकी वापसी असम्भव है। जब कृष्ण-विवर वाष्पित होता है तो उसमें कैद सूचनाएँ सदैव के लिए ब्रह्माण्ड से लुप्त हो जाती हैं। सूचनाओं की अदला-बदली नहीं होती और न ही इन्हें पुनः किसी तरह प्राप्त किया जा सकता है जिससे सूचनाओं के संरक्षण सिद्धान्त का हनन होता था, जिसका उत्तर तत्सागय किसी के पास नहीं था। भौतिकविद इसे 'कृष्ण-विवर-सूचना-विरोधाभास' कहते थे।

कृष्ण-विवर सूचना के संरक्षण के समर्थन में ल्योनार्ड सस्काइण्ड एवं टी हूफ्ट ने अपने तर्क दिये। उनका कहना था कि वाष्पित हो रहे कृष्ण-विवर का द्रव्यमान व आकार जैसे-जैसे घटता जायगा, उनका तापमान बढ़ता जायगा और वे इतने तप्त हो जायेंगे कि वे उच्च ऊर्जा से युक्त कणों को उत्सर्जित करने लगेंगे। कृष्ण-विवर तब तक वाष्पीकृत होते रहेंगे जब तक कि उनका द्रव्यमान घटते-घटते प्लैंक द्रव्यमान लगभग 21

माइक्रोग्राम के समतुल्य न रह जाय। इस अवस्था में उनकी त्रिज्या प्लैंक लम्बाई 10^{-33} cm के बराबर हो जायेगी जिसका घनत्व 10^{94} प्रति घन सेमी तथा तापमान $10^{32}K$ होगा। यही अवस्था महाविस्फोट के 10^{-44} सेकण्ड बाद की थी। यद्यपि क्वाण्टम अनिश्चितता के कारण उस समय वस्तुतः क्या रहा होगा, यह कहना तो कठिन है पर वह कुछ ऐसी ही परिस्थिति रही होगी जिसमें समस्त अवशिष्ट सूचनाएँ संगृहीत होकर संरक्षित रही होंगी। इन सूचनाओं के बाहर निकलने की कोई क्रियाविधि हमें नहीं पता है। कदाचित उन परिस्थितियों में ही कुछ ऐसे राज छिपे हों जिससे ऐसा होना सम्भव है जो महाविस्फोट का कारण बनीं थी। सृष्टि की रचना कदाचित उसी क्रम में पुनः वैसी ही होगी जैसा कि वर्तमान में है।

एक कण जिसका प्लैंक द्रव्यमान हो और जो अनन्त मात्रा में सूचनाएँ संगृहीत किये हो की भी एनट्रापी अनन्त होगी। अनन्त एनट्रापीवाले कणों का अस्तित्व उष्मा-गतिकी की विनाशक स्थिति का भी द्योतक होगा जो उष्मीय हलचलों से सृजित होकर तन्त्र की समस्त उष्मा सोख लेगा।

टी-हूफ्ट एवं सस्काइन्ड ने तर्क दिया कि सूचनाएँ जो कृष्ण-विवर में पहले से होती हैं या बाद में द्रव्य अवशोषण के दौरान आती है, वह अन्ततः फोटानों में अथवा परम मूल कणों में परिवर्तित हो जाती हैं और ये सब मिलकर हॉकिंग-विकिरण का निर्माण करते हैं,जो कृष्ण-विवर से उत्सर्जित होता है।

1970 के दशक के मध्य तक श्वार्जचाइल्ड के कृष्ण-विवरों की ज्यामिती बहुत-कुछ स्पष्ट हो चुकी थी। घटना-क्षितिज के नीचे जाने के बाद किसी भी वस्तु के लिए बाहर निकल पाना नामुमकिन था। आइन्स्टीन के सिद्धान्त में निहित है कि घटना-क्षितिज के भीतर जाने पर किसी को कोई विशिष्ट अनुभव नहीं होगा और न ही उसे यह आभास होगा कि घटना-क्षितिज जैसी चीज भी है क्योंकि वह एक गणितीय पृष्ठतल है जिसका कोई भौतिक अस्तित्व नहीं है अथवा कोई मूर्त स्वरूप है। हाँ भौतिक रूप से जो प्रभाव पड़ेगा वह यह कि जो भी वस्तु वहाँ जायेगी, उस पर लगनेवाला प्रचण्ड गुरुत्वाकर्षण बल उसे लम्बाई की दिशा में खींच कर लम्बा कर देगा और उसकी मोटाई सिमटकर एक अत्यन्त बारीक तार की तरह हो जायेगी और घटना क्षितिज तक पहुँचते-पहुँचते सूक्ष्म टुकड़ों में बँट जायेगी। किन्तु यदि विशाल कृष्ण-विवर जिसका

द्रव्यमान 10 लाख या अधिक सूर्य-द्रव्यमान है तब आकार बड़ा होने के कारण पृष्ठतल (घटना-क्षितिज) की वक्रता कम होगी जिसके कारण गुरुत्वाकर्षण बल पूरे शरीर पर एक ही जैसा लगेगा और घटना-क्षितिज पर जाने में कोई शारीरिक विकृतियाँ नहीं होंगी अतएव हॉकिंग का कहना है कि यदि किसी कृष्ण-विवर के भीतर झाँककर देखना है तो बहुत बड़े कृष्ण-विवरों का चयन करना पड़ेगा। हमारी आकाशगंगा के क्रोड़ में 40 लाख सूर्य-द्रव्यमान का कृष्ण-विवर है।

यद्यपि आपको कृष्ण-विवर के गिरने पर कोई अविश्वसनीय अनुभूति नहीं होगी पर यदि कोई जो आपको दूर से देख रहा होगा घटना-क्षितिज पार करते हुए आपको कभी नहीं देख पायेगा बल्कि आपकी गति मन्द-दर- मन्द होती जायेगी और आप बाहर मँडराते अथवा ठहरे नज़र आयेंगे। आपकी छवि धुँधली और लाल होती जायेगी और सदैव के लिए आप अन्ततः दृष्टि से ओझल हो जायेंगे।

मेसाचुसेट्स डार्टमाउथ विश्वविद्याल के भौतिकी के प्रो. गौरवखन्ना के नेतृत्व में शोधकत्ताओं की एक टीम ने पाया कि दिक्काल में कृष्ण-विवरों का निर्माण एक जैसा नहीं होता और यदि ये बड़े एवं घूर्णनशील हैं तो इससे भविष्य की दिक यात्राओं को नये सिरे से परिभाषित किया जा सकेगा। अध्ययन में पाया गया कि सैगीटेरियस-*A** जैसा विशाल कृष्ण-विवर जो हमारी आकाशगंगा के मध्य में है, यदि घूर्णनशील है तो उसकी सिंगुलैरिटी अथवा 'एकत्व' ऐसा नहीं होगा कि उसमें गिरने वाली वस्तुयें अपना अस्तित्व खो देंगी और अपने मूल घटकों में विभक्त हो जायेंगी जहाँ से उनको पूर्व स्वरूप में ला पाना असम्भव जैसा होगा। उनके बीच से गुजरनेवाला अन्तरिक्ष यान सरलता से अपनी यात्रा जारी रख सकेगा क्योंकि धूर्णनशील विशाल कृष्ण-विवर की सिंगूलैरिटी तकनीकी दृष्टि से दुर्बल होगी जिससे अन्तरिक्ष यान एवं उसमें सवार अन्तरिक्ष यात्री सकुशल रहेंगे। उनकी सिंगूलैरिटी के बीच से गुजरना वैसा ही होगा जैसे जलती हुई मोमबत्ती की लौ के बीच से कोई तेज़ी से अपनी उँगली ले जाय।

प्रो. गौरव खन्ना की पी-एच.डी. छात्र कैरोलिन मैलारी ने 2016 में सर्वप्रथम क्रिस्टोफर नोलन की फिल्म 'इण्टरस्टेलर' जो नोबेल पुरस्कार विजेता किप थार्न के शोध परिणामों से प्रभावित होकर बनायी गयी है, की उस परिकल्पना का वैज्ञानिक परीक्षण करना चाहा, जिसमें कूपर

जिसकी भूमिका मैथ्यू मैक कानघे ने निभायी थी, आश्चर्यजनक रूप से 10 करोड़ सूर्य-द्रव्यमानवाले विशाल कृष्ण-विवर गैरगण्टुआ में गिरने के बाद भी सही-सलामत बच गये थे। मैलारी के शोध में यह पाया गया कि अति विशाल द्रव्यमानवाले धूर्णनशील कृष्ण-विवर के बीच से गुजरना सरल एवं सामान्य होगा और गुजरनेवाली वस्तुएँ सुरक्षित रहेंगी। इस शोध से 'इण्टरस्टेलर' फिल्म की लोकप्रियता असामान्य तरीके से बढ़ गयी है और इसे 21वीं सदी की महानतम वैज्ञानिक फिल्म की श्रेणी में रखते हुए काल्पनिक न मानकर वास्तविकता के समीप माना जा रहा है। प्रो. गौरव खन्ना ने भविष्य की हाइपर स्पेस यात्राओं के वास्तविक होने के प्रति आभार व्यक्त करते हुए अपना शोधपत्र 'दि कन्वरशेसन' में जनवरी, 2019 में प्रकाशित कराया है। अति विशाल कृष्ण-विवर अत्यन्त तीव्रगति से घूर्णन करते हैं। *NGC*-1365 के क्रोड़ में स्थित 20 लाख सूर्य-द्रव्यमान वाला अति विशाल कृष्ण-विवर 80 प्रतिशत प्रकाश गति से धूर्णन करता है जो क्रान्तिक कॉस्मिक गति 84 प्रतिशत के करीब है अर्थात बिना अपनी सिंगुलैरिटी को अनावृत्त किये कोई कृष्ण-विवर इससे अधिक गति से धूर्णन नहीं कर सकता।

हॉकिंग कहते हैं कि उनकी बेटी लूसी के जन्म के कुछ ही दिन बाद उन्होंने कृष्ण-विवर क्षेत्र प्रमेय की खोज की। वे कहते हैं कि यदि आइन्स्टीन का व्यापक आपेक्षिकता का सिद्धान्त सही है और यदि द्रव्य पदार्थ ऊर्जा घनत्व धनात्मक है, जैसा कि वस्तुतः है भी, तो कृष्ण-विवर के घटना-क्षितिज, जो कृष्ण-विवर की सीमा भी है, के गुण धर्म ऐसे होते हैं कि कृष्ण-विवर में यदि पदार्थ एवं ऊर्जा (विकिरण) गिरती है तो उसके घटना-क्षितिज के क्षेत्रफल का विस्तार होता है। इसके अतिरिक्त यदि दो कृष्ण-विवरों में टक्कर होती है और एक नये कृष्ण-विवर का जन्म होता है तो उसके घटना-क्षितिज का क्षेत्रफल टक्कर के पूर्ववाले भौतिक कृष्ण-विवरों के क्षेत्रफलों के योग से अधिक होगा। अर्थात यदि कृष्ण-विवर A एवं B मिलकर C बनाते हैं तो क्षेत्रफल $A+B <$ क्षेत्रफल C होगा। हॉकिंग ने कहा कि क्षेत्रफल प्रमेय सत्यता को प्रायोगिक तौर पर *LIGO (Laser Interferometer Gravitational- Wave Observatory)* में प्रमाणित किया जा सकता है।

14 सितम्बर, 2015, *LIGO* ने दो कृष्ण-विवरों के विलयन से

उत्सर्जित गुरुत्व तरंगों का मापन किया था। तरंगों के आकार आदि से कृष्ण-विवरों के द्रव्यमान एवं कोणीय संवेगों के विषय में जानकारी की जा सकती है और लोम-विहीनता के प्रमेय *(No Hair Theorem)* के आधार पर इसके क्षितिज के क्षेत्रफल का आकलन किया जा सकता है। उल्लेखनीय है कि लोम विहीनता के प्रमेय में यह परिलक्षित है कि सभी कृष्ण-विवरों के आइन्स्टीन-मैक्सवेल के व्यापक आपेक्षिकता के समस्त समीकरणों तथा विशेषकर उष्मा-गतिकी के समस्त गुरुत्वकीय एवं विद्युत चुम्बकीय समीकरणों का पूर्णरूप से लक्षणात्मक विश्लेषण केवल तीन निर्धारक तत्वों *(Parameter)* क्रमशः द्रव्यमान, विद्युत आवेश एवं कोणीय संवेग के आधार पर ही किया जा सकता है। इसमें यह जानना आवश्यक नहीं होगा कि कृष्ण-विवर किस वस्तु से निर्मित हैं। अथवा घटना-क्षितिज के भीतर वस्तुतः क्या है? इससे कृष्ण-विवर के घटना-क्षितिज के क्षेत्रफल एवं परम्परागत क्लासिकीय भौतिकी के एनट्रापी के बीच अन्तर्निहित सम्बन्ध का होना परिलक्षित होता है। किसी भी तन्त्र की एनट्रापी उसकी अव्यवस्था की मापक है। अर्थात सटीक दशा की जानकारी का अभाव होना। उष्मा-गतिकी का द्वितीय नियम कहता है कि समय के साथ किसी भी तन्त्र की एनट्रापी सदैव बढ़ती है। हॉकिंग कहते हैं कि कृष्ण-विवर के गुणों एवं उष्मा-गतिकी के नियमों को साथ लेकर उसमें विस्तार लाया जा सकता है। तन्त्र की एनट्रापी में हुए मामूली परिवर्तन से आनुपातिक तौर पर तन्त्र की ऊर्जा में हुए परिवर्तन को महसूस किया जा सकता है। ब्रैण्डन कार्टर, जिम वारडीन एवं हॉकिंग ने इसी तरह की स्थिति कृष्ण-विवर के क्षेत्रफल में हुए परिवर्तन के सापेक्ष पाया। यहाँ समानता का कारक *(Factor of Proportionality)* एक नियतांक है जिसे सतही या पृष्ठतलीय गुरुत्व *(Surface Gravity)* कहते हैं जो घटना-क्षितिज पर गुरुत्व क्षेत्र की शक्ति का माप है। यदि यह कोई मान ले कि घटना-क्षितिज का क्षेत्रफल एनट्रापी के समतुल्य है, तो ऐसा लगेगा कि पृष्ठतलीय गुरुत्व तापमान के समरूप होगा। समरूपता के विचार की पुष्टि इस बात से भी होती है कि पृष्ठतलीय गुरुत्व घटना-क्षितिज के हर बिन्दु पर समान होता है ठीक वैसे ही जैसे किसी वस्तु का तापमान वस्तु के उष्मीय सन्तुलन की स्थिति में होने पर वस्तु के हर बिन्दु पर समान होता है।

हॉकिंग कहते हैं कि ऊपरी तौर पर घटना-क्षितिज के क्षेत्रफल एवं

एनट्रापी के बीच समानता दिखने के बाद भी यह सिद्ध कर पाना कठिन था कि क्षेत्रफल का सम्बन्ध एनट्रापी से किस प्रकार होगा। 1972 में प्रिन्सटन विश्वविद्यालय के स्नातक छात्र जैकब बेकेनस्टीन ने एक महत्त्वपूर्ण सुझाव दिया जो कुछ इस तरह था कि गुरुत्वीय निपात से जब कृष्ण-विवर बनते हैं तब उन्हें केवल तीन पैरामीटरों (निर्धारकों) से जाना जा सकता है जो क्रमशः द्रव्यमान, कोणीय आवेग एवं विद्युत आवेश हैं। इसका अर्थ यह हुआ कि कृष्ण-विवरों की संरचना में पदार्थ हैं या प्रति पदार्थ हैं, उसका आकार गोल है या अनियमित इन बातों का कोई महत्त्व नहीं है। विभिन्न प्रकार के तारों के गुरुत्वीय निपात से बननेवाले कृष्ण-विवर एक ही तरह के होंगे। बेकेनस्टीन ने कहा कि यदि कृष्ण-विवर की एनट्रापी सीमित होगी जो घटना-क्षितिज के क्षेत्रफल की समानुपाती होगी तो वह उष्मा धारण करेगी जिसका कुछ तापमान होगा जो पृष्ठतलीय गुरुत्व के समानुपाती होगा। इसका अर्थ यह है कि कृष्ण-विवर किसी तापमान पर जो शून्य नहीं होगा, उष्मीय सन्तुलन की स्थिति में होंगे किन्तु क्लासिकीय अवधारणा के अनुसार इस तरह का कोई उष्मीय सन्तुलन सम्भव ही नहीं है क्योंकि कृष्ण-विवर वह सभी विकिरण सोख लेंगे जो उसमें निपातित होंगे और उत्सर्जन के नाम पर कुछ भी बाहर नहीं जायगा और इस प्रकार उष्मीय सन्तुलन सम्भव ही नहीं होगा। प्रत्येक कण एवं प्रत्येक बल सूचनाओं के वाहक होते हैं क्योंकि उनमें सूचनाएँ निहित रहती हैं। इसका अर्थ यह हुआ कि कृष्ण-विवर में सूचनाएँ समाई हुई हैं किन्तु उत्सर्जन न होने के कारण बाहरी दुनिया के लिए वे ग्राह्य नहीं हैं। किन्तु दिक के किसी क्षेत्र विशेष में सूचनाओं के संग्रहण की भी एक सीमा होती है। सूचना के लिए ऊर्जा की आवश्यकता होती है और ऊर्जा की समतुल्यता आइन्स्टीन के समीकरण $E=mc^2$ के अनुसार द्रव्यमान से है। इसलिए यदि अत्यधिक सूचनाएँ किसी दिक क्षेत्र में संगृहीत हैं तो वह क्षेत्र कृष्ण-विवर के रूप में निपातित *(Collapse)* हो जायगा और उसका आकार सूचनाओं की मात्रा का द्योतक होगा। यदि कृष्ण-विवर के अन्दर संगृहीत सूचनाओं की मात्रा उसके आकार पर निर्भर करेगी और वह उष्मा धारण करेगा जिसका एक तापमान होगा, तब वह एक तप्त कृष्ण पिण्ड की तरह विकिरण उत्सर्जित करेगा, परन्तु क्लासिकीय भौतिकी के नियमों के अनुसार ऐसा सम्भव नहीं होगा क्योंकि ऐसा समझा जाता था कि कृष्ण-विवर के गुरुत्व की जकड़न

के कारण कोई भी वस्तु अथवा ऊर्जा का उत्सर्जन सम्भव ही नहीं है।

इस विरोधाभास का हल 1974 में हॉकिंग ने स्वयं प्रस्तुत किया। उनकी गणनाओं में पाया गया कि कृष्ण-विवर कणों का सृजन करता है और कण एवं विकिरण का उत्सर्जन करता है ठीक उसी तरह जैसे कि कोई तप्त कृष्ण-विवर जिसका तापमान उसके पृष्ठ-तलीय (सतही) गुरुत्व के सीधे अनुपात में और द्रव्यमान के प्रतिलोपी अनुपात में होता है विकिरण का उत्सर्जन करता है। इससे जैकब बेकेन्स्टीन के सुझावों की भी पुष्टि होती थी जिसमें कहा गया था कि कृष्ण-विवर की एक सीमित अथवा परिमित एनट्रापी होती है, क्योंकि विकिरण उत्सर्जन से इस बात की भी पुष्टि होती है कि कृष्ण-विवर किसी तापतान पर जो शून्य नहीं होगा उष्मीय सन्तुलन की स्थिति में होगा। उसके पश्चात कई लोगों ने अन्य तरीकों से भी इस तथ्य की पुष्टि की।

क्वाण्टम यान्त्रिकी के सिद्धान्तों में यह निहित है कि दिक आभासी कण-प्रतिकण युग्मों से भरा है। ये कण युग्म विलग होते हैं, मिलते हैं और जब मिलते हैं तब एक-दूसरे को विनष्ट कर देते हैं और तब फोटानों का निर्माण होता है। इन कणों को आभासी कण इसलिए कहते हैं कि क्योंकि इन्हें सीधे तौर पर पार्टिकल डिटेक्टर में देखा नहीं जा सकता किन्तु इनके होने की पुष्टि अप्रत्यक्ष रूप से लैम्ब शिफ्ट के कारण होती है। लैम्ब शिफ्ट हाईड्रोजन परमाणु के दो ऊर्जा स्तरों में पाये गये सूक्ष्म अन्तर को कहते हैं जो, डिराक समीकरणों में प्राविधानित नही हैं। कृष्ण-विवर की उपस्थिति में आमासी कण युग्म का एक कण कृष्ण-विवर में गिर सकता है और दूसरा कण अस्तित्व में बना रह सकता है क्योंकि उसको विनष्ट करने के लिए दूसरा कण वहाँ नहीं है। विलगित कण अथवा प्रतिकण भी अपने साथी की तरह कृष्ण-विवर में उसके पीछे गिर सकता है और यह भी सम्भव है कि वह न गिरे और दिक में पलायित हो जाय। ऐसी स्थिति में लगेगा जैसे कृष्ण-विवर से विकिरण उत्सर्जित हो रहा है। इसे हॉकिंग रेडिएशन कहते हैं।

एक सूर्य-द्रव्यमान का कृष्ण-विवर इतना मंद उत्सर्जन करेगा कि उसका मापन ही सम्भव न होगा, किन्तु ऐसे भी लघु कृष्ण-विवर हो सकते हैं जिनका निर्माण ब्रह्माण्ड के शुरूआती दौर में विप्लव भरी परिस्थितियों में हुआ हो जिनका द्रव्यमान एक पहाड़ के द्रव्यमान के बराबर होगा। ऐसे

पहाड़ जितने द्रव्यमान के लघु कृष्ण-विवर *X*-किरणों एवं गामा-किरणों के रूप में विकिरण का उत्सर्जन करेंगे जिसकी दर एक करोड़ मेगावाट हो सकती है जो विश्व की समस्त विद्युत्ऊर्जा की पूर्ति के लिए पर्याप्त होगी। ऐसे लघु-कृष्ण-विवरों को काबू में रख पाना कठिन होगा। यदि वे पृथ्वी के धरातल पर रख दिये जाये तो ये धरातल में धँसते चले जायेंगे और पृथ्वी के केन्द्र में पहुँच जायेंगे। इसलिए इन्हें पृथ्वी की कक्षा में ही रखना पड़ेगा। लोगों ने ऐसे द्रव्यमान के लघु कृष्ण-विवरों की, तलाश की है पर उन्हें ये अभी तक नहीं मिले हैं। इनके होने की सम्भावनाएँ दिक के अतिरिक्त आयामों में हो सकती हैं किन्तु हम उन्हें देख नहीं सकते क्योंकि प्रकृति के चार मौलिक बलों में गुरुत्व ही ऐसा बल है जो दिक्काल के 10 या 11 आयामों में अन्तः क्रियाएँ कर सकता है। प्रकाश केवल दिक काल के चार आयामों में ही संचरण कर सकता है। इसके अतिरिक्त अन्य आयामों में गुरुत्व हमारे ब्रह्माण्ड की अपेक्षा अधिक शक्तिशाली होगा जो दूसरे तरह की समस्याएँ पैदा करेगा। हाँ, लघु कृष्ण-विवरों को निर्मित होने की सम्भावनाएँ अवश्य बढ़ जायेंगी।

कृष्ण-विवर से जब विकिरण उत्सर्जित होगा तो उसका द्रव्यमान कम हो जायगा जिसके कारण उसका आकार भी कम हो जायगा। जैसे-जैसे कृष्ण-विवर छोटा और कम द्रव्यमान का होता जायगा वैसे-वैसे उसका तापमान बढ़ता जायगा और उसके विकिरण की उत्सर्जन-दर भी बढ़ती जायेगी। अन्ततः कृष्ण-विवर एक भयानक प्रस्फुरण के साथ दिक्काल से सदा के लिए लुप्त हो जायगा। साथ ही ऐसा प्रतीत होता है कि सूचनाओं का लोपन भी उसी के साथ हो जाता है। परन्तु यदि सूचनाओं का लोपन वास्तविक रूप में हो जायगा तो अतीत अथवा भविष्य का ज्ञान नहीं हो पायेगा और न ही किसी विधि से उसका अनुमान लग पायेगा।

ब्लैक होल की पहली तस्वीर— दुनिया के लिए 10 अप्रैल 2019, दिन बुधवार, अविस्मरणीय रहेगा क्योंकि इसी दिन ब्लैक होल की पहली तस्वीर जारी की गयी है। यह ब्लैक होल *M*-87 नामक आकाशगंगा में मौजूद है। इस तस्वीर में प्रकाश का एक चक्र दिख रहा है जिसके बीच में ब्लैक होल है। यह एक विशालकाय ब्लैक होल है जिससे गैस और प्लाज्मा का नांरगी प्रकाश निकलता दिख रहा है। इस छवि के लिए 10 लाख गीगा बाइट डाटा संग्रह किया गया जो 40 हजार लोगों द्वारा ली

जानेवाली सेल्फी के बराबर है। यह धरती से 5.4 करोड़ प्रकाश वर्ष दूर है। इस तस्वीर को आठ रेडियो टेलीस्कोपों के जरिये तैयार किया गया । अन्ततः ब्लैक होल को देख ही लिया गया।

ब्लैक होल अथवा कृष्ण-विवर के अस्तित्व के बारे में वैज्ञानिक पहले से ही जानते हैं, परन्तु अप्रत्यक्ष रूप में बुधवार को आयी तस्वीर में पहली बार ब्लैक होल के किनारों की वास्तविक छवि दिखी-जिसे घटना-क्षितिज कहते हैं। एक बार फिर बुधवार 10 अप्रैल 2019 को ब्लैक होल की आकृति एवं चमक के बारे में एक सदी पूर्व की गयी आइन्स्टीन की भविष्यवाणी सही साबित हुई। आइन्स्टीन के व्यापक आपेक्षिकता के सिद्धान्त के फील्ड समीकरणों को हल करने पर प्राप्त परिणामों के आलोक में ब्लैक होल के अस्तित्व को सैद्धान्तिक रूप से स्वीकार किया गया था और आकाश-काल सातत्यता के साथ दिक्काल की वक्रता के परिणाम स्वरूप गुरुत्व के होने को भी स्वीकार किया गया था। कुछ वर्ष पूर्व गुरुत्व तरंगों को भी मापने में सफलता मिल गयी थी। इस प्रकार आपेक्षिकता के सिद्धान्तों की परख आकाश गांगेय पैमाने पर पहली बार करने में वैज्ञानिकों को सफलता मिली है। आइन्स्टीन ने 300 से अधिक वैज्ञानिक शोधपत्रों का प्रकाशन किया। 5 दिसम्बर, 2014 को विश्वविद्यालयों एवं अभिलेखागारों ने आइन्स्टीन के 30 हजार से अधिक अद्वितीय दस्तावेज एवं पत्रों के प्रदर्शन की घोषणा की। वर्ष 1999 में टाइम पत्रिका ने उन्हें **'शताब्दी-पुरुष'** घोषित किया। एक सर्वेक्षण में वे सार्वकालिक महानतम वैज्ञानिक माने गये। आइन्स्टीन की बौद्धिक उपलब्धियों की अपूर्वता ने आइन्स्टीन शब्द को मेधावी का पर्याय बना दिया है। गत सौ वर्षों में भौतिकी में शोधकार्य अधिकाशतः आइन्स्टीन के ही सिद्धान्तों की परख एवं उसके परिणामों एवं निष्कर्षों की सत्यता के सत्यापन में ही बीते हैं और प्रत्येक बार आइन्स्टीन ही विजयी रहे।

यह ब्लैक होल सूर्य के द्रव्यमान से लगभग 6.5 अरब गुना बड़ा है। इसकी चौड़ाई लगभग 10 हजार करोड़ किलोमीटर है। जिसका तात्पर्य है कि यह दूरी सूर्य से नेप्चूयन की दूरी की 22 गुनी है। वास्तव में ब्लैक होल की इस तस्वीर को एक तरह का सिलुएट यानी छायाचित्र कहा जा सकता है। इसके आस-पास एक चमकीले रंग की कोई पट्टी घूम रही है। जिसके कारण ब्लैक होलवाला भाग अँधेरे से भरा काला दिखता है

और उससे उसकी आकृति का अनुमान लग पाता है। 1974 में ब्रिटिश वैज्ञानिक स्टीफेन हॉकिंग ने सर्वप्रथम ब्लैक होल से निकलनेवाली हॉकिंग रेडियेशन की परिकल्पना की थी जबकि तत्समय ब्लैक होल के विषय में यह अवधारणा थी कि ब्लैक होल पूरी तरह से काले होते हैं। अर्थात उनके प्रबल आकर्षण के कारण कोई भी पदार्थ अथवा ऊर्जा उसमें से निःसरित नहीं हो सकती थी जिससे उनके अस्तित्व के बारे में जानकारी मिल सके उनके आस-पास के सितारों की गतियों के द्रव्यमान से ही उनके वजूद के विषय में सैद्धान्तिक रूप से भविष्यवाणी की जाती थी।

वर्ष 1915 में आइन्स्टीन ने जब सापेक्षिकता के सिद्धान्त में गुरुत्व का समावेश करते हुए व्यापक सापेक्षिकता का सिद्धान्त दिया तब सबसे बड़ी समस्या प्रायोगिक तौर पर उसके परीक्षण की थी। सर्वप्रथम परीक्षण बुध ग्रह के पेरिहिलयान अर्थात सूर्य से निकटतम दूरी के बिन्दु के पूर्वगमन सम्बन्धित विसंगतियों के सन्दर्भ में किया गया जो सही पाया गया है। भारी द्रव्यमान के कारण प्रकाश के मुड़ने की भविष्यवाणी अर्थात गुरुत्वीय लेंसिंग की परख आज से ठीक 103 वर्ष पूर्व 1919 में ब्रिटिश खगोलविद एडिंगटन द्वारा पूर्ण सूर्यग्रहण के समय की गयी थी, जिसने आइन्स्टीन के सिद्धान्तों को सही ठहराया। फरवरी, 2016 में एडवान्स लीगो *(LIGO)* टीम ने घोषणा की कि उन्होंने दो कृष्ण-विवरों में समामेलन से उत्पन्न गुरुत्व-तरंगों को सीधे तौर पर मापन करने में सफलता प्राप्त की है। क्लासिकल परीक्षणों, आधुनिक परीक्षणों, शक्तिशाली बल क्षेत्र में किये गये परीक्षणों अथवा ब्रह्माण्डीय पैमाने पर किये गये सभी परीक्षणों में अभी तक आइन्स्टीन का व्यापक आपेक्षिकता का सिद्धान्त पूर्णतया खरा उतरा है।

क्या ब्रह्माण्ड में और भी कोई बुद्धिमान प्राणी है?

यह एक सामान्य अनुभव की बात है कि समय के साथ चीजें और अधिक अव्यवस्थित एवं अस्त-व्यक्त होती जाती हैं। इसे उष्मा-गतिकी के दूसरे नियम के रूप में भी जाना जाता है, जिसमें कहा गया हैं कि ब्रह्माण्ड की सम्पूर्ण अव्यवस्था या एनट्रापी समय के साथ सदैव बढ़ती है। इस नियम में सकल अव्यवस्था की बात कही गयी है जिसका तात्पर्य यह है कि किसी तन्त्र की अव्यवस्था बढ़ रही है तो और कोई तन्त्र ऐसा भी हो सकता है जो समय के साथ और अधिक व्यवस्थित हो रहा हो, किन्तु सकल अव्यवस्था बढ़ रही हो। ऐसा ही सजीव प्राणियों के सन्दर्भ में भी पाया जाता है। जीवन को कुछ इस तरह परिभाषित किया जा सकता है कि वह एक ऐसा तन्त्र है जो सुव्यवस्थित होता है और अव्यवस्था की प्रवृत्ति के विरुद्ध कार्य करते हुए प्रजनन द्वारा वंशवृद्धि कर सकता है। अर्थात अपने ही जैसा किन्तु पृथकत: स्वतन्त्र व्यवस्थित तन्त्रों का निर्माण कर सकता है। ऐसा करने के लिए तन्त्र के लिए आवश्यक होगा कि ऊर्जा का उसके व्यवस्थित रूपों जैसे- भोजन, सूर्य-प्रकाश या विद्युत ऊर्जा से अव्यवस्थित ऊर्जा जैसे उष्मा में रूपान्तरित करे। इस प्रकार जीवन-तन्त्र सकल अव्यवस्था को तो बढ़ायेगा किन्तु स्वयं में एवं अपने सन्तानों में व्यवस्था संस्थापित करेगा। हॉकिंग कहते हैं कि यह वैसा ही लगता है जैसे हर नये बच्चे के जन्म के साथ घर और अधिक अव्यवस्थित लगने लगे।

प्रत्येक सजीव तन्त्र में दो बातें होती हैं- एक तो कुछ ऐसे अनुदेश जो तन्त्र को बताते हैं कि उसे कैसे कार्य करना है और वंश को कैसे आगे बढ़ाना है, और दूसरी एक ऐसी क्रियाविधि जिसके माध्यम से अनुदेशों

का क्रियान्वयन सुनिश्चित होता है। जैविक तन्त्र में उन्हें क्रमशः जीन एवं मेटावालिज्म कहते हैं। जीन में आनुवंशिक अनुदेश कूटबद्ध होते हैं तथा मेटावालिज्म चयापचयन को कहते हैं जिसमें पेड़-पौधों और जन्तुओं में होनेवाली रासायनिक प्रक्रियाएँ भोजन को ऊर्जा में परिवर्तित कर देती हैं जिससे उनकी वृद्धि होती है। हॉकिंग कहते हैं कि खास बात यह है कि इनमें कुछ भी जैविकता नहीं है। उदाहरण के लिए एक कम्प्यूटर वाइरस एक प्रोग्राम है जो कम्प्यूटर मेमोरी में अपनी प्रतिकृतियाँ तैयार कर सकता है, इस प्रकार तो यह सजीव तन्त्र की परिभाषा के अनुसार सजीव है। जैविक वाइरस की भाँति यह भी अपूर्ण है क्योंकि जीन की भॉति इसमें अनुदेश तो होते हैं, परन्तु अपना स्वयं का चयाचपयन तन्त्र नहीं होता। बल्कि यह मेजबान कम्प्यूटर अथवा कोशिकीय तन्त्र में अपनी कार्य-योजना के अनुरूप योजित कर चयापचयन सुनिश्चित करता है। कुछ वैज्ञानिक कहते हैं कि वाइरस परजीवी हैं इसलिए सजीव नहीं हैं। इस पर हॉकिंग का तर्क है कि ऐसा तो सभी के साथ है क्योंकि किसी-न-किसी तरीके से सभी प्राणी, पेड़-पौधे एवं अन्य जीव-जन्तु परस्पर आश्रित रहते हैं, इसलिए उनके विचार से कम्प्यूटर वाइरस को सजीव मानना चाहिए। जिन्हें हम जीवन कहते हैं, कार्बन तत्व के शृंखलायुक्त अणुओं से निर्मित होता है, जिसमें कुछ अन्य तत्त्व जैसे नाइट्रोजन एवं फास्फोरस का भी समावेश होता है। कुछ लोग सिलिकान तत्व आधारित जीवन की सम्भावनाओं को भी व्यक्त करते हैं, किन्तु कार्बन आधारित जीवन धरती पर सर्वत्र विद्यमान है, जिसका कारण उसके भौतिक एवं रासायनिक गुण हैं जो अन्य तत्वों में नहीं हैं। ऐसा प्रतीत होता है कि प्रकृति ने सभी भौतिक एवं रासायनिक नियतांकों का दिव्य-संयोग कार्बन के पक्ष में ही कर दिया है अन्यथा *QED* पैमाना, विद्युत आवेश एवं दिक्-काल के आयामों में रंचमात्र भी परिवर्तन कार्बन परमाणु को बनने ही नहीं देते। इन सब के पीछे प्रकृति की यही मन्शा रही है कि किसी बुद्धिमान प्राणी का जन्म हो और वह प्रकृति की विलक्षणता, उसके सौन्दर्य एवं उसकी विशाल भव्यता का दिग्दर्शन कर सके।

हॉकिंग कहते हैं कि एन्थ्रानिक सिद्धान्त की सार्थकता क्या पृथ्वी तक ही सीमित है अथवा पृथ्वी की परिस्थितियों के अनुकूल अन्यत्र व्याप्त परिस्थितियों में भी जीवन सम्भव हो सकता है?

13.80 अरब वर्ष पूर्व जब ब्रह्माण्ड महाविस्फोट से अस्तित्व में आया तब कार्बन तत्त्व तत्काल नहीं बना क्योंकि, ब्रह्माण्ड तब इतना तप्त था कि सम्पूर्ण पदार्थ अपने मौलिक घटकों इलेक्ट्रान, प्रोटान एवं न्यूट्रान के रूप में ही था। प्रारम्भ में प्रोटान एवं न्यूट्रान बराबर संख्या में रहे होंगे। ब्रह्माण्ड विस्तार के साथ-साथ ठण्डा भी होता गया। महाविस्फोट के एक मिनट बाद ब्रह्माण्ड का तापमान घटकर एक अरब डिग्री सेण्टीग्रेड रह गया जो तब भी सूर्य के क्रोड़ के तापमान से लगभग सौ गुना अधिक था। इस तापमान पर न्यूट्रान क्षयित होकर और अधिक प्रोटान बनाने लगे। यदि केवल यही हो तो सभी पदार्थ हाइड्रोजन परमाणु के रूप में ही होते जिनके नाभिक में एक प्रोटान होता है और कक्षा में एक इलेक्ट्रान और इस प्रकार सृष्टि का क्रम रुक जाता, परन्तु नहीं। कुछ न्यूट्रान प्रोटानों से टकराये और अगले तत्त्व हिलियम का निर्माण किये जिनके नाभिक में दो न्यूट्रान एवं दो प्रोटान तथा कक्षा में दो इलेक्ट्रान होते हैं, किन्तु इससे बड़े परमाणु जैसे कार्बन या ऑक्सीजन प्रारम्भिक ब्रह्माण्ड में नहीं बन पाये थे, इसलिए यह सोचना कि प्रारम्भिक ब्रह्माण्ड में केवल हाइड्रोजन एवं हीलियम आधारित जीवन रहा होगा, सम्भव नहीं है । इसके अतिरिक्त प्रारम्भिक ब्रह्माण्ड तप्त भी बहुत अधिक था जो जीवन के पनपने के लिए अनुकूल नहीं था। ब्रह्माण्ड फैलता गया और ठण्डा होता गया। इसमें कुछ क्षेत्र सघन रहे होंगे जहाँ प्रसार गति मन्द रही होगी और पदार्थ ने आपसी गुरुत्वाकर्षण से आबद्ध संरचनाओं का निर्माण किया होगा जिसे हम आकाशगंगा व तारे कहते हैं, किन्तु ऐसा महाविस्फोट के 2 अरब वर्ष बाद हुआ। प्रारम्भिक ब्रह्माण्ड के कुछ सितारे सूर्य से काफी बड़े रहे होंगे जिसमें नाभिकीय दहन-दर अधिक रही होगी और वे दो-तीन अरब वर्षों में ही अपने अन्तिम चरण में सुरपनोवा बन गये होंगे जिसमें होनेवाले विस्फोट के समय भारी तत्वों जैसे कार्बन, ऑक्सीजन, नाइट्रोजन, फास्फोरस, आइरन आदि का निर्माण हुआ होगा। सुपरनोवा विस्फोटों में ये तत्त्व दिक में बिखर गये होंगे और अगली पीढ़ी के तारों के लिए निर्माण सामग्री बने होंगे। यह अनुमान है कि पाँच सितारों में कम-से-कम एक सितारा ऐसा था जिसके सौर मण्डल में पृथ्वी जैसे ग्रह हैं और उस सितारे से उतनी दूरी पर परिक्रमा

कर रहे हैं जिससे उन्हें उचित उष्मा की मात्रा मिल रही होगी जिससे वहाँ जीवन के आसार होंगे। हमारा अपना सौर-मण्डल चार अरब पचास करोड़ वर्ष पूर्व बना तथा हमारी पृथ्वी में भारी तत्त्व जैसे कार्बन एवं ऑक्सीजन आदि उसके निर्माण के समय ही आ गये थे जिनमें से कुछ तत्त्वों के परमाणु सुव्यवस्थित होकर *DNA* अणु बनाये। *DNA* अणु दोहरी कुण्डलिनी *(Double Helix)* के आकार जैसा होता है जिसकी खोज 1950 के दशक में फांसिस क्रिक एवं जेम्स वाटसन ने कैम्ब्रिज में किया। हेलिक्स की दोनों शृंखलाओं को जोड़ने का काम न्यूक्लीइक अम्ल के जोड़े करते हैं। चार तरह के न्यूक्लीइक अम्ल होते हैं : एडेनिन, साइटोसिन, गुआनिन एवं थायामीन। एक शृंखला की एडेनिन दूसरी शृंखला के थायामीन से ही जोड़ा बनाती है। इसी प्रकार साइटोसिन दूसरी शृंखला की गुआनिन से ही जोड़ा बनाती हैं। इस प्रकार एक शृंखला पर न्यूक्लीइक अम्लों का सीक्वेन्स दूसरी शृंखला के एक विशिष्ट एवं पूरक सीक्वेन्स को विनिश्चित करता है। दोनों शृंखलायें पृथक भी हो सकती हैं। इस प्रकार *DNA* अणु अपने न्यूक्लीइक अम्लों के सीक्वेन्सों में निहित आनुवांशिक सन्देशों को पुनः सृजित कर सकते हैं। सीक्वेन्स के खण्ड भी प्रोटीनों एवं अन्य रसायनों के निर्माण में प्रयुक्त हो सकते हैं जो सीक्वेन्स में कूटबद्ध अनुदेशों का क्रियान्वयन सुनिश्चित कर सकते हैं और *DNA* के पुनः निर्माण के लिए निर्माण सामग्री एकत्रित कर सकते हैं।

सर्वप्रथम *DNA* अणु कैसे बने? इसका उत्तर आज भी निश्चित रूप से किसी के पास नहीं है। कई सम्भावनाएँ व्यक्त की गयी हैं, जिनमें एक यह भी है कि जीवन के बीज ब्रह्माण्ड में विद्यमान हैं और वे उल्का पिण्डों, धूमकेतुओं तथा सौर प्रवाहों के माध्यम से इस धरती पर आये एवं अनुकूल वातावरण पाकर जिसमें तरल जल का होना प्रमुख था, विकसित हुए। इस बात के साक्ष्य मिले हैं कि धरती पर जीवन हेडियन काल के अन्तिम चरण में लगभग 4 अरब वर्ष पूर्व एकल कोशिकीय रूप में विद्यमान था। एक बड़ा सवाल यह है कि एक वैज्ञानिक अनुमान के अनुसार जीवन के विकसित होने में 10 अरब वर्ष लगने चाहिए जो हमारे सूर्य एवं सौर-मण्डल की सम्पूर्ण आयु है तो धरती के अस्तित्व में आने के पचास करोड़ वर्षों में ही जीवन के प्रथम चिह्न कैसे यहाँ दिखने लगे? तो क्या ऐसा तो

नहीं कि पृथ्वी की निर्माण सामग्री में पहले से ही जीवन के बीज विद्यमान रहे जो और अनुकूल अवसर देखकर पनप गये।

हॉकिंग भी कहते हैं कि धरती पर उसके अस्तित्व में आने के बाद शीघ्र ही जीवन का प्रस्फुटित होना यह संकेत देता है कि अनुकूल परिस्थितियों में जीवन के स्वतः पनपने के आसार अधिक हैं। सम्भव है कि प्रारम्भ में कोई और अधिक सरल संरचना रही हो जिससे *DNA* अणु बने और बाद में उन्होंने उनका स्थान ले लिया। एक सम्भवना *RNA* की बतायी जाती है।

RNA अणु *DNA* अणु की तरह होते हैं किन्तु उनकी संरचना दोहरे हेलिक्स की तरह न होकर इकहरी होती है। *RNA* की छोटी शृंखलाएँ *DNA* की तरह पुनः सृजन करके अन्ततः *DNA* अणु का निर्माण कर सकती हैं। *RNA* तो क्या अजैविक पदार्थों से न्यूक्लीइक अम्लों का भी निर्माण प्रयोगशालाओं में नहीं किया जा सकता। हॉकिंग कहते हैं कि धरती का अधिकांश भाग तरल जल के महासागरों से अच्छादित था अतएव 50 करोड़ वर्षों में *RNA* अणुओं के संयोगवश स्वतः बनने की सम्भावनाएँ प्रबल थीं। इन्हीं *RNA* अणुओं से *DNA* बने। *DNA* में पुनः सृजन की सामर्थ्य होती है परन्तु प्रारम्भिक *DNA* के सृजन में सांयोगिक त्रुटियाँ भी आयी होंगी जिनसे युक्त कुछ *DNA* अणु हानिकर रहे होंगे जो स्वतः नष्ट हो गये होंगे। कुछ तटस्थ रहे होंगे जिन्होंने जीन की क्रिया-विधि को प्रभावित नहीं किया होगा और कुछ ऐसे रहे होंगे जिन्होंने वंशवृद्धि में सार्थक भूमिका निभायी होगी और प्रजातियों के संरक्षण में योगदान किया होगा। ऐसा डार्बिन के प्राकृतिक वरण सिद्धान्त के अनुरूप हुआ होगा।

जैविक क्रम-विकास की प्रक्रिया प्रारम्भ में अत्यन्त मन्द रही होगी। एकल कोशिकीय से बहु कोशिकीय जीवन के विकास में ढाई अरब वर्ष लग गये, परन्तु उसके पश्चात एक अरब वर्ष में ही सर्वप्रथम मछलियाँ विकसित हुईं और उनसे स्तनधारी जीव विकसित हुए। क्रम-विकास की गति और अधिक तेज हुई और कुछ ही करोड़ वर्षों में एक विस्फोट की तरह अन्यान्य प्रजातियाँ विकसित हुईं जिसमें अन्ततः मानव विकसित हुए। वस्तुतः प्रारम्भिक स्तनधारियों में से सभी अंग जो मानवों में हैं किसी-न-किसी रूप में उनकी आवश्यकतानुरूप विद्यमान थे, उनमें केवल बारीकी से किये गये संशोधन मात्रा से ही मानव प्रजाति विकसित हुई, किन्तु

मानव प्रजाति के विकास में एक ऐसा मोड़ भी आया जब सूचनाओं, सन्देशों अथवा विचारों का हस्तान्तरण आनुवंशिक तौर पर न होकर अन्य संसाधनों से होने लगा जिसका सृजन मानव ने स्वयं अपने मस्तिष्क से किया। सूचनाएँ अथवा ज्ञान की अभिव्यक्ति को प्रसारित करनेवाले साधनों में भाषा प्रमुख है जिसमें लिपिबद्ध भाषा तो सर्वोपरि है। इसका अर्थ यह हुआ कि पीढ़ी दर पीढ़ी हस्तान्तरित होनेवाले ज्ञान को प्रसारित करने के आनुवंशिक तरीके से इतर अन्य तरीके भी मानवों ने विकसित कर लिये जो अन्य जैविक प्रजातियाँ नहीं कर पायीं और इस बीच इतना ज्ञान अर्जित हो गया जितना पिछले कई अरब वर्षों में भी नहीं हुआ। पर साथ ही पिछले 10,000 वर्षों में *DNA* के जैविक क्रम-विकास में भी संज्ञान योग्य परिवर्तन देखे गये हैं। हॉकिंग कहते हैं कि लम्बी अवधि तक अपनी वैज्ञानिक वृत्ति में प्राप्त ब्रह्माण्ड से सम्बन्धित ज्ञान मैं अपनी लिखित सामग्री के माध्यम से वैज्ञानिक समुदाय के साथ-साथ जन-जन तक पहुँचा रहा हूँ जो उन्हें भविष्य में भी उपलब्ध रहेगा, परन्तु यह ज्ञान आनुवंशिक ढंग से जीव के द्वारा नहीं पहुँचाया जा रहा है। इसी तरह विश्व में समाचार पत्रों, पुस्तकों, पत्रिकाओं, रेडियो एवं टी.वी. आदि संसाधनों से लगातार सूचनाओं का सम्प्रेक्षण किया जा रहा है जिसका आनुवंशिक तौर पर हस्तान्तरित ज्ञान से कोई सम्बन्ध नहीं है।

पुरुष के शुक्राणु अथवा महिलाओं की अण्डकोशिकाओं के *DNA* में न्यूक्लीइक अम्लों के लगभग तीन अरब क्षारक युग्म होते हैं, किन्तु अधिकांश आनुवंशिक सन्देश जो इन जीन सीक्वेन्सों मे संगृहीत होते हैं, उनका कोई विशिष्ट उपयोग ज्ञात नहीं है, इसलिए वैज्ञानिक उन्हें निष्प्रयोज्य जीन *(Junk)* अथवा स्वार्थी *(Selfish)* जीन कहते हैं। उपयोगी सूचनाएँ हमारे जीन में लगभग 10 करोड़ बिट बतायी जाती हैं। एक बिट के बराबर सूचनाएँ हॉ या नहीं उत्तर के ही समतुल्य होती हैं। इसके विपरीत एक उपन्यास में 20 लाख बिट सूचनाओं के समतुल्य सामग्री हो सकती है। एक बड़े पुस्तकालय में 50 लाख पुस्तकें हो सकती हैं जो लगभग 10 खरब बिट के बराबर होंगी। पुस्तकों के माध्यम से या इण्टरनेट से दी जानेवाली सूचनाएँ, उन सूचनाओं से जो *DNA* के माध्यम से हस्तान्तरित होती हैं से एक लाख गुनी अधिक हैं। हमें आधुनिक मानव बनने में लाखों वर्ष लग गये क्योंकि *DNA* में उपयोगी सूचनाओं का समावेश होना अथवा

विद्यमान सूचनाओं में परिवर्तन होना क्रम-विकास ही एक बहुत ही मन्द प्रक्रिया है। हॉकिंग कहते हैं कि लाखों वर्ष की अवधि में कदाचित कुछ ही लाख बिट के समतुल्य *DNA* में उपयोगी सूचनाएँ बदली होंगी जिसके अनुसार मानवों की विकास प्रक्रिया के क्रम में जैविक विकास दर औसतन एक बिट प्रति वर्ष रही होगी, जबकि प्रति वर्ष पुस्तकों आदि से प्रसारित सूचनाएँ कम-से-कम एक खरब बिट होंगी। यह दर निश्चित तौर पर जीव में हुए बदलाव की दर से बहुत अधिक है।

हॉकिंग कहते हैं कि इसका अर्थ यह हुआ कि हम विकास की एक नयी अवस्था से गुजर रहे हैं। प्रारम्भ में क्रम-विकास प्राकृतिक वरण के सिद्धान्त पर आधारित यादृच्छिक उत्परिवर्तन के माध्यम से आगे बढ़ा। यह डार्बिनीयन-फेज 3.5 अरब वर्ष तक कायम रही, और हमारे जैसे प्राणी को विकसित किया जिन्होंने सूचनाओं के आदान-प्रदान के लिए भाषा का विकास किया, किन्तु पिछले लगभग 10,000 वर्षों से हम वाह्य सम्प्रेक्षण-अवस्था में रह रहे हैं। इस बीच आन्तरिक सूचनाएँ जो हमारे जीनों में थीं, में भी परिवर्तन हुए, किन्तु वाह्य सूचनाएँ जो हमारे मस्तिष्क से हस्तान्तरित होकर पुस्तकों एवं अन्य दीर्घकाल तक संग्रहण के अन्य साधनों में संगृहीत हुईं, उनकी मात्रा बहुत अधिक है। हॉकिंग कहते हैं कि कुछ लोग क्रम-विकास में केवल आन्तरिक आनुवंशिक सन्देशों के संग्रहण को ही मानते हैं किन्तु ऐसा करना संकुचित सोच का परिचायक है क्योंकि हम अपने जीनों से अधिक बहुत कुछ हैं। सम्भव है कि हम अपने उन पूर्वजों से अधिक शक्तिशाली अथवा बुद्धिमान न हों जो गुफाओं में रहते थे, परन्तु उनसे हमें जो पृथक करता है, वह वह ज्ञान है जो हमने पिछले 10,000 वर्षों में हासिल किया है, विशेषकर पिछले 300 वर्षों में। हॉकिंग का मानना है कि बाह्य सम्प्रेषित सूचनाओं का भी समावेश *DNA* द्वारा सम्प्रेषित सूचनाओं के साथ मानवों के क्रम-विकास में किया जाना चाहिए।

हॉकिंग मानवों के उस आक्रामकता का भी जिक्र करते हैं जो उसके गुफाओं में रहने के दिनों से आज तक उसमें कायम है। पूर्व काल की इस प्रवृत्ति को स्वरक्षण के लक्षणों में गिना जाता है जैसा कि आज भी विभिन्न प्राणियों में यह विद्यमान है और प्राकृतिक तौर पर भविष्य में भी रहेगा, परन्तु मानवों ने अपने बचाच के लिए जो सामरिक संसाधन एकत्रित कर

लिये हैं उनके उपयोग से तो सम्पूर्ण मानव जाति के नष्ट होने का खतरा बढ़ गया है। एक नाभिकीय युद्ध पृथ्वी से प्राणियों का विनाश कर सकता है। इसके अतिरिक्त युद्ध में विषाणुओं का प्रयोग भी किसी समय किया जा सकता है जो मानवों को सदैव के लिए अपंग बना सकता है अथवा मार सकता है। धरती पर प्राकृतिक आपदाएँ पहले भी आती रही हैं और आगे भी आती रहेंगी, किन्तु मानव प्रेरित आपदाएँ जैसे ग्रीन-हाउस गैसों का उत्सरण एक अत्यन्त विनाशकारी स्थिति में हमें ला सकता है। हॉकिंग कहते हैं कि और अधिक बुद्धिमान तथा संस्कारी बनाने के लिए डार्बिन के क्रम-विकास की प्रतीक्षा करने का समय अब मानवों के पास नहीं है। अब वे एक ऐसे दौर से गुजर रहे हैं जिसमें वे अपने *DNA* को परिष्कृत कर अथवा बदलकर क्रम-विकास की योजना स्वयं बनायेंगे। *DNA* की मैपिंग की जा चुकी है, जिसका अर्थ है कि जीवन की किताब अब पढ़ी जा सकती है जिसमें त्रुटि निवारण किया जा सकता है तथा आवश्यकतानुरूप परिवर्तन अथवा संशोधन भी किया जा सकता है। प्रारम्भ में यह प्रक्रिया आनुवंशिक रोगों जैसे सिस्टिक फाइब्रोसिस *(Cystic Fibrosis)* जो एक गम्भीर जन्मजात बीमारी है जिससे शरीर के कुछ अंग ठीक तरह से काम नहीं करते, या मस्कुलर डिस्ट्राफी *(Muscular Dystrophy)* जिसमें व्यक्ति की माँस-पेशियाँ निरन्तर कमजोर होती जाती हैं, केवल एक जीन से ही नियन्त्रित होते हैं, पर प्रयुक्त की जायेगी। मानव के दूसरे गुण जैसे उसकी बुद्धिमत्ता कदाचित कई जीनों से नियन्त्रित होते हैं जिन्हें ढूँढ पाना और उनमें आपसी सम्बन्धों को समझ पाना काफी कठिन है। हॉकिंग ने आनुवंशिक विज्ञान की प्रगति को देखते हुए विश्वास व्यक्त किया कि कदाचित इसी सदी में मनुष्य अपनी बुद्धि एवं नैसर्गिक सहज वृत्तियों जैसे गुणों को सम्बन्धित करने के तरीके ढूँढ़ लेगा।

हॉकिंग ने साथ ही यह आशंका भी व्यक्त की है कि उनमें भी कुछ लोग अपनी स्वाभाविक आक्रामक वृत्तियों के अनुरूप अतिमानवी गुणों से सम्पन्न मानवों की प्रजातियों का निर्माण करेंगे जो अति बुद्धिमान रोग विहीन एवं दीर्घायु होंगे। इससे दूसरे तरह की समस्याएँ समाज में जन्म लेंगी जिनमें अविकसित मानव या तो समाप्त हो जायगा या सामाजिक दृष्टि से महत्त्वहीन हो जायगा। केवल सक्षम एवं शक्तिशाली ही बचेंगे। डार्विन का सिद्धान्त यहाँ भी काम करेगा।

यदि मानव खुद को अपने ही हाथों तबाह न कर ले तो आवश्यकता होगी भविष्य में अन्य ग्रहों पर बस्तियाँ बसाने की। हॉकिंग का मानना है कि दिक की लम्बी दूरियों की यात्राएँ *DNA* आधारित जीवन के लिए अत्यन्त कठिन होगी क्योंकि इनका जीवनकाल यात्रा में लगनेवाले समय को देखते हुए अत्यन्त अल्प है। आपेक्षिकता के सिद्धान्त के अनुसार कोई भी वस्तु प्रकाश-गति से अधिक तेज नहीं चल सकती। इस प्रकार यदि हम प्रकाश-गति से चलें, जो असम्भव है, तो अपने सबसे करीब 4 प्रकाश वर्ष दूर तारे तक जाने और आने में ही हमें 8 वर्ष लग जायेंगे और अपनी आकाशगंगा के मध्य तक जाने-आने में तो 50,000 वर्ष का समय लग जायगा। विज्ञान कथाओं में इस तरह की यात्राओं को दिक्-वक्रता अथवा अतिरिक्त आयामों के सहारे कम समय में ही करने की कल्पनाएँ की जाती रही हैं किन्तु हॉकिंग का मानना है कि सैद्धान्तिक तौर पर इसकी थोड़ी बहुत सम्भावना यदि है तो भी व्यावहारिक रूप से ऐसा कभी सम्भव नहीं हो सकेगा। सैद्धान्तिक रूप से आपेक्षिकता के सिद्धान्त में यह निहित है कि यदि कोई प्रकाशगति से तेज गतिमान हो सकता है तो वह काल के अतीत में भी जा सकता है जिससे अन्यान्य समस्याएँ उपस्थित हो जायेंगी। इसी तरह भविष्य के लोग हमारे वर्तमान में आ सकते हैं। यदि ऐसा होता है तो कल्पना कीजिये कि स्थिति कितनी विचित्र एवं असहज होगी।

यह सम्भव है कि आनुवंशिक अभियन्त्रण की मदद से *DNA* आधारित जीवन को अनन्त काल तक दीर्घकालिक बनाया जा सके या कुछ हजार या लाख वर्षों तक का जीवन-काल नियत हो सके, परन्तु हॉकिंग के अनुसार इसमें भी आसान एक रास्ता है जो हमारे मौजूदा तकनीकी क्षमताओं के अधीन है। क्यों न दिक में मशीनें भेजी जाँय जो व्योम यात्राओं के अनुरूप बनी हों और दीर्घजीवी हों? जब वे किसी तारक मण्डल के किसी ग्रह पर पहुँचें तो वहाँ उतर कर, वहाँ धातुओं, खनिजों आदि की तलाशकर और अधिक दूसरी मशीनों का निर्माण करें और नव निर्मित मशीनें अन्य तारक मण्डलों में भेज दी जायँ। ये मशीनें एक नये तरह के जीवन का रूप होंगी जो विशाल जैव-रासायनिक अणुओं पर आधारित न होकर मशीनों के कल-पुर्जों एवं एलेक्ट्रॉनिक उपकरणों से युक्त होगा। यह मशीनी जीवन *DNA* आधारित जीवन का स्थान ठीक उसी तरह ले लेगा जैसे *DNA* ने प्रारम्भिक जीवन के घटकों को विस्थापित कर उनका स्थान ले लिया था।

यदि हम अपनी आकाशगंगा में ही तलाश करें तो सवाल यह है कि परग्रही जीवन के मिलने की सम्भावनाएँ कितनी हैं? यदि धरती पर जीवन के पनपने का काल पैमाना सही है तो ब्रह्माण्ड में तो अरबों-खरबों तारक मण्डल होंगे जो धरती से भी कई अरब वर्ष पुराने होंगे। वहाँ का जीवन अत्यन्त उन्नत एवं बुद्धिमत्तायुक्त होगा जिन्हें ब्रह्माण्डव्यापी यात्राओं का भी अनुभव होगा। पर इन सभी सम्भावनाओं के मध्य एक सवाल यह भी है कि यदि अन्यत्र जीवन है और अधिक वृद्धिमान प्राणी विद्यमान हैं तो आज तक उन्होंने हमसे सर्म्पक क्यों नहीं किया? उड़न तश्तरियों के दिखने की जानकारी धरती के लगभग सभी भागों से समाचार पत्रों एवं अन्य सूचना-माध्यमों से मिलती रहती है, परन्तु प्रामाणिक तौर पर कुछ नहीं कहा जा सकता। हॉकिंग कहते हैं कि परग्रहियों का होना सम्भव तो है,पर उनसे मिलना बहुत अधिक रुचिकर नहीं होगा।

तो धरती पर कोई आया क्यों नहीं? क्या जीवन कहीं और है ही नहीं या व्योम यात्रा की कठिनाइयों के कारण हमारी तरह वे भी बहुत दूर तक जाने की स्थिति में नहीं हैं? सौर-मण्डल में तो उन्नत जीवन के आसार नहीं दिखते। अधिकतर वैज्ञानिक यह मानते हैं कि जैविक क्रम-विकास एक सांयोगिक प्रक्रिया है जिसकी असंख्य सम्भावनाओं में बुद्धिमान प्राणी का विकसित होना मात्रा एक सम्भावना है। एक ऐसी सम्भावना जो बहुत ही क्षीण है।

यह अभी स्पष्ट नहीं है कि बुद्धि जैविक क्रम-विकास में दीर्घ काल तक कायम रहनेवाली वृत्ति है या नहीं। बैक्टीरिया एवं अन्य एकल कोशिकीय जीव अन्य जीवों के समाप्त हो जाने के बाद भी जीवित बने रह सकते हैं। अन्तरतारीय आकाश में भी बैक्टीरिया जीवित रह सकते हैं और विकिरण से गति पाकर अनन्त काल तक अनन्त दूरियों की यात्राएँ कर सकते हैं, किन्तु धरती पर एकल कोशिकीय जीवों से बहुकोशिकीय जीवों तक की विकास-यात्रा में ढाई अरब वर्ष लग गये। बहुकोशिकीय जीवन ही बुद्धियुक्त जीवन का अनिवार्य चरण है। इसलिए हॉकिंग का मानना है कि आकाशगंगा में अन्य तरह का जीवन तो सम्भव हो सकता है, किन्तु बुद्धियुक्त जीवन के होने की सम्भावना नगण्य है।

क्या कृत्रिम बुद्धि हम पर हावी होगी?

लाखों जैविक प्रजातियों में मनुष्य को यदि कोई विशिष्ट बनाता है तो वह है उसकी बुद्धि। सभ्यता के नाम पर जो कुछ भी अभी तक अर्जित किया गया है, वह मनुष्य की बुद्धि का ही परिणाम है। ब्रह्माण्ड की रचना, उसका विकास और उसमें रहनेवाली सत्ताओं के विषय में जानने, बूझने और तर्क-वितर्क करने की सामर्थ्य भी मनुष्य को उसकी इसी बुद्धि से अर्जित हुई है।

समस्त प्राणियों में पीढ़ी-दर-पीढ़ी जैविक कार्ययोजना का खाका *DNA* के माध्यम से हस्तान्तरित होता है। बाह्य सन्देश विभिन्न इन्द्रियों द्वारा ग्रहण किये जाते हैं जिनको मस्तिष्क विश्लेषित करके विभिन्न अंगों को तद्नुसार कार्य करने हेतु निदेशित करता है। ब्रह्माण्ड के 13 अरब 80 करोड़ वर्षों के इतिहास में कभी कुछ ऐसा हुआ कि सूचनाओं एवं सन्देशों के विश्लेषण मात्रा तक ही मानव मस्तिष्क सीमित नहीं रहा बल्कि उसमें समझने, सीखने और सोचने की क्षमता आ गयी और वह सचेत हो गया। उसमें बुद्धि आ गयी। स्टीफेन हॉकिंग इसे मानव इतिहास की महानतम सफलता एवं विजय का नाम देते हैं और कहते हैं कि हमारा ब्रह्माण्ड अब सजीव हो उठा है और अपने विषय में जानने लगा है। हम अब ब्रह्माण्डीय रजकणों अर्थात स्टारडस्ट से निर्मित कोई वस्तु मात्रा नहीं हैं बल्कि संचेतनायुक्त सजग मस्तिष्क को धारण करते हैं जो हमें उस ब्रह्माण्ड के विषय में जानकार बनाता है जिसमें हम रहते हैं। हॉकिंग कहते हैं कि उनकी समझ से धरती पर रेंगनेवाले केचुओं के मस्तिष्क के कार्य करने के ढंग एवं कम्प्यूटर की कार्य-प्रणाली में कोई खास अन्तर नहीं है। उन्हें यह भी विश्वास था कि क्रम-विकास की दृष्टि से केचुओं एवं मानव मस्तिष्क में कोई गुणात्मक अथवा गुणपरक अन्तर नहीं हो सकता, अतएव सैद्धान्तिक रूप से कम्प्यूटर मानव-मस्तिष्क का अनुकरण कर

सकता है और उससे आगे बढ़ने की चेष्टा भी कर सकता है। यह स्पष्टतः सम्भव है कि हम अपने पूर्वजों से बुद्धिमत्ता में आगे निकल जायँ।

यदि कम्प्यूटर मूरे का नियम[1] मानते रहें जिसमें उनकी गति एवं सूचना संरक्षण क्षमता प्रत्येक 18 महीनों में दूनी होती चली जाय तो हॉकिंग कहते हैं कि अगले सौ वर्षों में किसी समय कम्प्यूटरों की बौद्धिक क्षमता मनुष्यों से आगे निकल जायेगी। कृत्रिम बुद्धि की डिजाइन अथवा निर्माण खाके के स्तर पर कृत्रिम बुद्धि यदि मानव बुद्धि से अधिक दक्ष हो जाय तो फिर उसे किसी प्रक्रियात्मक बदलाव के लिए मानव बुद्धि पर निर्भर नहीं रहना पड़ेगा बल्कि वह स्वयं पुनरावृत्तिक ढंग से खाके में परिवर्द्धन करती चली जायेगी। यह एक बौद्धिक विस्फोट जैसा होगा और ऐसी मशीनें तैयार हो जायेंगी जिनकी बौद्धिक कार्य क्षमता मनुष्यों से कई गुना अधिक विकसित हो जायेगी और यह क्रम थमेगा नहीं बल्कि उस समय हमारा ध्यान पूर्णतया इस बात पर होना चाहिए कि हमारे लक्ष्य के अनुरूप कम्प्यूटरों का भी लक्ष्य हो, उसके विपरीत नहीं।

ऐसा सोचना नितान्त गलत होगा कि अति सम्वर्द्धित बौद्धिक मशीनों का अस्तित्व अभासी है और वे विज्ञान-कथाओं तक ही सीमित हैं।

पिछले दो दशकों से भी कुछ अधिक समय से वैज्ञानिकों का पूरा ध्यान कृत्रिम-बुद्धि के विकास के दौरान बौद्धिक अभिकर्त्ताओं अथवा कृत्रिम बौद्धिक एजेण्ट्स के निर्माण तथा कृत्रिम बौद्धिक तन्त्र के विकास में लगाया गया है, ताकि सांख्यिकीय एवं आर्थिक आँकड़ों के विश्लेषण से प्राप्त निष्कर्षों के आधार पर वे सही सलाह दे सकें और भावी योजनाओं को प्रस्तुत कर सकें। इससे त्वरित गति से निर्णय लेकर आवश्यकता के अनुरूप योजनाएँ बनाकर उन्हें क्रियान्वित करने में सरलता होगी। कई बौद्धिक मशीनों एवं तन्त्रों को आपस में जोड़कर उनकी क्षमताओं एवं कार्य करने के दायरों में वृद्धि की गयी है जिससे सरलतापूर्वक असहज

---

1. मूरे का नियम—इन्टेल के सह संस्थापक गार्डन मूरे ने 1965 में यह अनुभव किया कि इण्टीग्रेटेड-सिस्टम के ट्रांजिस्टर की प्रति वर्ग इंच संख्या में प्रतिवर्ष दूने से वृद्धि हो रही थी जब से इण्ट्रीग्रेटेड सर्किट का आविष्कार हुआ। मूरे ने अनुमान लगाया कि यह सिलसिला आगे भी इसी तरह चलता रहेगा। किन्तु इधर यह गति कुछ मन्द पड़ गयी है। अब 18 महीनों में डेटा-घनत्व दूना हो रहा है। मूरे के अनुसार यह सिलसिला 2020-2025 तक ऐसे ही चलेगा।

एवं कठिन कार्यों को करने में मानव सफल हो रहा है। बीते दो-तीन वर्षों में कृत्रिम बुद्धि या ए.आई. *(A.I.)* तकनीक में जो विकास हुआ है और जो बौद्धिक क्षमता विकसित हुई है उससे हमारे रहन-सहन से लेकर उद्योग तक में इसका असर दिखने लगा है। मशीनें कृत्रिम बुद्धि ए.आई. *(A.I.)* के जरिये अपनी समझ एवं बौद्धिकता पायेंगी और हमारे लिये कार्य करेंगी। इन पर हमारी निर्भरता बढ़ती जा रही है। एक अध्ययन से विदित हुआ है कि आज 80 प्रतिशत से अधिक अमरीकी किसी-न-किसी रूप में ए.आई. सेवाओं का उपयोग कर रहे हैं।

भारत में भी कई कम्पनियाँ ए.आई. *(A.I.)* के जरिये अपने ग्राहकों की समस्याओं के समाधान के लिए कस्टमर केयर सेक्शन में चैट-बोट्स रख रही हैं जिनमें चैट करते हुए यह नहीं लगेगा कि मशीन बात कर रही है। आशा की जा रही है कि 2019 व उसके आगे की सेवायें कालिंग पर नजर आयेंगी। ए.आई. से आया आटोमेशन आई.टी. सेक्टर में लगभग ढाई करोड़ रोजगार पैदा करेगा किन्तु यह भी आशंका व्यक्त की जा रही है कि आगामी दस वर्षों में सात करोड़ से अधिक नौकरियों पर खतरा मँडराने लगेगा। इससे कैसे निपटा जायगा, यह एक गम्भीर चिन्ता का विषय है। यह तो निश्चित है कि विश्व का सम्पूर्ण सामाजिक आर्थिक परिवेश एक ऐसे दौर से गुजर रहा है जिसमें होनेवाले त्वरित परिवर्तनों से हमारे बाजार, व्यवसाय, शिक्षा, सरकार, समाज-कल्याण एवं रोजगार उपलब्ध करानेवाले संस्थान सभी प्रभावित होंगे।

यह देखना दिलचस्प होगा कि निकट भविष्य में किस तरह के बदलाव आने वाले हैं व कम्प्यूटर अब तक की गणना के सभी कीर्तिमान तोड़ने की स्थिति में आ गये हैं। इसे 'एक्साफ्लाप' नाम दिया गया है। 2019 में कम्प्यूटर एक सेकण्ड में एक एक्साफ्लाप अर्थात 10 लाख खरब *(10^{18})* गणनाएँ करने में सक्षम हो जायेंगे। इसका लाभ इण्टरनेट आधारित 'डाटा स्टोरेज' में मिलेगा क्योंकि इसके लिए हार्ड ड्राइव, मेमोरी कार्ड, पैन ड्राइव जैसी चीजों की आवश्यकता ही नहीं होगी।

वर्चुवल रियलिटी व आगमेण्टेड रियलिटी *(VR-AR)* मिलकर ऐसा तन्त्र विकसित करेंगी, जहाँ दूरियाँ समाप्त हो जायेंगी। इस दिशा में कार्य भी चल रहे हैं और होलोलेंस *(Holo Lens)* तकनीक विकसित की गयी है जो मुख्यतः एक होलोग्राफिक कम्प्यूटर है जो हेडसेट में लगाया गया

है जो हडे-सेट पहननेवाले को किसी घर अथवा कार्यालय में होलोग्राम के माध्यम से देखने-सुनने एवं परस्पर बातचीत करने की सुविधा प्रदान करता है। माइक्रोसाफ्ट होलोलकस इस तरह का पहला होलोग्राफिक कम्प्यूटर है, जिसमें कई सेन्सर, परिष्कृत प्रकाश तन्त्र एवं कस्टम होलोग्राफिक प्रोसेसिंग इकाई लगी हैं, जो आपको बिना किसी पोसी (परसनल कम्प्यूटर) अथवा तार की मदद से दुनिया को देखने में सहायक होंगे। होलोलेन्स कुछ सामान्य विण्डो के 10 एप्स *(Apps)* चला सकता है जिसका प्रदर्शन हवा में तैरते हुए चमकीले विन्डों की तरह होगा जिसे वह जब चाहे कमरे की दीवार पर स्थिर कर उस पर अपना कार्य कर सकता है। इस प्रकार वी आर- ए आर आधारित यह तकनीक केवल आपकी आवाज़ ही दूर तक नहीं पहुँचायेगी वरन आपकी आभासीय छवि भी दुनिया के किसी कोने में प्रकट कर सकती है।

दुनियाभर के कार-निर्माताओं के समक्ष कारों को सुरक्षित बनाने का दबाव है। कारों और दूसरे तेज़ वाहनों को तेज़ इण्टरनेट आधारित आपसी सम्पर्क में लाना कदाचित शोध में ही सम्भव हो सकेगा जिससे 80 प्रतिशत से अधिक दुर्घटनाएँ कम हो जायेंगी। जीपीएस सिग्नलों के जरिये ये कारें आपसी सम्पर्क में रहेंगी, जिससे वे टकराने से बचेंगी, साथ ही कार चालक को भी सुरक्षित बनायेंगी। ऐसे समय में जब चालकरहित कारों को लेकर नयी आशंकाएँ पैदा हो रही है, सोचने-समझनेवाली तकनीकों और मानवी समन्वयों से चलने वाली इन कारों का एक नवीन युग प्रारम्भ हो रहा है।

ए. आई. एवं मशीन लर्निंग के युग में मोबाइल फोन एवं लैपटाप में उपलब्ध एप्लीकेशन भी स्मार्ट से आगे जाकर इण्टेलिजेण्ट होने जा रहे हैं। इस पर इसका असर यह होगा कि ये सब यूजर के अनुसार अपडेट होंगे। यूजर की आवश्यकताओं के अनुसार डाटा जमा करते हुए एक खुद को नये रूप व उपयोगिता में ढालते जायेंगे।

7 अप्रैल, 2019 को इंटरनेट के 50 वर्ष पूरे हो गये। 66 किलो बिट्स से बढ़कर इसकी गति अब 100 मेगा बिट्स प्रति सेकण्ड तक पहुँच गयी है जिसे अभी कई हजार गुना और तेज़ करने का प्रयास किया जा रहा है।

5-जी तकनीक के विकास से इण्टरनेट की गति बीस गुना बढ़ जायेगी जिसका अर्थ है कि कम-से-कम 20 गीगाबाइट प्रति सेकण्ड की दर से डाउनलोड स्पीड मिलेगी। इसकी तुलना में वर्ष 2012 में प्रारम्भ की गयी

4-जी सेवा को *1-GB* (एक जीबी) प्रति सेकण्ड के रूप में परिभाषित किया गया था, यद्यपि व्यवहार में 1-जीबी की गति कहीं नहीं मिली, बल्कि वायरलेस पर औसतन गति 12-एम.बी. की ही पायी गयी। अब मोबाइल कम्यूनिकेशन के लिए पाँचवीं पीढ़ी की तकनीक हकीकत बन चुकी है। इसका सबसे बड़ा लाभ यह होगा कि इण्टरनेट ऑफ थिंग्स का चयन बढ़ेगा जिससे घर, टेलीविजन, वाहन व तमाम उपकरण एक-दूसरे के सम्पर्क में रहेंगे।

त्रि-आयामी प्रिण्टिंग का तात्पर्य इससे है कि जिन वस्तुओं को हम देख सकते हैं उन्हें कम्प्यूटर के जरिये त्रि-आयामी स्वरूप में प्रिण्ट भी किया जा सकता है। अभी तक यह परीक्षणों एवं प्रयोगशालाओं तक सीमित था, परन्तु अब यह हकीकत बनने जा रही है।

मौसम पर नजर रखने एवं संचार व्यवस्था को अधिक सुचारु एवं दक्ष बनाने के लिए ए.आई. को विकसित किया जा रहा है जिसे शीघ्र ही मूर्त रूप में हम देख सकेंगे।

सर टिम बर्नर्स ली, वर्ल्ड वाइड वेब *(www)* के जनक का कहना है कि इण्टरनेट का भी टिपिंग-प्वाइण्ट है। इण्टरनेट की वजह से आज दुनिया में सभी को लगभग सभी तरह की जानकारियाँ मिल सकती हैं जिसमें किसी तरह की कोई रोक-टोक नहीं है। इण्टरनेट ने हमें संवाद एवं सम्पर्क के अवसर दिये। बर्नर्स ली एवं उनके सहयोगी इण्टरनेट को केवल ऐसे माध्यम के रूप में नहीं देख रहे थे, जो संवाद स्थापित करने या दस्तावेजों को एक स्थान से दूसरे स्थान पर भेजने में उपयोगी हो, बल्कि सोच रहे थे कि यह लोकतान्त्रिक मूल्यों के विकास में अनोखी भूमिका निभा सकता है। यह किसी आदर्शलोक की स्थापना के सपने जैसा था, जो तकनीक से सम्भव होने लगा था। परन्तु अब इण्टरनेट को बदलने का समय आ गया है। प्राइवेसी एक बड़ी चिन्ता बन चुकी है। बर्नर्स ली का मानना है कि वेब टेक्नॉलॉजी में लोगों को अपने डेटा पर पूरा नियन्त्रण मिलना चाहिए। फेसबुक या कोई अन्य वेबसाइट उनका वही डाटा ले जो वे देना चाहते हों अन्यथा जिस तेजी से यह दुनिया ई-गाड से भरती जा रही है, लोगों के लिए इण्टरनेट वैसा नहीं बन पायेगा, जैसा बनाया जा सकता है।

प्रिन्सटन के वैज्ञानिक नीतिज राबर्ट डीज्कग्राफ का कहना है कि शीघ्र ही क्वाण्टम कम्प्यूटर एवं क्वाण्टम मेटेरियल सभी उद्योगों से लेकर हमारी

जिन्दगी के हर वस्तु को प्रभावित करेंगे, जिससे हमारी जिन्दगी नाटकीय एवं अनजाने तरीकों से बदल जायेगी। स्टीफेन हॉकिंग यद्यपि बहुत बड़े आशावादी थे और अपनी शारीरिक अक्षमता के बावजूद अपने वैज्ञानिक अनुसन्धान एवं विचारों को व्यक्त करने के लिए ए. आई. का ही उपयोग करते हुए अपनी बीमारी को उस पर कभी हावी नहीं होने दिया, ने भी कहा है कि यद्यपि प्रारम्भिक विकास के दौरान ए. आई. काफी उपयोगी सिद्ध हुआ है, परन्तु मानव बुद्धि के समान या उससे अधिक क्रमिक बौद्धिक क्षमता विकसित हो जाने के बाद के दुष्परिणामों की आशंका से भयग्रस्त थे। चिन्ता की बात तो यह थी कि ए. आई. ऐसी स्थिति में स्वयं अपने को पुनर्नियोजित करते हुए तेजी से तदनुसार अग्रसर होगी। मानव-मस्तिष्क अपेक्षाकृत धीमी गति से जैविक क्रम-विकास की सामान्य प्रक्रिया के अनुरूप विकसित होता रहेगा तब तक ए. आई. उससे कहीं बहुत आगे निकल चुका होगा। भविष्य में सम्भव है कि ए. आई. अपना स्वयं का कान्त्रिाकारी खाका तैयार कर ले जो मानव इक्षण के विरुद्ध हो तब एक संघर्ष की स्थिति दोनों के बीच पैदा होने लगेगी। कुछ को विश्वास है कि ए. आई. मानव निर्मित है और मानवों का पक्ष सदैव सर्वोपरि होगा, इसलिए मानव ए. आई. को चिरकाल तक नियन्त्रित करते रहेंगे तथा ए. आई. का उपयोग सकारात्मक ढंग से करते रहेंगे। पर क्या ऐसा ही होगा कोई नहीं जानता क्योंकि मानव के आपसी संघर्षों की गाथाएँ विश्व के इतिहास में भरी पड़ी हैं। निकट अतीत में दो विश्वयुद्ध हो चुके हैं और शीतयुद्ध की स्थिति महाशक्तियों के बीच लम्बे समय तक बनी रही थी फिर अगला विश्वयुद्ध नहीं होगा इसका निश्चित आश्वासन कौन देगा? इसके अतिरिक्त आतंकवादी गतिविधियाँ इधर काफी बढ़ गयी हैं और कुछ देश उन्हें स्वयंचालित हथियार भी उपलब्ध करा रहे हैं जिसके कारण दहशतगर्दी बढ़ती जा रही है। मानवता के लिए यह अभिशाप है, जिसमें अनियन्त्रित ए. आई. कहर बन सकता है।

जैसा कि 1965 में गणितज्ञ इरविंग गुड ने महसूस किया था कि अतिमानवीय बौद्धिक क्षमतायुक्त मशीनें अपनी डिजाइन में लगातार सुधार करके अतिदक्ष मॉडल तैयार कर सकती हैं जिसे विज्ञान लेखक बर्नर विन्ज ने तकनीकी एकात्मकता की संज्ञा दी है। कोई भी सोच सकता है कि ऐसी तकनीक वित्तीय बाजारों, वैज्ञानिक शोध कार्यों, यहाँ तक कि

राजनैतिक नेताओं और सामरिक हथियारों जिनके बारे में हम जानते भी नहीं हैं, को अपने ढंग से नियन्त्रित करते हुए प्रभावित कर सकती हैं। अभी तो यह है कि ए. आई. को नियन्त्रित कौन करेगा परन्तु बाद में चलकर ऐसी भी स्थिति आ सकती है कि क्या उन्हें कोई नियन्त्रित भी कर सकेगा और वे मानवी बुद्धि से चलेंगे?

तकनीकी क्षेत्र के अग्रणी बिल गेट्स, स्टीव वोजनियाक एवं एलन मस्क ने भी इस पर चिन्ता व्यक्त की है। 2015 में एलन मस्क के साथ स्टीफेन हॉकिंग ने कई ए. आई. विशेषज्ञों के साथ मिलकर ए. आई. पर तैयार किये गये एक खुले घोषणा पत्र पर हस्ताक्षर किया, जिसमें इससे समाज पर पड़नेवाले प्रभावों के सम्बन्ध में गम्भीर शोध की आवश्यकता बतायी गयी है। पूर्व में एलन मस्क ने ए. आई. को मानव जाति के लिए वरदान एवं अभिशाप दोनों कहा है। अक्टूबर, 2016 में हॉकिंग ने कैम्ब्रिज में एक केन्द्र की स्थापना की है जो ए. आई. से सम्बन्धित मुद्दों पर संवेदनशील रहते हुए यह देखेगा कि किस तरह मानवता को इसका लाभ दीर्घकाल तक मिलेगा। भावी कृत्रिम बौद्धिकता का लीवर हल्म *(Lever Hulme)* केन्द्र एक बहु विषयक संस्थान है जो मानवी समाज एवं सभ्यता पर कृत्रिम बौद्धिकता के पड़नेवाले प्रभावों के गहन अध्ययन एवं शोध के लिए प्रतिबद्ध है। हॉकिंग कहते हैं कि यद्यपि हम कृत्रिम बौद्धिकता के दुष्प्रभावों से अपरिचित नहीं हैं, परन्तु यह केन्द्र एक सुनियोजित तरीके से हमें भावी परिणामों से आगाह करते हुए सुधारात्मक कदम उठाने के लिए उचित सलाह देगा।

कुछ सरकारों ने इस सम्बन्ध में गम्भीरता से सोचना प्रारम्भ भी कर दिया है। यूरोपीय पार्लियामेन्ट ने रोबोट एवं ए. आई. के निर्माण एवं उनके प्रयोग के सन्दर्भ में नियम बनाने के लिए पहल कराने के लिए यूरोपीय देशों को सुझाव भी दिये हैं। हम डिजीटल दुनिया से किस प्रकार जुड़ते हैं, यह हमारे भावी विकास एवं उन्नति के लिए महत्त्वपूर्ण होगा। कृत्रिम बौद्धिकता के आधुनिक प्रतिमानों में स्वयं चालित वाहनों की एक नयी क्रान्ति आने वाली है। तकनीकी विकास के लिए विश्वभर में धन व्यय किया जा रहा है अतएव तकनीकी विकास निश्चित रूप से हमारे भावी जीवन एवं इसकी शैली को प्रभावित करनेवाला है। हमारे जीवन को किसी सीमा तक मशीनें नियन्त्रित करेंगी और कृत्रिम बौद्धिकता हमारे मस्तिष्क

की कार्य क्षमता को भी प्रभावित कर सकती है।

कदाचित इस नयी तकनीकी क्रान्ति से हमारे जीवन का स्तर सुधरेगा। चिकित्सा के क्षेत्र में कृत्रिम बौद्धिकता मानवता के लिए वरदान सिद्ध होगी। रीढ़ की हड्डी की चोटों से जनित विकलांगता कृत्रिम बौद्धिकता की मदद से ठीक की जा सकती है। शरीर में सिलीकान चिप प्रतिरोपित करके मनुष्य के मस्तिष्क एवं शरीर के अंगों के बीच एक कृत्रिम सम्बन्ध स्थापित किया जाना सम्भव हो सकेगा, जिससे वे अंग मस्तिष्क के सीधे नियन्त्रण में रहते हुए उसके निर्देशों पर कार्य करेंगे। हॉकिंग का कहना है कि मानवी विचारों एवं भावों के आदान-प्रदान के लिए भी कम्प्यूटरों की भूमिका भविष्य में बढ़ेगी। क्वाण्टम कम्प्यूटर सब कुछ बदल देंगे। कृत्रिम बौद्धिकता में उनके कारण क्रान्ति आ जायेगी। मनुष्य की शारीरिक संरचना भी बदली जा सकती है। इसके लिए जीन्स में परिवर्तन किया जा सकता है। *DNA* को सम्बर्धित या परिवर्तित करने की तकनीक *CRISPR* से विश्व परिचित हो चुका है। आनुवंशिक बीमारियों के निवारण में इसकी भूमिका सराहनीय होगी। हॉकिंग का कहना है कि हमें परिवर्तन से डरना नहीं चाहिए बल्कि प्रयास इस बात का होना चाहिए कि हमारी उन्नति के लिए वह हमारे हितों के अनुकूल हो। हमारी बुद्धि एवं विवेक के साथ विकासशील तकनीकों की होड़ लगी हुई है परन्तु हमें यह देखना एवं प्रयास करना है कि हमारी बुद्धि ही सर्वोपरि हो और हम अपने विवेक से तकनीकी शक्ति को नियन्त्रित करते हुए उसका उपयोग मानवता के हित में सुनिश्चित करायें।

7 अप्रैल 2019 को इण्टरनेट के पचास वर्ष पूरे हो गये। इसी दिन 1969 को इण्टरनेट इन्जीनियरिंग टास्क फोर्स ने पहले आर.एफ.सी. अर्थात रिक्वेस्ट फॉर कमेण्ट्स दस्तावेज प्रकासित किये थे जिनमें शोध प्रस्ताव और इण्टरनेट टेक्नॉलाजी पर लागू की जा सकनेवाली क्रिया विधियों एवं कार्य-प्रणालियों का समावेश किया गया था। इन दस्तावेजों की खोज 1969 में अमरीका के इण्टरनेट इन्जीनियर स्टीव क्रोकर ने किया था। 1960 के दशक में वे उस टीम के सदस्य थे जिसने अर्पानेट प्रोटोकाल विकसित किया था जो बाद में चलकर आज के इण्टरनेट का आधार बना। इस कार्य के लिए क्रोकर को 2002 आई.ई ई ई इण्टरनेट अवार्ड से सम्मानित किया गया है। अर्पानेट परियोजना के लिए धन

संसाधन *DARPC (Defence Advance Research Project Agency)* द्वारा उपलब्ध कराया जाता था जिसका उपयोग वाणिज्यिक नहीं था। 1989-90 में इसे बन्द कर दिया गया। किन्तु तभी से *RFC* दस्तावेज इण्टरनेट के विशेष विवरण, संचार प्रोटोकाल, प्रक्रियाओं और घटनाओं के अधिकृत दस्तावेज बने हुए हैं।

सितम्बर, 1969 में कैलीफोर्निया विश्वविद्यालय में दो बडे कम्प्यूटरों को एक बड़े तार से जोड़कर एक में संगृहीत आकड़ों को दूसरे में सफलतापूर्वक स्थानान्तरित किया गया। इससे इण्टरनेट का शुभारम्भ हुआ। सामान्यतः इण्टरनेट की गति प्रारम्भ में मॉडल की गति पर निर्भर करती थी जो 66 किलो विट्स प्रति सेकेण्ड के आस-पास होती थी पर अब तो यह 100 मेगा बिट्स प्रति सेकण्ड तक पहुँच गयी है जिसे अभी कई हजार गुना और अधिक बनाने का प्रयास किया जा रहा है। आकामाई डाटा आधारित दक्षिणी कोरिया में इण्टरनेट गति 2015 में 21.1 मेगा बिट्स प्रति सेकण्ड थी, परन्तु नासा की इण्टरनेट गति 91 गीगा बाइट्स प्रति सेकण्ड है जो उसके चार हजार गुने से भी अधिक है अमरीका में इण्टरनेट की गति 6.6 मेगा बिट्स है। विश्व की औसत इण्टरनेट गति आज 9.1 मेगा बिट्स प्रति सेकण्ड है जबकि लगातार दूसरे वर्ष भी सिंगापुर में औसत इण्टरनेट गति 60.39 मेगा बिट्स प्रति सेकण्ड ऑकी गयी है जो विश्व में सर्वाधिक है इसकी तुलना में भारत में यह मात्रा 6.5 मेगा बिट्स/सेकण्ड, यमन की इण्टरनेट गति 0.31 मेगा बिट्स है जिसका तात्पर्य है कि 5 जीबी के किसी डाटा या फिर किसी फिल्म को डाउनलोड करने में जहों यमन में 36 घण्टे लगेंगे वहीं सिंगापुर में केवल 11 मिनट। प्रतिवर्ष इण्टरनेट की गति बढ़ती जा रही है।

इण्टरनेट की तीव्र गति हमें सूचना क्रान्ति के अगले दौर में ले जायेगी जहाँ न केवल रोजमर्रा की जिन्दगी पर बल्कि राजनीति, अर्थव्यवस्था, सामाजिक मूल्यों सभी पर गहरा और निर्णायक प्रभाव पडेगा। जहाँ इण्टरनेट ने तकनीकी स्पर्द्धा का एक वातावरण तैयार कर जन-साधारण के जीवन को सुविधाजनक बना दिया है वहीं साइबर अपराधों में भी भारी वृद्धि हुई है। आज इण्टरनेट का उपयोग करनेवाले जानते हैं कि इसपर कार्य करना कितना सुरक्षित है। क्रेडिट कार्ड नम्बरों के दुरुपयोग से लेकर हैकिंग, वाइरस फैलाने जैसी घटनाएँ अब सामान्य हो गयीं हैं। पूरी दुनिया

में साइबर क्राइम आज पूरे उफान पर है। पर इनके बावजूद इतिहास के उस क्षण को भुलाया नहीं जा सकता जब प्रो. क्लीनरोक के साथ उनके शोधछात्रों स्टीफन क्रोकर और विण्ट सई ने इण्टरनेट को मूर्तरूप दिया। इसके बाद से ही 1970 के प्रारम्भिक वर्षों में ही कई कम्प्यूटरों के बीच सूचनाओं की अदला-बदली आसानी से होने लगी। इसके कुछ समय बाद ई-मेल इजाद हुई। फिर 1970 के दशक में *HITPC* अथवा *IP* प्रोटोकॉल का निर्माण किया गया। इण्टरनेट, सूचना का एक सुपर हाइवे जैसा है जिसपर लाखों-करोड़ों डेटा ग्राम्स यात्रा करते रहते हैं, जिन्हें नियन्त्रित करने के लिए एक जटिल और अधिक तीव्र गति से कार्य करनेवाले कंट्रोल-नियमों की आवश्यकता होती है जिसे प्रोटोकॉल कहते हैं। चूँकि ये इण्टरनेट पर डाटा कण्ट्रोल करते हैं, इसलिए इसको इण्टरनेट-प्रोटोकॉल कहते हैं। इसके लगभग एक दशक बाद वेबसाइटों का नाम व पता की तकनीक का आविष्कार किया गया जिसके चलते आम आदमी को भी वेबसाइट चलाने, देखने, ई-मेल भेजने और प्राप्त करने की सुविधा उपलब्ध हो गयी। उल्लेखनीय है कि प्रारम्भ में इण्टरनेट की सुविधा सामरिक एवं वैज्ञानिक क्षेत्र में ही उपलब्ध थी जिसका उपयोग सीमित था, परन्तु इसके आविष्कारक सर्फ एवं क्रोकर आज 75 वर्ष की अवस्था में भी इसके विकास के लिए शोधरत हैं। उनका मानना है कि इसके प्रयोग में सुरक्षा की स्थिति सर्वोपरि होनी चाहिए ताकि जनसामान्य इसका उपयोग निरापद ढंग से कर सकें।

भारत में इण्टरनेट आपेक्षाकृत काफी बाद में आया। 2020 में इसकी रजत-जयन्ती थी। इसकी औपचारिक शुरूआत 1995 में विदेश संचार निगम लि. (वी.एस.एन.एल.) ने की। आज इण्टरनेट खरीदारी, बैंकिंग, शिक्षा, यात्रा आदि का पर्याय बन चुका है। जैसे अमरीका में इण्टरनेट के जन्मदाता अर्पानेट हैं वैसे ही भारत में अर्नेट ने 1986 में इसका विस्तार किया। अर्नेट *(ERNET)* का तात्पर्य एजुकेशनल रिसर्च नेटवर्क है जो इलेक्ट्रॉनिक्स विभाग के अन्तर्गत संचालित था जिसके वित्तीय आवश्यक्ताओं की पूर्ति संयुक्त रूप से भारत सरकार एवं संयुक्त राष्ट्र डेवलपमेण्ट प्रोग्राम *(U.N.D.P.)* द्वारा की जाती थी। इसका उपयोग केवल शैक्षणिक और शोधकार्य के लिए ही उपलब्ध था। दो वर्ष बाद नेशनल इन्फार्मेटिक्स सेण्टर *(NIC)* ने निकनेट *(NICNET)* का शुभारम्भ

किया जिसका उद्देश्य शासकीय संस्थानों में संचार की बेहतरी का था। प्रारम्भ में भारत में इण्टरनेट की स्पीड मात्रा 33.6 किलो बाइट्स प्रति मिनट की थी और कनेक्शन सिर्फ डायलअप थे अर्थात जुड़ने के लिए अपनी फोन लाइन को व्यस्त रखना पड़ता था, फोन का मीटर तब तक चलता ही रहता था और इस बीच यदि किसी का फोन आ गया तो कई बार इण्टरनेट कट जाता था। यही कारण था कि उन दिनों लोग टेलीफोन के बढ़े बिलों से परेशान रहते थे।

धीरे-धीरे तकनीक में बदलाव आया और ब्राडबैण्ड इण्टरनेट का पदार्पण हुआ। वर्ष 2004 में ब्राड-बैण्ड नीति लागू की गयी जिससे इण्टरनेट सम्बद्धता की निरन्तरता कायम रहती थी और स्पीड 256 किलो बाइट्स प्रति सेकण्ड अथवा इससे भी अधिक रहती थी। इण्टरनेट की ब्राड बिड्थ और स्पीड में निरन्तर सुधार होता गया। वर्ष 2010 में 3जी (3.*G*) ऊर्जा स्पेक्ट्रम की नीलामी से और सुधार हुआ। ऑन लाइन बुकिंग की सुविधा मिली और अन्योन्य कम्नपियों के साथ भारतीय रेलवे ने भी इसका लाभ उठाया। फिर ई-कामर्स की कम्पनियाँ मैदान में उतरीं तदुपरान्त सोशल मीडिया और अब तो स्थिति यह है कि राजनीतिक दल भी बढ़-चढ़कर इसका उपयोग कर रहे हैं। आज भारत में 21 प्रतिशत जनता मोबाइल फोन के जरिये सोशल मीडिया की दिनोंदिन बढ़ती गतिविधियों में भाग ले रही है और इण्टरनेट उपभोक्ताओं की संख्या 56 करोड़ तक जा पहुँची है। इण्टरनेट सुविधओं का उपयोग करनेवाले देशों में चीन के बाद भारत ही आता है।

हम भविष्य को कैसे सँवारेंगे?

हॉकिंग कहते हैं कि एक बड़ा प्रश्न पूरी मानवता के समक्ष यह है कि हम भविष्य को कैसे सँवारेंगे? एक शताब्दी पूर्व एलबर्ट आइन्स्टीन ने दिक्, काल, ऊर्जा एवं पदार्थ के सम्बन्ध में हमारी सोच को बदल दिया था। आज तक हम उनकी पुष्टि हेतु साक्ष्य ढूँढ़ते जा रहे हैं। अभी हाल ही में वर्ष 2016 में लीगो *(LIGO)* के परीक्षणों में गुरुत्व तरंगों की पुष्टि हुई जिसकी भविष्यवाणी सौ वर्ष पूर्व की गयी थी। हॉकिंग कहते हैं कि जब कभी भी अप्रतिम मेधावान का विचार उनके मस्तिष्क में आता है तब उनके मस्तिष्क में आइन्स्टीन की ही छवि उभरती है। कहाँ से उनमें ऐसे मेधावी विचार आते थे? अन्तः प्रज्ञा, मौलिकता एवं कुशाग्र बुद्धि जैसे गुणों का अनूठा संगम उनमें था। सतह के नीचे तक देखने की उनकी विलक्षण क्षमता उन्हें अन्दरूनी संरचना की झलक दिखा जाती थी। सहज बुद्धि से उपजे स्वाभाविक निष्कर्षों से अविचलित वे कुछ अजूबा ही सोचते थे। वे उन विचारों के साथ निडरता से आगे बढ़ते जाते थे, जिन्हें अन्य हास्यास्पद एवं बेतुका समझते थे और इसी गुण ने उन्हें अपने समय का एक अप्रतिम प्रतिभाशाली एवं असाधारण क्षमतासम्पन्न व्यक्ति बनाया था।

आइन्स्टीन के चिंतन के मूल में उनकी अद्भुत कल्पनाशीलता थी। उनके कई आविष्कार वैचारिक प्रयोगों के माध्यम से ब्रह्माण्ड को पुनः कल्पित करने की अद्भुत योग्यता से सम्भव हो सके। जब वे मात्रा 16 वर्ष के थे तभी उन्होंने प्रकाश किरणों पर सवार होकर व्योम-यात्रा की कल्पना की जिसमें प्रकाश किरण एक जमी हुई तरंग की भाँति व्यवहार करती। उस कल्पना ने अन्ततः 9 वर्ष बाद 1905 में विशिष्ट आपेक्षिकता के सिद्धान्त को जन्म दिया। आज सौ वर्ष बाद वही कल्पना स्टार-चिप परियोजना में प्रकाश-पाल *(Light Sail)* सिद्ध का आधार बनी जो स्टार-चिप को प्रकाश की गति से अन्तरिक्ष में ले जाते हैं।

अन्वेषक वैज्ञानिक मिलनर के साथ न्यूयार्क में—2016 'स्टार-चिप' परियोजना के अन्तर्गत नन्हें रोबोटिक गगनयान के प्रोटोटाइप का प्रदर्शन करते हुए। (सौ. जेमाल काउण्टेस/गेटी इमेजेज)

वाले शिक्षक ही हैं, किन्तु विद्यालय प्रारम्भिक शिक्षा ही उपलब्ध करा सकते हैं जहाँ कभी-कभी रटकर सूत्रों को यादकर एवं परीक्षाएँ देकर प्राप्त करनेवाली शिक्षा बच्चों को विज्ञान से दूर कर देती है। बहुत-से लोगों की रूझान गुणपरक न होकर मात्रापरक शिक्षा की ओर होती है जिसमें जटिल समीकरण एवं सूत्र नहीं होते। लोक विज्ञान की पुस्तकों एवं लेखों के माध्यम से भी विचारों को जन मानस तक पहुँचाया जा सकता है क्योंकि हम अपने जीवन में यही चाहते हैं। फिर भी बहुत ही कम लोग सर्वाधिक सफल पुस्तकों को भी पढ़ पाते हैं। विज्ञान डाकूमेण्टरी एवं फिल्म आवाम तक तो पहुँचती है किन्तु यह भी एकतरफा सन्देश सम्प्रेक्षण है।

हॉकिंग कहते हैं कि 1960 के दशक में जब उन्होंने इस क्षेत्र में कार्य करना प्रारम्भ किया तब ब्रह्माण्डिकी विज्ञान अध्ययन की एक दुर्बोध एवं झक्कीपनेवाली शाखा समझी जाती थी। आज, सैद्धान्तिक कार्यों एवं प्रायोगिक सफलताओं-जैसे लार्ज हेड्रान कोलाइडर *(LHC)* एवं हिग्स बोसान की खोज जैसे महान अन्वेषणों के कारण ब्रह्माण्डिकी ने ब्रह्माण्ड की एक खुली तस्वीर हमारे समक्ष प्रस्तुत कर दी है। आज भी बड़े सवाल अनुत्तरित पड़े हैं और आगे बहुत कार्य किया जाना शेष हैं, किन्तु अल्प समय में ही हम बहुत कुछ जान गये हैं और बहुत-कुछ पा लिये हैं उतना कभी किसी ने सोचा भी नहीं होगा।

लेकिन जो अभी युवा हैं उनके आगे क्या है? हॉकिंग कहते हैं कि विश्वासपूर्वक कहा जा सकता है कि उनका भविष्य विज्ञान एवं तकनीकी पर उतना अधिक निर्भर करेगा जितना पूर्व की किसी भी पीढ़ी की निर्भरता नहीं रही होगी। उन्हें पूर्व पीढ़ियों से अधिक विज्ञान के बारे में जानना ही होगा क्योंकि पहले विज्ञान उनके जीवन में इतना रचा-बसा कभी भी नहीं था।

कुछ समस्याएँ ऐसी हैं कि जिनके लिए वर्तमान एवं भविष्य दोनों के लिए चिन्तित होना पड़ेगा जैसे वैश्विक तापमान वृद्धि, बढ़ती हुई आबादी के लिए स्थान की अनुपलब्धता, तेज़ी के साथ विलुप्त होती अन्यान्य प्रजातियाँ, पुनर्नवीनीकृत ऊर्जा के स्रोतों का विकास, महासागरों की बिगड़ती स्थिति, वनों का कटाव, महामारी आदि भविष्य में होनेवाले महान अन्वेषणों के फलस्वरूप हमारी जीवन-शैली ही बदल जायेगी। चन्द्रमा पर दुर्लभ धातुओं का खनन, मंगल पर बस्तियों का विस्तार, असाध्य बीमारियों की रोकथाम एवं इलाज हमारे भविष्य को अकल्पनीय ढंग से प्रभावित करते हुए

सँवारेगा। परन्तु तब भी एक बड़ा सवाल हमारे अस्तित्व का बना ही रहेगा। धरती पर जीवन कैसे पनपा? संचेतना क्या है? हमारे अतिरिक्त जीवन कहीं और भी है या ब्रह्माण्ड में हम अकेले हैं? ये सवाल आज भी अनुत्तरित हैं जैसे पहले थे और भावी पीढ़ियों को उनके उत्तर ढूँढ़ने होंगे। कुछ कहते हैं कि मानवता वर्तमान में अपने क्रम-विकास के उत्कर्ष पर है और इसे जितना होना था वह हो चुका है, हॉकिंग इसके लिए असहमत थे। उनका कहना था कि हमारे ब्रह्माण्ड की सीमाओं की परिस्थितियों के लिए कुछ विशिष्ट अवश्य होना चाहिए और उससे अधिक विशिष्ट क्या होगा यदि हमारा ब्रह्माण्ड सीमाविहीन होगा। और मानवी उद्यमिता की कोई सीमा नहीं होनी चाहिए। उनके विचार से मानव के भविष्य के लिए दो विकल्प हैं—**प्रथम-** उन परग्रहों की खोज जहाँ जाकर रहा जा सके और दूसरा कृत्रिम-बौद्धिकता का सकारात्मक उपयोग ताकि विश्व समृद्ध हो सके।

अग्रेतर अपनी चिन्ता व्यक्त करते हुए वे कहते हैं कि पृथ्वी हमारे लिये अब छोटी पड़ने लगी है। बहुत तेज़ी से हम अपने भौतिक संसाधनों को समाप्त करते जा रहे हैं। मानवता ने प्रगति के नाम पर धरती को कुछ ऐसे तोहफे दिये हैं जो अन्ततः विनाशकारी हैं जैसे जलवायु परिवर्तन, प्रदूषण, तापमान वृद्धि, ध्रुव प्रदेशों के हिम टोपों का दायरा सिकुड़ना, वनों का कटाव और प्रजातियों का विनष्टीकरण आदि। और इन सब के ऊपर जनसंख्या वृद्धि। दूसरे ग्रहों पर आवादी बसाने की अनिवार्यता इस बात में निहित है कि नाभिकीय युद्ध की सम्भावनाओं को नकारा नहीं जा सकता। क्यों अभी तक हमसे परग्रहियों द्वारा सम्पर्क नहीं किया गया है?

उसके पीछे हॉकिंग एक सिद्धान्त को मानते हैं जिसमें कहा गया है कि जब कभी कोई मानव सभ्यता विकास के उस स्तर पर पहुँचती है जहाँ हम हैं तो वह असन्तुलित एवं अनियन्त्रित होकर अपने आपको ही समाप्त कर लेती है। हमारे पास धरती के सभी जीवों को तबाह करने के सभी तकनीकी संसाधन इस समय उपलब्ध हैं।

हॉकिंग कहते हैं कि टेक्नॉलॉजी अथवा शिल्प विज्ञान ने उनके जीवन पर विशेष प्रभाव डाला है। वे कहते हैं कि इसने मुझे आवाज़ दी है जो मेरी बीमारी ने मुझसे छीन लिया था। इन्टेल मुझे पिछले पच्चीस वर्षों से सहयोग करता रहा है, जिसके कारण मैं वह सब कुछ कर पा रहा हूँ जिसे मैं करना

चाहता हूँ। इतने दिनों में तकनीकी विकास ने विश्व को प्रभावित किया है और विश्व नाटकीय ढंग से बदल गया है। प्रौद्योगिकी ने हमारी जीवन शैली को भी बदल दिया है। सूचनाओं के सम्प्रदान से लेकर जिनेटिक शोध तथा और भी बहुत कुछ बदला है। टेक्नॉलाजी विकलांगों के लिए तो वरदान साबित हुई है भावी टेक्नॉलाजी का वह परीक्षण क्षेत्र है। कंठस्वर से लिखित पाठ, पाठ से कण्ठस्वर, घरों का मशीनी परिचालन, तारों की मदद से कार-संचालन और सेगवे *(Segway)* का विकास विकलांगों के लिए ही वर्षों पूर्व जब वे प्रचलन में नहीं थे, किया गया था। ये तकनीकी उपलब्धियाँ हमारे अन्दर की सृजन-क्षमता की क्रियाशीलता के कारण हैं। सृजन-क्षमता कई रूपों में प्रकट होती है। भौतिक उपलब्धियों से लेकर सैद्धान्तिक भौतिकी तक।

हॉकिंग आशान्वित हैं कि भविष्य में और बहुत-कुछ होगा। मस्तिष्क-कम्प्यूटर इण्टरफेस *(BCI)* का उल्लेख करते हुए वह कहते हैं कि तेज़ और स्पष्ट वैचारिक सम्प्रदान के लिए इसका उपयोग भविष्य में अधिक-से-अधिक लोग करेंगे। वे कहते हैं कि वे फेसबुक का उपयोग करते हैं जिसके माध्यम से विश्व-भर में अपने मित्रों एवं अनुयायियों से वे सरलतापूर्वक संवाद कर सकते हैं। लोग उनके नवीनतम सिद्धान्तों तक इसके माध्यम से पहुँच सकते हैं और चित्र देख सकते हैं। हॉकिंग कहते हैं कि मैं अपने बच्चों को भी देख लेता हूँ कि वे क्या कर रहे हैं, उनके बताने या उनसे पूछने की आवश्यकता नहीं होती।

इसी तरह इण्टरनेट, मोबाइल फोन, चिकित्सा से सम्बन्धित शरीर के अन्दरूनी अंगों की छवि, उपग्रह द्वारा पथ-प्रदर्शन, सोशल नेटवर्किंग जैसी तकनीकी के विषय में तो कुछ वर्ष पूर्व तक सोचा भी नहीं जा सकता था, परन्तु इनको देखते हुए, हमारा भविष्य भी इसी तरह पूर्णतया बदल जायगा। केवल इनकी सूचना मात्रा हमें वहाँ तक नहीं ले जायेगी परन्तु हॉकिंग कहते हैं कि इसका विवेकपूर्ण एवं क्रियाशीलतात्मक उपयोग हमें अवश्य वहाँ तक ले जायगा।

हॉकिंग कहते हैं कि *(BCI)* तकनीकी के द्वारा ऐसे उपकरणों का विकास किया जा रहा है जो कि हमारी सोच से नियन्त्रित हो सकें। वे मशीनें जिनकी वजह से गम्भीर रूप से ग्रसित दिव्यांग जन भी स्वतन्त्रतापूर्वक काम कर सकें। इन पर भी तेजी से कार्य हो रहा है। *BCI* प्रणाली हमारे

मस्तिष्क के कार्य करने की क्षमता पर निर्भर करती है। अतएव इस प्रणाली में होनेवाला भावी बदलाव और उसकी कार्य-दिशा सब-कुछ हमारी दिमागी क्षमता पर ही निर्भर करेगी।

हॉकिंग की सोच है कि पठन-पाठन एवं शिक्षा का भविष्य इण्टरनेट से सम्बद्ध है।

एक तरह से इण्टरनेट हमें उसी तरह जोड़ता है जैसे विशाल मस्तिष्क में न्यूरान और इस आइ.क्यू. *(IQ)* के साथ हम क्या नहीं कर सकते? बस हमें वैज्ञानिक ज्ञान अर्जित करना होगा ताकि भविष्य की वैज्ञानिक सफलताओं का हम लाभ उठा सकें। हॉकिंग इस बात को लेकर चिन्तित एवं सशंकित थे कि जहाँ कुछ ही खास लोगों के पास विज्ञान की गहरी समझ एवं उन्नत तकनीकी ज्ञान है, वहाँ इसके दुरुपयोग का खतरा भी सर्वाधिक है। कदाचित लम्बे समय तक चलने वाली जनोपयोगी परियोजनाओं जैसे वायुमण्डल एवं महासागरों को स्वच्छ एवं निर्मल बनाना, विकासशील देशों की बीमारियों का इलाज ढूँढ़ना आदि को उचित प्राथमिकतायें मिल भी पायेंगी अथवा नहीं। सर्वाधिक बुरा तो तब होगा यदि तकनीकी का प्रयोग हमारे ही विरुद्ध होने लगेगा तब तो हम कुछ भी नहीं कर पायेंगे। हॉकिंग आगे कहते हैं कि सीमाओं में विश्वास नहीं रखना चाहिए चाहे वह व्यक्तिगत जीवन के सन्दर्भ में हो या इस बुद्धि के सन्दर्भ में हो जो ब्रह्माण्ड के विषय में हमें जानकारी दे और उसे समझने में हमारी मदद करे। इसमें सन्देह नहीं कि अगले पचास वर्षों में हमारा विश्व बहुत बदल जायगा। हम जान जायेंगे कि बिगबैंग के समय क्या हुआ था? धरती पर जीवन कैसे पनपा? हम कदाचित जान जायेंगे कि अनन्त ब्रह्माण्ड में अन्यत्र भी कहीं जीवन है या नहीं। यद्यपि परग्रहियों से सम्पर्क होने की सम्भावनाएँ बहुत कम हैं, किन्तु हम चुप भी नहीं बैठेंगे। रोबोट एवं मानवरहित अन्तरिक्ष यानों को निवासयोग्य ग्रहों तक भेजकर जीवन की सम्भावनाओं को हम तलाशते रहेंगे।

क्या धरती पर हम जिन्दा बचेंगे?

प्रलय-काल की घड़ी में महाविनाश का समय मध्य-रात्रि निश्चित है। परमाणु हाथियारों के विकास के साथ-साथ सामरिक तौर पर उनके प्रयोग से धरती पर महाविनाश की सम्भावनाएँ बढ़ गयी हैं। प्रलय-काल की घड़ी महाविनाश की सन्निकट सम्भावना की मापक है जिसकी द्वितीय विश्वयुद्ध के बाद 1947 में मैनहटन परमाणु बम परियोजना में संलग्न वैज्ञानिकों द्वारा स्थापित जर्नल-'बुलेटिन ऑफ ऐटामिक साइन्टिस्ट्स' के प्रबन्ध-मण्डल द्वारा स्थापित किया गया था। जनवरी, 2018 में इस घड़ी में मध्य-रात्रि से केवल दो मिनट पूर्व का समय निर्दिष्ट किया गया, जिसका तात्पर्य यह है कि हम महाविनाश के अत्यन्त सन्निकट हैं। इसके कई कारण हैं। जिसमें सामरिक एवं प्राकृतिक दोनों ही कारणों से महाविनाश की सम्भावनाएँ बढ़ती ही जा रही हैं। द्वितीय विश्वयुद्ध में जापान में अमरीका की ओर से परमाणु बमों के प्रयोग से हिरोशिमा एवं नागासाकी में हुए महाविनाश की झलक पूरा विश्व देख चुका है। तब से आज तक कई देश परमाणु हथियार बना चुके हैं और उनमें से कुछ में तनाव की स्थिति बनी हुई है। ग्रीन हाउस गैसों के उत्सरण से वैश्विक तापमान में वृद्धि दर्ज की गयी है जिससे हिमटोपों के पिघलने से महासागरों का जल-स्तर बढ़ने के भी साक्ष्य मिल रहे हैं। जल-स्तर बढ़ने से कई देश जलमग्न हो सकते हैं। जुलाई, 1945 में परमाणु बम के निर्माता रॉबर्ट ओपनहाइमर ने परमाणु बम के प्रथम विस्फोट के उपरान्त कहा था, "हम जानते हैं कि विश्व ऐसा ही नहीं रहेगा। कुछ लोग हँसे थे, कुछ रोये, अधिकांश स्तब्ध रहे। हिन्दु ग्रन्थ श्रीमद्‌भगवद गीता का श्लोक मुझे याद आया, अब मैं महाकाल बन गया हूँ, सम्पूर्ण विश्व का संहारक।"

1947 में प्रलय-काल की घड़ी में केवल दो मिनट पूर्व का समय

निश्चित किया जाना विषम स्थिति का द्योतक है, जिसमें किसी भी अनहोनी के होने की सम्भावनाएँ अत्यन्त प्रबल हैं। ऐसी ही स्थिति तब आयी थी जब 1950 एवं 1960 के दशक में रूस और अमरीका के बीच शीत युद्ध छिड़ गया था और किसी भी समय वास्तविक युद्ध के छिड़ जाने की आशंका बढ़ गयी थी। यद्यपि प्रलय-काल-घड़ी और महासंहार का समय निश्चित करने का विचार प्रतीकात्मक है, परन्तु विश्व के समक्ष उत्पन्न जोखिम एवं खतरे वास्तविक हैं।

मानव आबादी बढ़ती जा रही है और धरती की सम्पदा एवं संसाधन घटते जा रहे हैं, पिछले 200 वर्षों में आबादी पराघातांकी गति से बढ़कर एक अरब से 7 अरब 60 करोड़ हो चुकी है। जलवायु परिवर्तन दूसरी समस्या है। तापमान वृद्धि, ध्रुव प्रदेशों के हिमटोपों का दायरा कम होना, वनों का कटाव, जनसंख्या विस्फोट, रोगों में वृद्धि, युद्ध, अकाल, पानी की कमी, पशु प्रजातियों का नष्ट होना आदि कुछ ऐसी समस्याएँ हैं, जिन्हें नियन्त्रित किया जा सकता था, किन्तु किया नहीं गया। वैश्विक ताप में वृद्धि के लिए हम सभी जिम्मेदार हैं। वैज्ञानिकों की विशेष भूमिका है कि वे भावी खतरों के प्रति जनसमुदाय को सचेत करें।

स्टीफेन हॉकिंग इन सबके प्रति काफी संवेदनशील रहे हैं और समय-समय पर चेतावनी देते रहे हैं और खतरों के प्रति सचेत करते रहे हैं। उनका कहना है कि वैश्विक तापमान वृद्धि एक ऐसी प्रक्रिया है जिसमें इसके परिणाम इसे स्वयं आगे बढ़ाते नज़र आयेंगे। हिमटोपों के क्षेत्रफल में कमी होने के कारण सौर-ऊर्जा कम प्रत्यावर्तित होगी जिससे तापमान में सदैव और वृद्धि होती रहेगी। जलवायु परिवर्तन से उत्पन्न होनेवाले खतरों का पुर्वानुमान लगाया जा सकता है। अमेजन एवं अन्य वर्षावनों का सफाया हो जायगा जिससे वायुमण्डल से कार्बनडाइ ऑक्साइड गैस का अवशोषण घट जायगा और फलस्वरूप ग्रीन हाउस प्रभाव बढ़ेगा जिससे तापमान में और अधिक वृद्धि होगी। समुद्र का तापमान बढ़ने से कार्बनडाइ ऑक्साइड गैस का निःसरण और अधिक होगा जिससे वायुमण्डल में कार्बन डाइ ऑक्साइड जो एक असरदार ग्रीन हाउस गैस है, का स्तर बढ़ेगा। फलतः वैश्विक तापमान में वृद्धि होगी। हॉकिंग चेतावनी-भरे स्वर में कहते हैं कि ऐसा हमारे ग्रह को शुक्रग्रह जैसा बना देगा, जो उबल रहा है और जहाँ गंधक के तेजाब की बारिश होती है और तापमान 250^oC रहता है। इन

परिस्थितियों में मानव का जीवित बचे रह पाना असम्भव है। हॉकिंग जोर देकर कहते हैं कि 1997 की अन्तरराष्ट्रीय सन्धि जो क्योटो प्रोटोकाल के नाम से जानी जाती है, से आगे बढ़कर विश्व को चाहिए कि कार्बन का उत्सर्जन कम करें। हमारे पास तकनीक है, परन्तु ऐसा करने के लिए राजनैतिक दृढ़ इच्छा-शक्ति का होना आवश्यक है। उल्लेखनीय है कि संयुक्त राष्ट्र जलवायु सम्मेलन ने क्योटो प्रोटकोल को 2020 वर्ष तक बढ़ा दिया है। विश्व के 200 देशों ने इस समझौते पर हस्ताक्षर किये हैं किन्तु यह समझौता केवल विकसित देशों पर लागू होगा जो ग्रीन हाउस गैसों का 15% उत्सर्जन करते हैं। अमरीका जो ग्रीन हाउस गैसों का सबसे बड़ा उत्सर्जक देश है, ने अभी तक क्योटो प्रोटोकाल को मंजूरी नहीं दी है। यही हॉकिंग की सबसे बड़ी चिन्ता है।

बढ़ती हुई आबादी के कारण रहने के लिए पृथ्वी छोटी पड़ने लगी है। हॉकिंग कहते हैं कि यही वह समय है जब हमें अन्य ग्रहों पर अपनी बस्तियाँ बसानी होंगी, परन्तु यह उतना आसान नहीं है जितना कहना। ब्रह्माण्ड जोखिम भरा एवं अशान्त क्षेत्र है। तारे ग्रहों को लील जाते हैं, सुपरनोवा प्राणघातक किरणें छोड़ते है, कृष्ण-विवरों के दायरे में जो कुछ भी आता है उसका अस्तित्व ही समाप्त हो जाता है, हमारी धरती पर संकट के बादल सदैव मंडराते रहते हैं। वैज्ञानिकों को इस बात के साक्ष्य मिले हैं कि धरती के इतिहास में कम-से-कम पाँच बार महाविनाश हो चुका है, जिसमें कुछ गिनी-चुनी प्रजातियों को छोड़कर बाकी प्रजातियाँ नष्ट हो गयीं, परन्तु उससे भी अधिक आश्चर्य की बात तो यह है कि महाविनाश के बाद जीवन और अधिक विविधताओं के साथ एक विस्फोट की तरह धरती पर पनपा और बढ़ता ही गया। धरती के भू-जैविक इतिहास में मानव प्रजाति अत्यन्त नवीन प्रजातियों में से एक हैं। आधुनिक मानव (होमोसैपियन्स) का उद्‍भव मात्र दो लाख वर्ष पूर्व हुआ है।

सैकड़ों मील प्रति सेकण्ड की चाल से ऐस्टरायड हमारे सौर-मण्डल में सन्तरित हैं और इनकी टक्कर से बचने का कोई भी रास्ता हमारे पास नहीं है। 6 करोड़ 60 लाख वर्ष पूर्व एक ऐस्टरायड की टक्कर हमारी धरती से हुई थी, जब धरती पर 17-18 करोड़ वर्षों तक राज करनेवाले भीमकाय डायनासोरों का सफाया हो गया था। ऐसी टक्करें भविष्य में भी होती रहेंगी। हॉकिंग कहते हैं कि यह विज्ञान गाथा नहीं है परन्तु भौतिकी एवं सम्भाव्यता

के नियमों के अधीन एक सुनिश्चित प्रक्रिया है जो होकर रहेगी।

नाभिकीय युद्ध वर्तमान समय में इस ग्रह के लिए बहुत बड़ा खतरा है। कई देश ऐसे हैं जहाँ नाभिकीय हथियार भरे पड़े हैं जिनकी इतनी क्षमता है कि यदि कभी तृतीय विश्वयुद्ध की सम्भावना बनती है, तब कुछ ही घण्टों में सम्पूर्ण पृथ्वी तबाह हो सकती है।

हॉकिंग आशंका व्यक्त करते हैं कि नाभिकीय युद्ध अथवा जलवायु विषमता के कारण अगले हजार वर्षों में धरती विनाश की अग्नि में जल रही होगी। धरती के भू-जैविक इतिहास में हजार वर्ष एक पल के समान ही माना जायगा।

आधुनिक विज्ञान का इतिहास पिछले पाँच सौ वर्षों का ही कहा जायगा और ब्रह्माण्ड के विषय में ज्ञान का विस्तार 18वीं सदी से ही होना प्रारम्भ हुआ है जब मानव ने भौतिकी एवं गणित के क्षेत्र में गहन अध्ययन के उपरान्त अपनी समझ एवं ज्ञान में वृद्धि की। 19वीं सदी के अन्त तक क्लासिकीय भौतिकी में गहरी रुचि एवं समझ रखनेवाले वैज्ञानिकों ने तो कहना प्रारम्भ कर दिया था कि विज्ञान के लगभग सभी नियम एवं सिद्धान्त खोजे जा चुके हैं, और अब अच्छी एवं सहज तकनीकों का विकास कर केवल सुखमय जीवन व्यतीत करने का समय आ गया है परन्तु 18वीं सदी के अन्त तक यह भी पता चल चुका था कि कुछ परिघटनाओं की व्याख्या क्लासिकीय भौतिकी के सिद्धान्तों एवं नियमों से सम्भव नहीं थी। प्रकृति अपनी रहस्यमयी भूमिका में वैज्ञानिकों के लिए चुनौती-पर- चुनौती खड़ी करती जा रही थी। 19वीं सदी के अन्त में परमाणु युग आरम्भ हुआ जब 1895 में X-किरणों, 1896 में रेडियो सक्रियता एवं 1897 में इलेक्ट्रॉन का आविष्कार हुआ। इन आविष्कारों ने वास्तव में एक नये वैज्ञानिक युग की शुरूआत की जिससे भौतिक विज्ञान की पारम्परिक सोच से हटकर वैज्ञानिकों को नयी दिशा में सोचने के लिए बाध्य होना पड़ा। 19वीं सदी के पहले एवं दूसरे दशक में न्यूटन की मान्यताओं के विपरीत दिक्काल की सातत्यक अवधारणा के साथ आइन्स्टीन ने विशिष्ट एवं व्यापक आपेक्षिकता का सिद्धान्त प्रस्तुत किया जिसमें दिक्काल में गतियों की अधिकतम सीमा प्रकाश-गति निर्धारित कर दी गयी तथा गुरुत्व को कोई बल न मानकर पदार्थ की उपस्थिति में दिक्काल के वक्रित होने का परिणाम माना गया। 1920 के दशक में मैक्स प्लैंक, नील्स

2014 में 'थ्योरी ऑफ एवरीथिंग' के यू.के. प्रीमियर के अवसर पर फेलेसिटी जोन्स, जेन हॉकिंग एवं एडी रेड मायने के साथ प्रो. स्टीफेन हॉकिंग।

सौ. इयान वेस्ट/पीए वायर

बोर, हाइजेनवर्ग आदि ने परम्परागत क्लासिकीय सोच से अलग हटकर क्वाण्टम यान्त्रिकी का सिद्धान्त प्रस्तुत किया जिनकी मूल अवधारणा इस बात में निहित थी कि प्रकृति की किसी भी अभिक्रिया में ऊर्जा का आदान-प्रदान परम सूक्ष्य ऊर्जा पुंजों में होता है जिसकी सूक्ष्मतम इकाई प्लैंक नियतांक है जिसे h कहते हैं। ये दोनों क्रान्तिकारी विचार अब तक की क्लासिकीय भौतिकी की सोच एवं समझ पर ही प्रश्नचिह्न लगाते नजर आये और उन्होंने ब्रह्माण्ड के सूक्ष्म एवं विराट स्वरूप को समझने के लिए वैज्ञानिकों को एक नयी दृष्टि दी। क्लासिकीय भौतिकी की निर्धार्यता का स्थान क्वाण्टम भौतिकी की सम्भावना ने ले लिया।

इस नयी भौतिकी ने प्रकृति की वास्तविकता को नये तरीके से

परिभाषित किया जिसमें वस्तुओं का एक खास इतिहास न होकर, समस्त सम्भावित इतिहास हो सकता जिसकी सम्भावना या प्राथमिकता पृथक्-पृथक होगी। यदि एक कण को ले लें तो उसके सम्भावित इतिहास में उसके ऐसे गमन पथ भी होंगे जिस पर गतिमान होने की गति प्रकाश-गति से अधिक रही होगी और कदाचित ऐसे भी पक्ष हो सकते हैं जिस पर चलकर अतीत में जाया जा सकता हो। यह कोरी कल्पना नहीं होगी वरन इसके वास्तविक प्रेक्षणीय परिणाम होंगे। यह ऐसा ही होगा कि जैसे रिक्त दिक्काल में अनगिनत कण छल्ले जैसे बन्द गोलाकार पथ पर घूम रहे हों अर्थात गोलाकार पथ के एक ओर वे समय में आगे जा रहे होंगे और घूमते हुए जब वे दूसरी ओर पहुँचेंगे तो उनकी दिशा बदल जायेगी और वे अतीत में चलने लगेंगे।

हॉकिंग ऐसी सम्भावनाओं की विवेचना करते हुए कहते हैं कि चूँकि दिक्काल में अनन्त ऐसे बिन्दु हैं अतएव कणों के अनन्त गोलाकार बन्द पथ होंगे और वे अनन्त पथ अनन्त ऊर्जा धारण करते होंगे जो दिक्काल को वक्रित कर एक बिन्दु पर समेट देंगे। विज्ञान कथाओं में भी ऐसी सम्भावनाओं को नहीं व्यक्त किया गया है पर वास्तविक जगत में ऐसे सिद्धान्तों की खोज पिछले कई दशकों से जारी है जिसमें दिक्काल अनन्त के ऐसे गोल पथ एक-दूसरे को निष्प्रभावी करते हों क्योंकि तभी क्वाण्टम सिद्धान्त एवं आपेक्षिकता के सिद्धान्त को मिलाकर एक सार्वभौमिक पूर्ण सिद्धान्त की रचना हो सकेगी जो ब्रह्माण्ड को संचालित एवं नियन्त्रित करनेवाले भौतिक नियमों का आधार होगा। हॉकिंग इस पर विचार व्यक्त करते हैं कि ऐसे सार्वभौमिक पूर्ण सिद्धान्त को विकसित करने की सम्भावनाएँ क्या हैं? 1980 में उन्होंने कहा था कि अगले बीस वर्षों में ऐसे किसी सिद्धान्त के आने की सम्भावनाएँ 50:50 की है। तब से अब तक इस दिशा में काफी कुछ किया गया है। किन्तु पूर्ण एकीकृत सिद्धान्त अभी विकसित नहीं किया जा सका है। हॉकिंग कहते हैं कि भौतिकी का **पवित्र प्याला** *(Holy Grail)* क्या हमारी पहुँच से सदैव बाहर रहेगा? आशा व्यक्त करते हुए वे आगे कहते हैं, "मैं सोचता हूँ कि ऐसा नहीं है।"

क्या हमें आकाश में बस्तियाँ बसानी चाहिए?

एक तरह से देखा जाय तो हमें यह ग्रह छोड़कर अन्तरिक्ष में जाने की आवश्यकता क्यों हैं? इसका क्या औचित्य है कि इस धरती की समस्याओं का हल ढूँढ़ने के बजाय अरबों-खरबों व्यय करके हम अन्तरिक्ष अभियानों को बढ़ावा दे रहे हैं, चाँद पर जाते हैं और कुछ पत्थरों के टुकड़े लेकर लौट आते हैं। हम यहीं नहीं रुके। सौर-मण्डल के अन्य ग्रहों पर भी हमारे अन्तरिक्ष यान पहुँचने लगे हैं। चाँद और मंगल ग्रह पर हम बस्तियाँ बसाने की फिराक में हैं।

एक तरह से आज की स्थिति ठीक वैसी ही है जैसे 1492 के पूर्व यूरोप की थी जब यह सवाल पूछे जाने लगे थे कि कोलम्बस के समुद्री अभियानों पर धन क्यों व्यय किया जाय, परन्तु जब नयी दुनिया की खोज हुई तब पुरानी दुनिया की सोच और समझ में जो बदलाव आये उसने सम्पूर्ण विश्व को पूरी तरह से बदल दिया। कोलम्बस के अभियानों से कहीं कठिन है अन्तरिक्ष में जाना और नये ग्रहों पर बस्तियाँ बसाना क्योंकि धन के साथ-साथ तकनीकी बाधाएँ इन अभियानों को हतोत्साहित करती हैं। बढ़ती आबादी के साथ भोजन की समस्या दिनों-दिन बढ़ती जायेगी जिसे जलवायु में हो रहे बदलाव एवं ग्रीन गैसों के कारण वैश्विक तापमान में वृद्धि और अधिक विषम बना देगी, जिसके कारण भविष्य में महाविनाश की स्थिति पैदा होने की आशंका जताते हुए समय रहते निवास के वैकल्पिक स्थल ढूँढ़ने के लिए वैज्ञानिक लगातार सचेत कर रहे हैं। यही कारण है कि धरती के अतिरिक्त अन्तरिक्ष में कहीं और बस्तियाँ बसाने की आवश्यकता अब अनिवार्य होती जा रही है, क्योंकि धरती के संसाधन अब तेज़ी से रीत रहे हैं।

इसके लिए एक दीर्घकालीन नीति के तहत कार्य करना होगा, जिसमें सैकड़ों अथवा हजारों वर्ष का समय लग सकता है। आशा की जाती है कि चाँद पर हम इसकी नींव अगले 30 वर्षों में रख पायेंगे। मंगल पर पचास वर्षों में और अगले 200 वर्षों में सौर-मण्डल के अन्य ग्रहों के उपग्रहों पर पहुँचकर हम आधार-स्थल विकसित कर पाने में कामयाब हो सकेंगे। हमने मंगल ग्रह पर पहले से लैण्ड रोवर उतारकर उसके बारे में पर्याप्त जानकारियाँ हासिल कर रखी हैं और अब मनुष्य स्वयं वहाँ जाकर मानव बस्तियाँ बसाने की फिराक में है। शनि के उपग्रह टाइटन पर खोजी लैण्ड रोवर एवं अन्य उपकरण भेजे जा चुके हैं, जो हमें वहाँ की जानकारी भेज रहे हैं परन्तु यदि हमें भावी त्रासदी से निपटना है तो वहाँ हमें स्वयं जाना पड़ेगा। फ्लायर निकन सिद्धान्त पर आधारित एक अनुमान के आधार पर जे. रिचर्ड गाट का कहना है कि इस धरती पर मानव प्रजाति अगले 78 करोड़ वर्षों तक ही बची रहेगी इसलिए इसके काफी पूर्व ही अन्यत्र हमें अपनी बस्तियाँ बसानी होंगी।

मानवरहित अन्तरिक्ष अभियानों के बाद 1962 में अमरीकी राष्ट्रपति केनेडी ने वादा किया था कि दशक के अन्त तक अमरीका चाँद पर आदमी उतारेगा जो तब पूरा हुआ जब 20 जुलाई, 1969 को बज आल्डरिन एवं नील आर्मस्ट्रांग ने चन्द्रमा के तल पर अपने कदम रखे। अभिभूत होकर **नील आर्मस्ट्रांग** ने कहा था। **"मानव का यह छोटा कदम मानवता की एक लम्बी छलाँग है।"**

चाँद पर 1972 में आखिरी बार मनुष्यों के कदम रखने के उपरान्त लोगों की रुचि अन्तरिक्ष अभियानों में कम होने लगी जिसका प्रमुख कारण यह था कि महान वैज्ञानिक उपलब्धता के बावजूद सामान्य जन को लगता था कि अन्तरिक्ष अभियानों में, चाहे वे मानवसहित हों या मानवरहित, लगनेवाले धन को यदि पृथ्वी पर व्याप्त समस्याओं से निपटने में व्यय किया जाय तो अधिक उपयुक्त होगा। इन सबके बावजूद 2017 में एलन मस्क ने स्पेस-एक्स *(Space X)* योजनाओं की घोषणा की जिसमें चॉद पर आधार शिविर बनाने एवं 2022 तक मंगल पर पहुँचने का लक्ष्य रखा गया है। अमरीकी राष्ट्रपति ट्रम्प ने नासा को निर्देशित करनेवाली अन्तरिक्ष योजना पर हस्ताक्षर कर अन्तरिक्ष अभियानों को कारगर ढंग से आगे बढ़ाने की दिशा में एक सार्थक कदम उठाया है। जनसाधारण

के बीच अन्तरिक्ष अभियानों के प्रति कौतूहल एवं रुचि बनाये रखने की आवश्यकता पर बल देते हुए स्टीफेन हॉकिंग कहते हैं कि मनुष्य के भावी व्यक्तित्व को बनाये रखने के लिए ऐसी तकनीकी दक्षता का उपलब्ध होना आवश्यक है ताकि धरती से इतर दिक में अत्यत्र बस्तियाँ बसाने की भावी अनिवार्यता के अनुरूप समय रहते निर्णय लिया जा सके।

पर क्या मानव धरती से दूर लम्बे समय तक अपना अस्तित्व बनाये रख सकेगा। इण्टरनेशनल स्पेस स्टेशन *(ISS)* से प्राप्त अनुभव तो हमें यही बताते हैं कि धरती से दूर कई माह तक मानव विशिष्ट परिस्थितियों में जीवित रह सकते हैं। यद्यपि भारहीनता की अवस्था में कई अवांछित शारीरिक समस्याएँ पैदा हो सकती हैं जैसे हड्डियों का कमजोर होना एवं वास्तविक तरल पदार्थों की समस्या। अन्तरिक्ष में हानिकारक किरणें एवं उल्कापिण्डों का भी खतरा अधिक होता है। चन्द्रमा की यदि बात करें तो वह धरती के सर्वाधिक करीब है और वहाँ पहुँचना सरल है किन्तु वहाँ वायुमण्डल नहीं है और चुम्बकीय क्षेत्र भी नहीं है जो उल्का-पिण्डों से रक्षा कर सके और सौर विकिरण के कणों को विचलित कर सके। तरल जल भी वहाँ नहीं है जो जीवन के लिए अनिवार्यत: आवश्यक है, यद्यपि नये अध्ययन से पता चला है कि उत्तरी एवं दक्षिणी ध्रुवों के क्रेटरों में जमी हालत में बर्फ उपलब्ध है। चाँद पर मानव आबादी के लिए ऑक्सीजन गैस की आवश्यकता की पूर्ति इस बर्फ के पानी से करायी जा सकती है, और विद्युत उत्पादन नाभिकीय-ऊर्जा तथा सौर-ऊर्जा से सुनिश्चत किया जा सकता है।

मंगल ग्रह दूसरा पड़ाव हो सकता है। यह सूर्य से 22.79 करोड़ किमी. की दूरी पर स्थित है और धरती से इसकी दूरी धरती की सूरज से दूरी की लगभग आधी है। इसलिए यह सूरज से धरती की तुलना में आधी उष्मा ऊर्जा ग्रहण करता है। पहले इस पर चुम्बकीय क्षेत्र था, परन्तु लगभग 4 अरब वर्ष पूर्व वह समाप्त हो गया, इसलिए सूर्य की हानिकारक किरणों से बचाव का कोई कुदरती कवच उपलब्ध नहीं है। इससे वहाँ कोई वायुमण्डल नहीं है और जो भी है, उसका दाब धरती की तुलना में केवल एक प्रतिशत ही है। यह सम्भव है कि वहाँ पहले वायुमण्डल रहा होगा क्योंकि वहाँ तरल जल की नहरों एवं सूखी झीलों के अवशेष दिखते हैं। वायुमण्डल के अभाव में लगभग निर्वात जैसी दाब की स्थिति में तरल जल टिक नहीं सकता, बल्कि वाष्पित होकर अन्तरिक्ष में चला

गया होगा। परन्तु इससे यह तो विदित होता ही है कि अतीत में मंगल ग्रह का वातावरण नमीयुक्त गरम रहा होगा, जिसमें जीवन के स्वयमेव पनपने अथवा अन्यत्र कहीं और से आकर होने की पर्याप्त सम्भावनाएँ विद्यमान रही होंगी, परन्तु अब वहाँ जीवन के कोई लक्षण नहीं दिखते। अतएव मंगल पर बस्तियाँ बसाने के पूर्व इस ओर भी ध्यान दिये जाने की आवश्यकता होगी।

नासा ने मंगल ग्रह पर सर्वप्रथम 1964 में मैरिनर-4 भेजा, इसके पश्चात कई अन्तरिक्ष यान भेजे जो मंगल ग्रह की परिक्रमा करते हुए विपुल जानकारियाँ हासिल कर पाने में सफल हुए। मंगल ग्रह के धरातल एवं परिदृश्य की काफी जानकारी मिल चुकी है। वहाँ गहरी खाइयाँ एवं सौर मण्डल के सर्वाधिक ऊँचे पर्वत विद्यमान हैं। उपकरणों से युक्त लैण्ड रोवर भी धरातल पर उतारे गये हैं, जिन्होंने ध्रुवों पर जमी बर्फ के होने के संकेत दिये हैं, जिससे तरल जल एवं ऑक्सीजन गैस प्राप्त की जा सकती है। मंगल ग्रह पर भूगर्भीय गतिविधियों के भी साक्ष्य मिले हैं। ज्वालामुखी गतिविधियों से धरातल पर विपुल मात्रा में खनिज एवं धातुएँ बिखरी पड़ी हैं, जिनका उपयोग बस्ती बसाते समय किया जा सकता है। इस दृष्टि से चन्द्रमा एवं मंगल ग्रह रहने योग्य बनाये जा सकते हैं। बुध एवं शुक्र बहुत गरम हैं तथा बृहस्पति एवं शनि ग्रह गैस के विशाल गोले हैं जहाँ ठोस धरातल नहीं है, इसलिए वहाँ बस्तियाँ नहीं बसायी जा सकतीं। इनके उपग्रहों पर सम्भावनाएँ तलाशी जा रही हैं। बृहस्पति के उपग्रह यूरोपा पर जमी हुई बर्फ धरातल पर है तथा धरातल के नीचे तरल जल की सम्भावना व्यक्त की जा रही है, इसलिए वहाँ जीवन विकसित किया जा सकता है। शनि के उपग्रह टाइटन, जो हमारे चन्द्रमा से भी बड़ा है, पर घना वायुमण्डल है। नासा के कैसिनी-ह्यूजेन मिशन एवं यूरोपीय स्पेस एजेन्सी ने टाइटन के धरातल एवं वायुमण्डल के चित्र भेजे हैं। टाइटन बहुत ही ठण्डा उपग्रह है और वहाँ तरल मिथेन की झीलें हैं, जिसके कारण रहने के लिए टाइटन उपयुक्त नहीं पाया गया है। टाइटन का गुरुत्व धरती का 14 प्रतिशत है, और औसत तापमान शून्य से 179 सेण्टीग्रेड नीचे। टाइटन के वायुमण्डल में 95 प्रतिशत नाइट्रोजन एवं 5 प्रतिशत मीथेन है और उसका दाब पृथ्वी के वायुमण्डल दाब का 1.5 गुना है। एक वैज्ञानिक अनुमान के अनुसार मीथेन आधारित जीवन की सम्भावनाएँ वहाँ हो सकती हैं, किन्तु

कैम्ब्रिज, 2017—75वें जन्मदिवस समारोह में जनसमूह को सम्बोधित करते हुए।

जल एवं ऑक्सीजन आधारित जीवन की सम्भावनाएँ नगण्य हैं।

स्टीफेन हॉकिंग को विश्वास है कि धरती की तरह निवास्य क्षेत्रवाले असंख्य ग्रह ब्रह्माण्ड में ऐसे होंगे जहाँ जीवन विद्यमान हो सकता है। ऐसे क्षेत्र जहाँ तारे से ग्रह की उतनी ही दूरी हो जहाँ तरल जल एवं वायुमण्डल विद्यमान हैं तो पृथ्वी की तरह जीवन की प्रचुर सम्भावनाएँ हो सकती हैं। ऐसे क्षेत्रों को गोल्डीलाक्स जोन कहते हैं। 30 प्रकाशवर्ष के दायरे में करीब एक हजार तारे होंगे जिनमें एक प्रतिशत अर्थात 10 ऐसे ग्रह होंगे जो पृथ्वी जैसे होंगे और उन्हें उतनी ही उष्मा अपने तारे से मिलती होगी, जितनी हमारी धरती को मिलती है तथा कमोबेश वही

परिस्थितियाँ विद्यमान होंगी जैसी हमारी धरती पर हैं। वहाँ नयी दुनिया बसायी जा सकती है। उदाहरण के लिए प्राक्सिमा-वी ग्रह को लें जो 4.5 प्रकाश वर्ष दूर व प्राक्सिमा सेण्टौरी तारे जो अल्फा सेण्टौरी तारक समूह का एक तारा है की परिक्रमा कर रहा है। ज्ञात हुआ है कि यह ग्रह पृथ्वी जैसी विशेषताएँ रखता है। यह ग्रह हमारे अति समीप है किन्तु वर्तमान तकनीक वहाँ पहुँचाने के लिए अभी अपर्याप्त है। हॉकिंग विश्वास करते हैं कि मात्र 200 से 500 वर्षों में कदाचित अन्तरतारीय आकाश की यात्राएँ सहज हो जायेंगी।

रॉकेट की गति दो बातों पर निर्भर करती है- एक्जास्ट की गति तथा ईंधन की दहन दर जब उसे त्वरण मिलता है। अभी तक रॉकेट के ईंधन का स्रोत रासायनिक ऊर्जा है, जो एक्जास्ट की गति 3 किमी/सेकण्ड दे पाता है। भार 30 प्रतिशत कम होने पर 0.5 किमी. प्रति सेकण्ड की गति और बढ़ सकती है, फिर गति कम होने लगती है। नासा के अनुसार मंगल तक पहुँचने में लगभग 260 दिन लगेंगे। कुछ वैज्ञानिक अनुमान 130 दिन के भी हैं, पर निकटतम तारक मण्डल तक जाने में 30 लाख वर्ष लगेंगे। इसलिए और अधिक तीव्र गति के लिए रासायनिक ऊर्जा के स्रोतों से इतर अन्य वैकल्पिक ऊर्जा स्रोतों पर हमें आश्रित होना पड़ेगा।

शक्तिशाली प्रकाश-पुंज अन्तरिक्ष यान को गति प्रदान करने का एक वैकल्पिक स्रोत बन सकता है। नाभिकीय दहन से 1 प्रतिशत द्रव्यमान के व्यय होने पर प्रकाश गति की 10 प्रतिशत गति पायी जा सकती है। द्रव्य पदार्थ एवं प्रतिपदार्थ के विनष्टीकरण से प्राप्त ऊर्जा एक ऐसी ऊर्जा होगी जो अभी तक कहीं प्रयोग में नहीं लायी गयी है। इसकी दक्षता शत-प्रतिशत होगी। नासा ने 5 सितम्बर, 1977 को वायेजर-1 खोजी अन्तरिक्ष यान छोड़ा था, जिसका उद्देश्य सौरमण्डल से बाहर जाकर अन्तरतारीय आकाश की यात्रा करनी थी। 41 वर्षों में जनवरी, 2019 तक यह 21.7 अरब किमी. की यात्रा कर चुका है और यदि सब ठीक ढंग से रहा तो वर्ष 2025 तक अपनी यात्रा जारी रखेगा। इसकी अधिकतम गति 62140 किमी0/घण्टा है। इसका अर्थ है कि अल्फा-सेण्टौरी तक पहुँचने में इसे 70,000 वर्ष लगेंगे। वर्तमान तकनीकों पर आधारित रॉकेट यान द्वारा अल्फा-सेण्टौरी की यात्रा लगभग असम्भव है। स्टीफेन हॉकिंग ने 2016 में एक रूसी अरबपति उद्यमी यूरी मिलनर के साथ **'ब्रेकथ्रू स्टारशाट'** नामक एक

दीर्घकालीन शोध एवं विकास *(R & D)* कार्यक्रम आरम्भ किया जिसका मुख्य उद्देश्य अन्तरतारीय यात्राओं को व्यावहारिक बनाना था। उनका कहना था कि उसमें यदि वे सफल रहे तो मनुष्य के जीवन-काल में तो अल्फा सेण्टौरी की यात्रा का सपना पूरा हो जायगा। दुर्भाग्यवश इसके दो वर्ष बाद ही हॉकिंग का देहावसान 14 मार्च, 2018 को हो गया।

ब्रेकथ्रू स्टारशाट मिशन का कार्य तीन अवधारणाओं पर आधारित है; लघुरूप अन्तरिक्षयान, प्रकाश-संचालक शक्ति *(Light propulsion)* एवं फेज लाक्ड लेजर। स्टार-चिप जिसका आकार छोटा करके कुछ सेण्टीमीटर कर दिया जाता है, दिक की खोज करनेवाला एक क्रान्तिकारी चिप है। इसे एक प्रकाश-सेल *(Light Sail)* से सम्बद्ध कर दिया जाता है। जैसे नदी या समुद्र में नाव के पाल *(Sail)* में हवा भरने पर उसके दाब से नाव चलती है उसी तरह प्रकाश-सेल में दर्पण लगे होते हैं, जिनसे सौर-प्रकाश या लेजर टकराकर विकिरण दाब उत्पन्न करते हैं जो प्रकाश-सेल को आगे बढ़ाता है। प्रकाश सेल का भार कुछ ग्राम ही होता है। इस तरह के हजारों स्टार चिप कक्षा में भेजे जायेंगे। धरती पर लेजर उत्पादक यन्त्रों की कई किलोमीटर लम्बी कतारों से उत्पन्न लेजरों को मिलाकर अतिशक्तिशाली प्रकाश-किरण-पुंज तैयार किये जाते हैं जिन्हें आकाश में छोड़ा जाता है जो स्टारचिप से युक्त पालों *(Sails)* से टकराकर उन्हें सैकड़ों गीगावाट शक्ति प्रदान करते हैं। ऐसा प्रकाशपुंजों पर सवार होने जैसा है जैसा कि आइन्स्टीन 16 वर्ष की अवस्था में कल्पना किया करते थे। प्रकाश गति से तो नहीं किन्तु उसके पाँचवें भाग के बराबर इनकी गति होती है जो 10 करोड़ मील प्रति घण्टे के समतुल्य है। इस गति से मंगल ग्रह पर एक घण्टे से कम समय में पहुँचा जा सकता है, प्लूटो पर कुछ दिनों में, एक सप्ताह में वोयेजर से आगे निकल सकते हैं और निकटतम तारे अल्फा सेण्टौरी पर 20 वर्षों में पहुँचा जा सकता है। एक बार वहाँ होने पर सूक्ष्म अन्तरिक्ष यान वहाँ के चित्र भेजने लगेगा, चुम्बकीय क्षेत्र एवं वायुमण्डल तथा रासायनिक अणुओं का पता लगा सकेगा और दूसरी लेजर किरण पुंजों के माध्यम से प्राप्त जानकारियाँ धरती पर भेज देगा जिसमें केवल साढ़े चार वर्ष ही लगेंगे क्योंकि लेजर किरणें प्रकाश गति से चलती हैं। लेजर किरणों द्वारा वाहित सन्देश उन्हीं कतारवद्ध ऐण्टिनाओं से ग्रहण किया जायगा जहाँ से स्टारचिप युक्त, प्रकाश-सेल को गतिमान

करने के लिए किरण-पुंज छोड़े गये थे। स्टार-शाट मिशन में प्राक्जिमा-बी ग्रह की निकटतम दूरी पर परिक्रमा करने की योजना भी शामिल है जिस पर शीघ्र ही अमल किया जायगा। 2017 में ब्रेकथ्रू एवं यूरोपीय दक्षिणी वेधशाला ने संयुक्त रूप से अल्फा-सेण्टौरी तारक समूह में निवास योग्य ग्रहों की तलाश हेतु प्रयास करने प्रारम्भ कर दिये हैं।

ब्रेकथ्रू स्टारशाट मिशन के लिए दूसरे लक्ष्य भी निश्चित किये गये हैं, जिसमें सौर-मण्डल के ऐसे छुद्र ग्रहों (एस्टरायड) के गमन पथों का पता लगाना मुख्य है जिनकी कक्षाएँ पृथ्वी की कक्षा को अन्तर्रोधित करती हों। इसके अतिरिक्त जर्मन भौतिकविद क्लाडियस ग्रास ने तो यह प्रस्तावित किया था कि यह तकनीक परग्रहों में एकल कोशिकीय जीवाणुओं का दीर्घजीवी जैविक-माडल तैयार करने में प्रयुक्त की जा सकती है, जहाँ जैविक प्रक्रियाओं के क्षणभंगुर होने की समस्याएँ विद्यमान हों। एक लेजर पुंज एक गीगावाट शक्ति से केवल कुछ न्यूटन बल के समतुल्य ही धक्का दे सकता है किन्तु नैनोयान के लिए जो कुछ ग्राम का ही होता है, यह बहुत अधिक है। बड़े उपकरणों के लिए उक्त शक्ति पर्याप्त नहीं है जिससे उसे तीव्र गति मिल सके। इसके अतिरिक्त अभियान्त्रिकीय चुनौतियाँ इसमें भी अधिक विकट हो सकती हैं। एक नैनोयान में परम त्वरण को सहने की क्षमता होनी चाहिए, शीत को सहने, निर्वात को झेलने एवं प्रोटान तथा दिक की धूल से टकराने की भी क्षमता होनी चाहिए। वायुमण्डलीय विक्षोभ के कारण लेजर किरण पुंजों की सामूहिक शक्ति क्षमता 100 गीगावाट होने पर भी सौर-पालों *(Solar Sails)* को तीव्र गति से भेज पाना कठिन होता है। अभियान्त्रिकी चुनौतियों को पहले भी स्वीकार किया गया है और उन्हें दूर भी किया गया है। ये चुनौतियाँ भविष्य में भी आयेंगी और उन्हें दूर भी किया जायगा। मानव बस्तियों को दूसरे ग्रहों पर बसाने की कल्पना अब विज्ञान गाथाओं तक ही सीमित नहीं रह गयी है, बल्कि भविष्य में उसकी सम्भावनाएँ दिखने लगी हैं। हॉकिंग कहते हैं कि मानवता को यदि अभी आगे लाखों वर्ष जिन्दा रहना है तो हमें वहाँ जाना पड़ेगा जहाँ इसके पूर्व कोई नहीं जा पाया है। वे इसके लिए शुभकामना व्यक्त करते हैं और कहते हैं कि इसके अतिरिक्त हमारे पास कोई अन्य विकल्प भी नहीं है।

क्या काल-प्रयाण सम्भव है?

हम अपनी स्मृतियों, स्वप्नों एवं कल्पनाओं में अतीत के साथ भविष्य की सैर करते रहते हैं, पर क्या होगा यदि वास्तव में कोई ऐसी मशीन मिल जाय जैसा कि एच.जी.वेल्स ने अपनी लोकप्रिय विज्ञान कथा 'दि टाइम मशीन' में परिकल्पित किया था, जिसके सहारे हम अपनी इच्छानुसार भूत या भविष्य में आ-जा सकें। वैज्ञानिकों की राय इस पर एक नहीं है-कुछ मानते हैं कि काल-प्रयाण सम्भव है और कुछ का कहना है कि यह असम्भव है।

एक तरह से देखा जाय तो हम सभी काल यात्री हैं-भूत से वर्तमान एवं वर्तमान से भविष्य की ओर हम अग्रसर हैं। परन्तु सामान्य तौर पर चलनेवाली यात्रा में हम अन्य की अपेक्षा बहुत आगे निकल जायँ अथवा अतीत में वापस चले जायँ तो यह काल-प्रयाण कहा जायगा।

काल प्रयाण की भौतिकी का सीधा सम्बन्ध आइन्स्टीन के आपेक्षिकता के सिद्धान्तों से है जो बीसवीं सदी के प्रथम एवं द्वितीय दशक में विकसित किये गये थे। इसमें दिक एवं काल को स्वतन्त्र आयाम न मानते हुए सतत एवं परस्पर आश्रित माना गया है। इसमें दिक एवं काल को दिक्काल सातत्यता की संज्ञा दी गयी है। कोई विशिष्ट घटना जो किसी समय कहीं घटती है उसे दिक्काल आरेख (मिन्कोवस्की) में एक बिन्दु के रूप में प्रदर्शित किया जाता है। दिक्काल आरेख का उपयोग दिक्काल में वस्तुओं की गतिशीलता को प्रदर्शित करने के लिए किया जाता है। चर्तुआयामी दिक्काल को समयकोण (90^0) पर गए x, y, z एवं t अक्षों के माध्यम से दर्शाया जा सकता है जिसमें गए x, y, z अक्ष दिक तथा t अक्ष काल या समय को प्रदर्शित करते हैं। दिक्काल में किसी वस्तु की प्रगति को प्रदर्शित करनेवाली रेखा को विश्व-रेखा अथवा वर्ल्ड-लाइन *(World Line)* कहते हैं। मुक्त पतनशील कणों अथवा वस्तुओं को विश्व-रेखाओं

को जियोडेसिक्स *(Geodesics)* कहते हैं। यदि x अक्ष गति *(v)* को प्रदर्शित करता है तो गतिहीन वस्तु अर्थात जिसकी गति शून्य हो अर्थात $v=0$ तो दिक्काल में उसकी विश्व-रेखा x-अक्ष के लम्बवत t-अक्ष के समानान्तर होगी। यदि वस्तु की गति प्रकाशगति C के समतुल्य है तो अक्ष-x एवं अक्ष-t के बीच 45^0 के कोण पर उसकी विश्व रेखा होगी। इस तरह दिक्काल में गतिशील वस्तुओं की विश्व रेखाएँ लम्बवत अक्ष-t अक्ष से किसी कोण पर तिरछी अग्रसर होती दिखेंगी जिसमें जिनका जितना ही अधिक झुकाव होगा वह वस्तु उतनी ही अधिक गति से गतिमान होगी। कल्पना करें कि काल का मापन हम वर्षों में करते हैं, और दूरियाँ प्रकाश वर्षों में तो प्रकाश के लिए विश्व-रेखा, जो एक वर्ष में एक प्रकाश वर्ष की दूरी तय करती हैं, काल के अक्ष-t के साथ 45^0 का कोण बनायेगी, अतएव प्रकाश किरणें-दिक के तीनों आयामों में गतिमान होते हुए उद्गम बिन्दु अथवा स्रोत अथवा ओरिजिन $(x=0, y=0, Z=0, t=0)$ से निकलकर एक प्रकाश-शंकु का निर्माण करेंगी जिसके पृष्ठ-तल पर वे अवस्थित होंगी।

यदि कोई वस्तु प्रकाश गति से कम गति से गतिमान है तो वह प्रकाश शंकु के भीतर गतिमान होगी जिसकी विश्व-रेखा पूर्णतया प्रकाश शंकु के भीतर होगी। प्रकाश शंकु के बाहर अवस्थित विश्व-रेखा दिक स्वरूप *(Space Like)* कहलाती है क्योंकि वे सदैव दिक में ही गतिमान रहती हैं, परन्तु प्रकाश शंकु के भीतर गतिमान होनेवाली विश्व-रेखाएँ काल स्वरूप *(Time like)* कहलाती हैं। विश्व रेखाएँ, आवश्यक नहीं कि, सीधी रेखा हों जो वस्तुओं के सीधी रेखा में समान गति से गतिमान होने से बनती हैं। उदाहरण के लिए, एक निश्चित गति से x-अक्ष के समानान्तर तल पर वृत्तीय कक्षा में गतिमान उपग्रह को लें। इसका पथ समय के साथ एक हेलिक्स की तरह होगा।

ब्रह्माण्ड के सातत्यक चर्तुआयामी दिक्काल की अवधारणा आइन्स्टीन के विशिष्ट आपेक्षिकता के सिद्धान्त के साथ 1905 में भौतिकी में आयी। उसके पूर्व त्रिआयामी सपाट दिक एवं एक आयामी काल की अवधारणा पर ही समस्त क्लासिकीय गतिकी एवं यान्त्रिकी टिकी हुई थी। त्रि-आयामी दिक जिसे यूक्लीडियन स्पेस कहते हैं की मान्यता थी कि दिक के आयाम सपाट हैं जिनका विस्तार अनन्त तक है और वे निरपेक्ष हैं, अर्थात उन पर

किसी भी चीज ऊर्जा अथवा द्रव्य का प्रभाव नहीं पड़ता, परन्तु आइन्स्टीन के सिद्धान्तों ने निरपेक्ष दिक की सदियों से चली आ रही मान्यताओं को बदल दिया। परस्पर आश्रित होने के कारण दिक के स्वरूप में हुए परिवर्तनों का प्रभाव काल पर पड़ता है। 1915 में आइन्स्टीन का व्यापक आपेक्षिकता का सिद्धान्त आया जिसमें दिक्काल के समीकरणों में गुरुत्व का समावेशन किया गया। इस सिद्धान्त की मूलभूत अवधारणा इस बात में निहित है कि द्रव्य पदार्थ की उपस्थिति में दिक्-काल विकृत हो जाता है। जितना ही द्रव्य-पदार्थ अधिक होगा विकृति उतनी ही अधिक होगी। इस सिद्धान्त में इस प्रकार गुरुत्व की अवधारणा दिक्काल में गतिशील वस्तु पर लगनेवाले एक बल के रूप में न होकर बल्कि वक्रित दिक्काल के परिणाम के रूप में की गयी है। व्यापक आपेक्षिकता के सिद्धान्त की व्याख्या करते हुए प्रसिद्ध भौतिकविद **जॉन ह्वीलर** (1911-2008) ने कहा था-"**पदार्थ दिक्काल से कहता है कि तुम्हें कैसे वक्रित होना है और दिक काल पदार्थ से कहता है कि तुम्हे गतिमान कैसे होना है।**"

दिक की वक्रता गुरुत्व का अनुमान कराती है और समय अथवा काल की वक्रता गुरुत्वीय लाल-सरकाव *(Gravitational Red Shift)* परिघटना के लिए उत्तरदायी है, जिसमें दूर के किसी प्रेक्षक को भारी द्रव्यमान वाले प्रकाश स्रोत से निर्गत होनेवाले प्रकाश की फ्रीक्वेन्सी में कमी और तरंग दैर्ध्यों में वृद्धि होती हुई दिखती है। वस्तुतः दिक्-काल की वक्रता का प्रभाव गमनशील वस्तु की गति पर निर्भर करता है। मन्द गतियों के सन्दर्भ में काल वक्रता ही प्रमुख भूमिका निभाती है परन्तु इसके विपरीत प्रकाश गति से चलने वाली प्रकाश किरण दिक्-काल में 45^0 का कोण बनाते हुए दिक एवं काल दोनों में से गतिमान रहती है जिसके कारण इसका गमन पथ दिक एवं काल दोनों की वक्रता से प्रभावित होता है। व्यापक आपेक्षिकता, वास्तव में यह बताती है कि सुदूर तारक पृष्ठभूमि का प्रकाश जब सूर्य को छूता हुआ गुजरता है तब इसमें किंचित झुकाव हो जाता है क्योंकि सूर्य का द्रव्यमान वहाँ के दिक को वक्रित कर देता है। यद्यपि पूर्वानुमानित झुकाव अत्यन्त कम अर्थात एक अंश का दो हजारवाँ भाग (1/2000) ही है किन्तु इससे यह विदित होता है कि सूर्य-द्रव्यमान से कम द्रव्यमानवाले पिण्ड प्रकाश किरणों में नगण्य झुकाव ही पैदा कर सकते हैं। इस प्रभाव की पुष्टि 1919 में पूर्ण सूर्य ग्रहण के समय हुई थी।

यदि सूर्य को कुंचित करके 3 किमी के दायरे में समेट लिया जाय तो वह कृष्ण-विवर बन जायगा तब उच्च द्रव्यमान घनत्व कुंचित गोले के चारों ओर के दिक्काल को इतना अधिक वक्रित कर देगा कि कोई भी वस्तु यहाँ तक कि प्रकाश भी इसके गुरुत्व क्षेत्र को बाहर नहीं जा सकेगा। सामान्यत: यदि तीन सूर्य-द्रव्यमान से अधिक एक *'M'* द्रव्यमान के तारे को *'r'* त्रिज्या के गोले में कुंचित कर दिया जाय तो वह कृष्ण-विवर बन जायगा। यहाँ $r = 2\,GM/c^2$ है और *c* एक स्थिरांक है जो प्रकाशगति के समतुल्य है। तीन सूर्य-द्रव्यमान से अधिक द्रव्यमान के तारों की अन्तिम परिणति कृष्ण-विवर में ही होती है।

उल्लेखनीय है कि सम्पूर्ण ब्रह्माण्ड में प्रकाश एक निश्चित गति *c* से संचालित होता है जो अपरिवर्तनीय है। विशिष्ट आपेक्षिकता के सिद्धान्त से हमें विदित होता है कि कोई भी वस्तु जो गतिमान होती है उस पर काल-गति मंद पड़ जाती है और उस वस्तु की लम्बाई उसके गति की दिशा में सिकुड़ जाती है। इसी से ऊर्जा एवं पदार्थ के द्रव्यमान की समतुल्यता का निष्कर्ष भी निर्गत है जिसे अति विख्यात सूत्र $E=mc^2$ से प्रदर्शित किया जाता है। इसका अर्थ यह है कि ऊर्जा एवं पदार्थ पृथक्-पृथक सत्ताएँ नहीं हैं बल्कि विशिष्ट परिस्थितियों में वे परस्पर परिवर्तनीय हैं। नाभिकीय ऊर्जा एवं परमाणु बम इसके मूर्त रूप हैं। व्यापक आपेक्षिकता के समीकरणों को हल करने से यह भी निष्कर्ष निकला कि द्रव्यमान की उपस्थिति काल गति को मन्द कर देती है।

सूर्य-द्रव्यमान से कई गुना अधिक द्रव्यमानवाले तारे ब्रह्माण्ड में विद्यमान हैं जिनके आस-पास काल-गति मन्दित प्रतीत होती है। काल गति के मन्दित होने की प्रक्रिया को **काल-विस्तार** *(Time Dialation)* कहते हैं। इससे भविष्य में काल-प्रयाण की सम्भावनाओं को समझा जा सकता है, परन्तु यह एकल देशीय होगा अर्थात काल की दिशा भूत से वर्तमान और वर्तमान से भविष्य की ओर उन्मुख होगी न कि भविष्य से वर्तमान या वर्तमान से अतीत।

भावी काल-यात्रा को **ट्विन पैराडाक्स** *(Twin Paradox)* की पहेली के माध्यम से समझाया भी जा सकता है जिसमें एक जुड़वाँ भाई-बहन होते हैं। बहन धरती पर रह जाती है और भाई एक अन्तरिक्ष यान

में बैठकर ब्रह्माण्ड की लम्बी यात्रा पर निकल जाता है। जब भाई धरती पर लौटकर आयेगा तो वह बहन से कम उम्र का लगेगा, परन्तु कितना कम यह अन्तरिक्ष यान की गति पर निर्भर करेगा। भाई-बहन की उम्र का अनुपात $\sqrt{1-\beta^2}$ सूत्र के द्वारा प्रदर्शित किया जाता है जहाँ $\beta = V/C$ है। यदि भाई 98% प्रकाश गति (0.98c) से चलता है तो $\sqrt{1-\beta^2} = 1/5$ अतएव, यदि भाई 98% प्रकाश गति से गतिमान होता है तब उसका एक वर्ष बहन के पाँच वर्ष के बराबर होगा। यदि 10 प्रकाश वर्ष दूर स्थित तारे की वह यात्रा करता है तो धरती पर वापस आने में उसे 20 वर्ष से कुछ अधिक समय लग जायगा, परन्तु भाइ को लगेगा कि उसकी यात्रा में केवल चार वर्ष ही लगे जबकि धरती पर उसकी बहन को प्रतीत होगा कि व्योम-यात्रा से वापस आने में भाई को बीस वर्ष से कुछ अधिक समय लग गया। इस प्रकार भाई ने बीस वर्ष भविष्य में यात्रा किया जबकि इस प्रक्रिया में उसे मात्रा चार वर्ष ही लगे। परिणामत: उसकी बहन उससे 16 वर्ष अधिक बड़ी लगेगी।

सैद्धान्तिक रूप से एकल दिशा अर्थात सुदूर भविष्य में काल-यात्रा की जा सकती है यदि पर्याप्त गति से कोई गतिमान हो सके। उदाहरण के लिए यदि 10 लाख वर्ष बाद भविष्य में जाना हो तो धरती पर बीते हुए एक वर्ष के लिए किसी को 99.99999999995% प्रकाश गति से सम्पूर्ण यात्रा के मध्य गतिमान होना पड़ेगा। यद्यपि इसमें व्यावहारिक तौर पर प्रस्तुत होनेवाली कठिनाईयाँ इस यात्रा को असम्भव बना देंगी, किन्तु सिद्धान्तत: तो ऐसा हो ही सकता है।

ट्विन पैराडाक्स की गुत्थी का प्रायोगिक परीक्षण सफलतापूर्वक किया गया है। यह देखा गया है कि अस्थायी सूक्ष्म मूल कणों की जीवन अवधि में विस्तार हो जाता है जब वे प्रकाश गति के सापेक्ष गतिमान होते हैं। उदाहरण के लिए एक कण जो 98% प्रकाश गति से गतिमान होगा उसकी जीवन अवधि में पाँच गुना विस्तार हो जायगा।

काल सुरंग की अवधारणा आइन्स्टीन के आपेक्षिकता सिद्धान्तों के आने के साथ ही व्यक्त की जाने लगी थी। काल सुरंग *(Worm Hole)* आपेक्षिकता के क्षेत्र समीकरणों के एक हल के रूप में परिकल्पित एक पतली सुरंग है जो ब्रह्माण्ड के दो दूरस्थ क्षेत्रों को जोड़ती है। काल-सुरंग के एक मुख से प्रवेश कर दूसरे मुख से निकलने पर एक व्योम यात्री दिक

के किसी भाग में एक ऐसे समय पर पहुँच सकता है, जो या तो अतीत होगा अथवा भविष्य। काल सुरंग का बनना दिक्काल के वक्रित होने पर निर्भर करता है। एक कृष्ण-विवर के आस-पास दिक्काल अत्यन्त वक्रित अवस्था में होता है। 1985 में कैलटेक के भौतिकविद किप थार्न एवं उनके सहयोगी शोधकर्मियों ने काल-सुरंग की भौतिकी पर गम्भीरता से काम किया। किप थार्न एवं उनके दल ने ज्ञात किया कि काल-सुरंग की संरचना में प्रयुक्त होनेवाला पदार्थ या क्षेत्र *(Field)* अत्यन्त असामान्य एवं अन्यस्थानिक प्रकृति *(Exotic nature)* का होना चाहिए जो गुरुत्व के अन्तर्मुखी दाब को झेलने की सामर्थ्य रखता हो और उसकी प्रकृति एवं प्रवृत्ति वहिर्मुखी दाब उत्पन्न करने की हो। साथ ही यह असामान्य प्रकृतिवाला पदार्थ अत्यन्त कम द्रव्यमान एवं ऊर्जावाला पदार्थ होना चाहिए, अन्यथा परम गुरुत्वीय संकुचन में यह भी सहयोग करने लगेगा। इस असामान्य पदार्थ की ताकत स्पात से खरब गुना अधिक होगी। इस असामान्य अस्थानिक पदार्थ की प्रकृति को समझने के लिए यह परिकल्पित किया गया है कि इसकी ऊर्जा का द्रव्यमान ऋणात्मक होता है। भौतिकी के लिए ऋणात्मक ऊर्जा का विचार नया नहीं है। हम दो पिण्डों के बीच गुरुत्वीय स्थितिज ऊर्जा को ऋणात्मक ऊर्जा के रूप में प्रदर्शित करते हैं। 1948 में हेण्ड्रिक कासिमीर *(Hendrik Casimir)* ने कहा कि ऋणात्मक ऊर्जा को निर्वात में होनेवाले क्वाण्टम यान्त्रिकीय हलचलों के रूप में देखा जा सकता है जो अनावेशित सुचालक प्लेटों के बीच प्रतिकर्षण बल के रूप में परिलक्षित हो सकती है। स्टीफेन हॉकिंग द्वारा 1974 में प्रस्तावित कृष्ण-विवरों के वाष्पीकरण का सिद्धान्त भी कृष्ण-विवरों के घटना-क्षितिज के आस-पास परम वक्रित दिक्काल की क्वाण्टम यान्त्रिकी हलचलों के कारण ही प्रतिपादित किया गया है, यद्यपि इसके साक्ष्य अभी नहीं मिले हैं किन्तु सूचना-विलोपन के विरोधाभास को समझने की दिशा में यह सिद्धान्त मील का पत्थर साबित हुआ है। ब्रह्माण्ड की उत्पत्ति के प्रथम कुछ पलों में पराघातांकी विस्तार का सिद्धान्त भी इन्हीं क्वाण्टम हलचलों के कारण होना बताया गया है।

ऋणात्मक ऊर्जा को ही ब्रह्माण्ड के त्वरणित प्रसार के लिए उत्तरदायी माना जा रहा है। इसके अतिरिक्त प्रकाश गति से तेज़ चलनेवाले टेकीयान्स यदि कहीं विद्यमान हैं तो वे भी किसी सन्दर्भ-ढाँचे में ऋणात्मक ऊर्जा धारण करेंगे।

कोई नहीं जानता कि पदार्थ किसी ऐसे रूप में भी हो सकता है जो पर्याप्त मात्रा में ऋणात्मक ऊर्जा सृजित करे जो किसी काल-सुरंग को स्थिर बनाये रखने के लिए आवश्यक है। ऐसी कोई काल सुरंग ब्रह्माण्ड में कहीं है भी अथवा नहीं? स्टीफेन हॉकिंग इसकी सम्भावनाओं को नकारते हैं। परन्तु यदि स्टीफेन हॉकिंग गलत साबित होते हैं तो काल-सुरंग निश्चित रूप से काल यन्त्र के रूप में कार्य करेंगी और अतीत या भविष्य में जाने की साधन बनेंगी।

यदि हम देखें तो सूर्य जैसे द्रव्यमानवाले तारे की उपस्थिति से भी दिक्-काल वक्रता की मात्रा अत्यन्त कम होती है जिससे प्रकाश का विचलन एक अंश के हजारवें भाग के बराबर होता है। यह वैसे ही है जैसे एक मील में एक इंच का विचलन हो। परन्तु इतने कम विचलन को भी अत्यन्त सटीकता से मापन करने की विधियाँ एवं उपकरण विकसित कर लिये गये हैं। अब प्रायोगिक तौर पर यह सिद्ध हो गया है कि दिक्-काल द्रव्यमान के कारण वक्रित हो जाता है। हमारे सौरमण्डल में गुरुत्व क्षेत्र अत्यन्त कमजोर है किन्तु ब्रह्माण्ड में ऐसे क्षेत्र भी हैं जहाँ पदार्थ का परम संघनित क्षेत्र बिग-बैंग की सिंग्यूलैरिटी अथवा कृष्ण-विवर की सिंग्यूलैरिटी के रूप में विद्यमान हो सकता है, जहाँ अत्यन्त वक्रतावाले दिक्काल क्षेत्र का निर्माण हो सकता है और वह काल-सुरंग बनने की सम्भावनाओं को सृजित कर सकता है।

एक दृष्टि से देखा जाये तो काल-प्रयाण की सम्भावनाएँ विद्यमान प्रतीत होती हैं। उदाहरण के लिए 1948 में कुर्ट गाडेल ने आइन्स्टीन के व्यापक आपेक्षिकता के एक क्षेत्र समीकरण का हल ढूँढ़ते हुए यह निष्कर्ष निकाला कि ब्रह्माण्ड का सम्पूर्ण द्रव्य पदार्थ घूम रहा है। ऐसे ब्रह्माण्ड में यह सम्भव है कि आप किसी अन्तरिक्ष यान में जब व्योम-यात्रा पर निकलें तो उसके पूर्व ही आपकी वापसी हो जाय। गाडेल प्रिन्स्टन के एडवान्स स्टडी इन्स्टीट्यूट में थे जहाँ आइन्स्टीन ने अपने अन्तिम वर्ष बिताये थे। लेकिन व्यापक आपेक्षिकता के सम्बन्ध में जो गाडेल ने सिद्ध किया जिससे काल-प्रयाण की सम्भावनाएँ बनती नजर आ रही थीं, उससे आइन्स्टीन काफी खिन्न थे, क्योंकि वे इस मत के थे कि यह कभी सम्भव ही नहीं है।

हॉकिंग इस पर कहते हैं कि आज हम जानते हैं कि हम उस ब्रह्माण्ड में नहीं रहते जैसा कि गाडेल ने क्षेत्र समीकरणों को हल करते समय पाया था क्योंकि वह विस्तारित नहीं हो रहा था। दूसरी बात यह है कि उसमें ब्रह्माण्डीय नियतांक का मान काफी अधिक था जबकि सोचा जाता है कि उसका मान बहुत कम है। यद्यपि अन्य हल भी समीकरणों के ढूँढ़े गये हैं, जो काल प्रयाण की सम्भावनाओं को प्रकट करते हैं, किन्तु इनमें भी एक जो सूत्रिका सिद्धान्त से निर्गत है का उल्लेख हॉकिंग द्वारा किया गया है। इस सिद्धान्त में दो कॉस्मिक सूत्रिकाएँ हैं जो परस्पर छूती हुए प्रकाशगति से थोड़ी कम गति से गतिमान होती है। कास्मिक सूत्रिकाओं की अवधारणा भौतिकी में रवर वैण्ड की तरह तनावयुक्त सूत्रिकाओं के रूप में प्रस्तुत की गयी है। वह तनाव बहुत अधिक होता है- यथा, 100 अरब-अरब-अरब टन (100×10^{27})। सूर्य से सम्बद्ध एक ऐसी ब्रह्माण्डीय सूत्रिका उसे शून्य से 60 तक एक सेकण्ड के तीसवें भाग में ही त्वरणित कर देगी।

ब्रह्माण्डीय सूत्रिकाएँ प्रथम दृष्टया विज्ञान कथाओं जैसी काल्पनिक प्रतीत होती हैं परन्तु सूत्रिका सिद्धान्त के विकास के साथ अब यह लगने लगा है कि इसमें वास्तविकता है जिसके आधार पर यह विश्वास किया जाने लगा है कि महाविस्फोट के कुछ पल बाद ही इनका निर्माण हुआ होगा। चूँकि ये अत्यन्त तनावयुक्त रही होंगी अतएव ऐसा सोचा जा सकता है कि वे लगभग प्रकाश गति की सीमा तक त्वरणित हो गयी होंगी।

गाडेल के ब्रह्माण्ड एवं तीव्र गतिशील ब्रह्माण्डीय सूत्रिका दिक्काल में एक समानता है जो यह कि दोनों की शुरूआत अत्यन्त वक्रित एवं ऐंठनयुक्त मुड़ी हुई अवस्था में हुई थी जिसके कारण दिक्काल वक्रित होकर स्वयं अपने आप में ही सिमट गया होगा और अतीत में प्रयाण की सम्भावनाएँ सदैव विद्यमान रही होंगी। हॉकिंग कहते हैं कि ईश्वर ने ही कदाचित ऐसे वक्रित ब्रह्माण्ड की रचना की होगी, परन्तु हमारे पास कोई कारण नहीं कि हम यह सोचें कि उसने ऐसा किया ही होगा। जो भी साक्ष्य हैं उनसे यही विदित होता है कि ब्रह्माण्ड का उद्‌गम महाविस्फोट से हुआ बिना किसी ऐसी वक्रता के जो अतीत में यात्रा के लिए आवश्यक होती है। उन परिस्थितियों को भी बदला नहीं जा सकता, जिसमें ब्रह्माण्ड की शुरूआत हुई अतएव अतीत में जाना इस बात पर निर्भर करेगा कि दिक्काल में आवश्यक वक्रता को निर्मित किया जा सकता है या नहीं। यह

शोध का विषय है। चूँकि व्यापक आपेक्षिकता के सिद्धान्त काल-प्रयाण की सम्भावनाएँ व्यक्त करते हैं तो क्या वे हमारे ब्रह्माण्ड पर लागू होंगे और यदि नहीं तो क्यों नहीं? यह भी विचारणीय है कि आपेक्षिकता के सिद्धान्त दिक्काल पर लागू होते हैं पर यदि दिक्काल का अस्तित्व ही नहीं था तब उन परिस्थितियों में कौन से नियम लागू थे, किसी को पता नहीं। ईश्वर फिर भी रहा होगा- किसे मालूम।

काल-प्रयाण से ही जुड़ी हुई किसी एक स्थान से दूसरे स्थान तक त्वरित गति से जाने की भी समस्या है। आइन्स्टीन ने दर्शाया था कि प्रकाश गति से तेज़ चलने के लिए किसी यान को अपरिमित शक्ति की आवश्यकता होगी, इसलिए एक स्थान से किसी दूरस्थ स्थान तक अल्प समय में जाने के लिए काल-सुरंग की आवश्यकता तो पड़ेगी ही पड़ेगी। आकाशगंगा के दो सुदूरस्थ क्षेत्रों को जोड़ने के लिए वक्रित दिक्काल में काल सुरंग की परिकल्पना सिद्धान्ततः सम्भव है। सम्भव है कि भावी पीढ़ियाँ ऐसी उन्नत तकनीक विकसित कर लें कि काल-सुरंग का निर्माण कर भविष्य एवं भूत में काल-प्रयाण को मूर्त रूप दे सकें।

काल-सुरंग के निर्माण के लिए दिक्काल को सामान्य पदार्थ द्वारा वक्रित करने की दिशा से ठीक उलट दिशा में वक्रित करना पड़ेगा। सामान्यतः पदार्थ दिक्काल को अपने ऊपर ही वक्रित कर लेता है जैसे पृथ्वी का पृष्ठ-तल, परन्तु काल-सुरंग के निर्माण के लिए दिक्काल को घोड़े की काठी की तरह वक्रित करना पड़ेगा। इसके लिए ऋणात्मक द्रव्यमान एवं ऋणात्मक ऊर्जा घनत्व की आवश्यकता होगी। अनिश्चितता के सिद्धान्त के कारण क्वाण्टम यान्त्रिकीय तन्त्र में ऋणात्मक ऊर्जा घनत्व की सम्भावना बन सकती है। अनिश्चितता का सिद्धान्त विद्युत एवं चुम्बकीय क्षेत्रों पर भी लागू होता है। यह बताता है कि परम निर्वात में भी इन क्षेत्रों का मान शून्य नहीं हो सकता। अतएव उन परिस्थितियों में क्वाण्टम हलचलें विद्यमान होंगी जिसमें कणों एवं प्रतिकणों का एक साथ उत्पन्न होना एवं मिलकर विनष्ट हो जाना लगा रहता है। कण एवं प्रतिकण के युग्मों को आभासी कण कहते हैं जिन्हें माप पाना सम्भव नहीं है, परन्तु परोक्ष रूप से उनके प्रभावों को अनुभव किया जा सकता है। कासिमीर-प्रभाव इसका उदाहरण है। यदि दो समानान्तर धातु की प्लेटें ली जायँ जिनके बीच की दूरी अत्यन्त कम हो तो वे कणों एवं प्रतिकणों

के लिए दर्पण की तरह व्यवहार करेंगी जिसका तात्पर्य है कि वे प्लेटें एक रिक्त नली की तरह होंगी जिनमें अनुनादित तरंगों का ही समावेश हो सकता है। अतएव इनके बीच प्रकाश की कुछ तरंगें ही समायोजित होंगी जिनकी अनुनादित फ्रीक्वेन्सी है। परिणामतः प्लेटों के बीच और उसके बाहर तरंगों की संख्या में भिन्नता होगी जिसके कारण आभासी कणों की निर्वातीय हलचलों में भी भिन्नता होगी। फलतः दोनों प्लेटों पर बाहरी दाब पड़ेगा जो उन्हें और करीब लायेगा। प्रयोगों में इस दाब को मापित किया जा सकता है जिससे यह सिद्ध होता है कि आभासी कणों का अस्तित्व वस्तुतः है, जो वास्तविक प्रभाव सृजित करते हैं।

चूँकि प्लेटों के बीच बाहर की अपेक्षा कम आभासी कण अथवा निर्वात हलचलें होती हैं अतएव वहाँ ऊर्जा का घनत्व कम होता है किन्तु प्लेटों से कुछ दूर निर्वात दिक में ऊर्जा का घनत्व शून्य होना चाहिए अन्यथा वह दिक को वक्रित कर देगा, जिसके कारण ब्रह्माण्ड सपाट नहीं रह पायेगा, इसलिए निष्कर्ष यह है कि प्लेटों के बीच ऊर्जा घनत्व ऋणात्मक होना चाहिए।

हॉकिंग का कहना है कि अब यह सिद्ध हो चुका है कि प्रकाश किरणें दिक्काल के वक्रित होने के कारण मुड़ जाती हैं तथा कासिमीर प्रभाव की सत्यता प्रमाणित होने पर यह भी सिद्ध हो चुका है कि दिक्काल को उलटी दिशा में भी मोड़ा अथवा वक्रित किया जा सकता है, अतएव ऐसा सोचा जा सकता है कि भविष्य में अति उन्नत तकनीक से दिक्काल में काल-सुरंग बना पाना सरल होगा और अतीत की यात्राएँ की जा सकेंगी। इसके साथ ही कई सवाल भी उठ खड़े होंगे जैसे कोई यह पूछे कि भविष्य में यदि जाना सम्भव हो तो भविष्य से कोई वापस आकर यह क्यों नहीं बता देता कि काल-सुरंगों का निर्माण किस प्रकार करना सम्भव है ?

हॉकिंग कहते हैं कि तेज़ व्योम यात्राएँ एवं समय में वापसी की सम्भावनाओं को वर्तमान वैज्ञानिक समझ के दायरे में नकारा नहीं जा सकता परन्तु चेतावनी भरे लहजे में आगाह भी करते हैं कि घटनाओं के घटित होने के क्रम में सुरक्षा के लिए भी कानून बनाना होगा अन्यथा कोई अतीत में जाकर अपने पूर्वजों को ही मार सकता है। आगे कहते हैं कि विज्ञान कक्षाओं में रुचि रखनेवाले अपना दिल छोटा न करें। एम-सिद्धान्त में हमारी उम्मीद अभी बहुत है।

सूत्रिका-सिद्धान्त के परिष्कृत रूप एम-सिद्धान्त *(M-Theory)* में आइन्स्टीन के आपेक्षिकता के सिद्धान्त एवं क्वाण्टम यान्त्रिकी सिद्धान्त के एकीकरण की उम्मीद वैज्ञानिकों में जगी है। एम-सिद्धान्त में दिक्काल के 10 एवं काल के एकल आयाम कुछ 11 आयामों का समावेश है, जिसमें दिक के सात आयाम हमारे ब्रह्माण्ड के सन्दर्भ में वक्रित हैं, जो हमें दिखायी नहीं देते और हमारा ब्रह्माण्ड सपाट नज़र आता है। यदि ऐसा है तो हमारे ब्रह्माण्ड के चार आयामों को बाकी सात आयामों के साथ अन्तर्गुम्फित कर काल-सुरंग की सम्भावनाओं को मूर्त रूप देने की दिशा में प्रयास किये जा सकते हैं।

क्वाण्टम यान्त्रिकी के **अनिश्चितता-सिद्धान्त** के प्रणेता **हाइजेनवर्ग** कहते हैं—

> *"जो हम देखते हैं प्रकृति वैसी नहीं है किन्तु प्रकृति ने हमारे खोजने के तरीकों का पर्दाफाश कर दिया है। प्राकृतिक विज्ञान केवल प्रकृति को वर्णित करने व उसके बारे में समझाने के लिए ही नहीं है, वरन वह हमारे व प्रकृति के बीच चल रहे खेल का भी हिस्सा है।"*

महाप्रयाण

स्टीफेन हॉकिंग की मरणोपरान्त प्रकाशित पुस्तक 'बड़े सवालों के संक्षिप्त जबाव' के उपसंहार में उनकी बड़ी बेटी लूसी हॉकिंग ने बड़े ही मार्मिक ढंग से अपने पिता की अन्तिम शव-यात्रा का वर्णन किया है। वे कहती हैं कि बसन्त के उस उदास धूसरित दिन उनके पिता के जनाजे के साथ काली कारों का काफिला महान सेण्ट मैरी चर्च, जो विश्वविद्यालय का चर्च है, की ओर चल पड़ा जहाँ महत्त्वपूर्ण शिक्षविदों के अन्तिम संस्कार-सेवाओं को करने की परम्परा है। सड़कों पर खामोशी थी। कैम्ब्रिज खाली-खाली लग रहा था, कोई पर्यटक भी नज़र नहीं आ रहा था। रोशनी की कुछ रंगीन लकीरें पुलिस मोटर साइकिल की नीली फ्लैश लाइट से निकल रही थीं जब वे शवयान, जिसमें मेरे पिता का ताबूत रखा था, की रक्षा में उसके आगे-पीछे चल रहे थे और शवयात्रा को निरापद रूप से अग्रसर होते रहने के लिए मार्ग के विरल यातायात को भी रोक दे रहे थे।

वे कहती हैं, "शवयान को चर्च में ले जाने के लिए जब मेरे पिता के कैम्ब्रिज कॉलेज गानविले एवं कायस के प्रधान पोर्टर वाउलर हैट पहने और आबनूस की बेंत लिये धीरे-धीरे सड़क पर चलकर आ रहे थे उस समय उन्हें सम्मान देते हुए लोग बैनर, पताकाएँ, कैमरा और मोबाइल फोन ऊपर उठाये सड़कों के किनारे कतारों में खड़े रहे और तब हम बायें मुड़े और अपार भीड़ को देखा जो कैम्ब्रिज के बीचों-बीच विश्व की एक अति सुपरिचित स्ट्रीट किंग्स परेड, के इर्द-गिर्द इकठ्ठा हो गयी थी। मैंने इतने लोगों को बिल्कुल शान्त एवं गम्भीर पहले कभी नहीं देखा था।"

हमारी आँखें आँसुओं से भर उठीं और मेरी चाची ने मेरा हाथ दबाया और फुसफुसाते हुए कहा—'वह इसे पसन्द करते।'

लूसी आगे कहती हैं कि, "जब से हमारे पिता दिवंगत हुए तब से बहुत कुछ हुआ, जिसे वह पसन्द करते, बहुत कुछ ऐसा जिसे मैं चाहती थी कि काश वह जान सकते। मैं चाहती हूँ कि वे जान पाते कि विश्व के हर कोने से उनके लिए अद्भुत स्नेह उमड़ रहा है। मैं चाहती हूँ कि वे जान पाते कि करोड़ों लोग जिनसे वे कभी नहीं मिले थे, उनको कितना प्रेम व उनका कितना आदर करते थे। मैं चाहती हूँ कि वे जान पाते कि उन्हें वेस्ट मिनीस्टर ऐवे में उनके दो बड़े वैज्ञानिक हीरो आइजक न्यूटन एवं चार्ल्स डार्बिन के बीच में दफनाया जायगा और यह कि जब उन्हें उनकी कब्र में दफनाया जाने लगेगा तब उनकी आवाज़ एक रेडियो टेलीस्कोप की मदद से एक कृष्ण-विवर को लक्ष्य करके भेज दी जायेगी।

परन्तु उन्हें यह भी हैरानी होती कि यह सब किसलिए है? आश्चर्यजनक रूप से वे एक बहुत ही सरल इन्सान थे और जहाँ चकाचौंध उन्हें पसन्द थी वहीं लगता था कि वे अपनी ख्याति से चकरा भी जाते थे। इस किताब का एक वाक्यांश जैसे बार-बार उछलकर मेरे समक्ष आ जाता है जिससे विदित होता है कि अपने बारे में उनका अपना क्या दृष्टिकोण था, जब वह कहते,

76 वर्ष की अवस्था में स्टीफेन हॉकिंग बुधवार, 14 मार्च, 2018 को दिवंगत हो गये

यदि मैंने कोई योगदान किया है। वही एक ऐसे व्यक्ति हैं जो वाक्य में **यदि** जोड़ सकते हैं। "मैं सोचती हूँ कि दूसरे अन्य तो बिना किसी संशय या हिचक के कहते रहते हैं कि उन्होंने ऐसा किया है।"

"और योगदान भी है तो कैसा? एक ओर जहाँ ब्रह्माण्डिकी में किये गये उनके उत्कृष्ट कार्यों की भव्यता जिसमें स्वयं ब्रह्माण्ड की उत्पत्ति एवं उसकी संरचना एवं स्वरूप की खोज की गयी है और दूसरी ओर अदम्य साहस एवं विनोदमय ढंग से चुनौतियों का सामना करते वे स्वयं सहन शक्ति की सीमाओं का अतिक्रमण करते हुए साथ ही उन्होंने ज्ञान की सीमाओं के परे जाने का भी रास्ता ढूँढ़ा।" लूसी कहती हैं, "मैं विश्वास करती हूँ कि यही वह संयोजन है जो उन्हें एक ओर उत्कृष्टता का प्रतीक बना देता है किन्तु साथ ही दूसरी ओर उन्हें अत्यन्त सुगम एवं सहजगम्य भी। वे कष्ट भोगते रहे किन्तु अध्यवसाय भी करते रहे।"

"विचारों का आदान-प्रदान करना उनके लिए अत्यन्त कष्टकारी होता जा रहा था किन्तु उनकी गतिशीलता में जैसे-जैसे कमी आती गयी वैसे-वैसे वे अपने उपकरणों को परिमार्जित भी कराते रहे।"

वे अपने शब्दों का चयन बहुत ही सावधानी से करते और जब उनकी आवाज उभरती तब लोग अत्यन्त गम्भीरता से उन्हें सुनते, **लूसी** कहती हैं, **"मेरे पिता ने कभी हार नहीं मानी। वे बहादुर थे। उनके अन्तिम शब्द मुझे सदैव याद रहेंगे जो उन्होंने मुझसे कहे थे, तुम मेरी प्यारी बेटी हो। तुम्हें कभी डरना नहीं चाहिए।"**

अन्तिम सन्देश

स्टीफेन हॉकिंग से किसी ने पूछा—आपके बचपन के सपने क्या थे और क्या वे पूरे हुए? हॉकिंग ने जबाब दिया, "मैं एक महान वैज्ञानिक बनना चाहता था, हालाँकि मैं स्कूल में एक बहुत अच्छा छात्र नहीं बन सका और अपनी कक्षा में मध्यम से कुछ ही अच्छा रहा हूँगा। मेरा काम बहुत साफ-सुथरा नहीं था और न ही मेरी लिखावट बहुत अच्छी थी। पर स्कूल में मेरे मित्र बहुत अच्छे थे और हम हर तरह की बात करते विशेषत: ब्रह्माण्ड की उत्पत्ति के बारे में। वहीं से मेरे सपनों की शुरूआत हुई और मैं भाग्यशाली हूँ कि वे सच हो गये।"

हॉकिंग कहते हैं—"मैंने इस ग्रह पर एक असाधारण जीवन जिया है, उसी समय अपने मस्तिष्क और भौतिकी के नियमों के सहारे ब्रह्माण्ड की यात्रा भी की है। आकाशगंगा के दूरस्थ छोर तक मैं गया हूँ। कृष्ण-विवर की यात्रा की है, अतीत में वहाँ तक गया हूँ जहाँ समय की शुरूआत हुई थी। धरती पर मैंने काफी उतार-चढ़ाव, शान्ति-अशान्ति, पीड़ा एवं सफलताओं-असफलताओं का अनुभव किया है। मैंने गरीबी-अमीरी दोनों देखी हैं। मैं स्वस्थ था और अपंग भी। मेरी प्रशंसा भी हुई और आलोचना भी, किन्तु मेरी उपेक्षा कभी नहीं की गयी। यह मेरा परम सौभाग्य था कि अपने कार्यों के जरिये मैंने बह्माण्ड के सन्दर्भ में हमारी समझ में योगदान किया, किन्तु वास्तव में यह एक रिक्त ब्रह्माण्ड होगा यदि उसमें हमारे अपने लोग ही नहीं होंगे जो हमें प्रिय हैं और जो हमें प्यार करते हैं, उनके बिना ब्रह्माण्ड का सम्पूर्ण वैभव मेरे लिये व्यर्थ है।"

"और इन सबके अन्त में यह सच है कि हम मानव जो प्रकृति के मौलिक कणों के समूह मात्रा हैं, उन ब्रह्माण्ड को और उन नियमों को समझने लायक बन सके हैं जो हमें नियन्त्रित करते हैं। हमारी सफलताओं की यह महान विजय है। इन बड़े सवालों के प्रति मेरी उत्तेजना और उनके उत्तर की तलाश का उत्साह मैं बाँटना चाहता हूँ।"

"एक दिन, मुझे विश्वास है कि इन प्रश्नों के जवाब हमें मिलेंगे परन्तु इस ग्रह पर और भी बड़े सवाल हैं, जिनका उत्तर हमें ढूँढ़ना है और इसके लिए नयी पीढ़ी की आवश्यकता होगी जिसको विज्ञान की समझ होगी और उनकी उसमें रुचि एवं लगन होगी। बढ़ती हुई जनसंख्या को हम भोजन कैसे उपलब्ध करायेंगे? स्वच्छ जल कैसे उपलब्ध करायेंगे? ऊर्जा का नवीनीकरण कैसे होगा? बीमारियों की रोकथाम एवं इलाज कैसे होगा, वैश्विक जलवायु परिवर्तन को कैसे हम शिथिल करेंगे? आशा है कि विज्ञान एवं तकनीकी के पास अवश्य इसके जवाब होंगे, पर लोगों को उनका ध्यान एवं समझ भी होनी चाहिए ताकि वे तदनुसार क्रियान्वयन कर सकें। आइये हम मिलकर हर नारी एवं हर पुरुष को स्वस्थ रखने के अवसरों के लिए तथा उनके प्रेम एवं मौकों से परिपूर्ण जीवन के लिए संघर्ष करें। हम सभी काल यात्री हैं जो साथ-साथ भविष्य में यात्रा कर रहे हैं, परन्तु हम सभी मिलकर ऐसा भविष्य बनायें जिसकी हमें चाहत है।"

हॉकिंग कहते हैं, "और अब एक अन्तिम बात—हम यह कभी नहीं जान पायेंगे कि अगला महान वैज्ञानिक आविष्कार कहाँ से आयेगा और कौन करेगा। वैज्ञानिक आविष्कार के रोमांच और विचित्रताओं के साथ नव परिवर्तनकारी एवं सहज तरीकों से व्यापक युवा दर्शकगणों को प्रेरित कर नये आइन्स्टीन को ढूँढ़ पाने की सम्भावनाएँ काफी प्रबल हो जाती हैं। वह कहीं भी हो सकती है।"

अपने मन की बात करते हुए हॉकिंग विश्व को एक नसीहत-भरा सन्देश भी देते हैं—

"तो सितारों की ओर देखना याद रखो न कि अपने पैरों की ओर। कोशिश करो कि जो तुम देखते हो उसका मर्म जानो और सोचो कि ब्रह्माण्ड का अस्तित्व किस तरह कायम है। जिज्ञासु बनो। और जीवन कितना ही कठिन क्यों न प्रतीत हो, सदैव कुछ है जो तुम कर सकते हो और उसमें सफल हो सकते हो। जो खास है वह यह कि कभी हार मत मानो। अपनी कल्पना को खुला छोड़ा करो। भविष्य को सँवारो।"

"बहादुर बनो! जिज्ञासु बनो! दृढ़ निश्चयी बनो! सम्भाव्यताओं पर विजय पाओ! ऐसा सम्भव है।"

सन्दर्भ-ग्रन्थ

1. Greene, Brian; *The Fabric of the Cosmos;* Alfred A. Knopf, U.S.A., 2004.
2. Greene, Brian; *The Hidden Reality;* Allen Lane, Penguin Group, 2011. Gribbin. John; *In Search of The Multiverse;* Hoboken, NJ. Wiley, 2010.
3. Hawking. S. and Mlodinow, Leonard; *The Grand Design;* Bantam Press, London, 2010
4. Hawking, Stephen and Roger Penrose; *The Nature of Space and Time;* Princeton : Princeton University Press, 1996.
5. Hawking, Stephen; *A Brief History of Time;* New York : Bantam Books, 1988.
6. Hawking. Stephen; *The Universe in a Nutshell;* New York : Bantam Books, 2001.
7. Susskind, Leonard; *The Black Hole War;* New York : Little, Brown, 2008
8. Susskind, *L.; The Cosmic Landscape;* New York : Little, Brown, 2005.